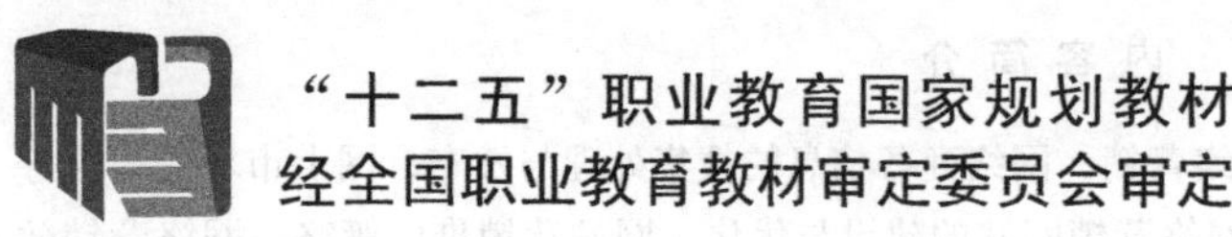

全国高等职业教育规划教材·电子商务专业

网络营销

（第3版）

主　编　符莎莉　贺　忠

副主编　王婵娟　杨　珩

電子工業出版社

Publishing House of Electronics Industry

北京·BEIJING

内容简介

本书共分 8 个项目，内容涉及认识网络营销、网络商务信息的搜集处理与发布、网上市场调研与分析、网络营销策划、网络营销组合策略、网络营销网站的建设与优化、网站营销推广策略、网络营销效果评价与控制等方面。

本书遵循“理论够用，突出实践”的原则，立足网络营销工作实践，以“项目导入，任务驱动”的方式重构教材的内容体系，涵盖了企业真实的网络营销工作岗位所需的知识和技能。

本书具有通俗性、实用性、新颖性等特点，可作为高职高专院校电子商务、市场营销等相关专业以及经济与管理学科等相关专业的网络化、信息化课程的教材，还可作为电子商务工作人员的参考用书。

图书在版编目（CIP）数据

网络营销 / 符莎莉，贺忠主编. —3 版. —北京：电子工业出版社，2014.9
全国高等职业教育规划教材. 电子商务专业

ISBN 978-7-121-24123-9

Ⅰ. ①网… Ⅱ. ①符… ②贺… Ⅲ. ①网络营销－高等职业教育－教材 Ⅳ. ①F713.36

中国版本图书馆 CIP 数据核字（2014）第 191725 号

策划编辑：贾瑞敏
责任编辑：郝黎明
印　　刷：北京盛通商印快线网络科技有限公司
装　　订：北京盛通商印快线网络科技有限公司
出版发行：电子工业出版社
北京市海淀区万寿路 173 信箱　邮编　100036
开　　本：787×1 092　1/16　印张：12　字数：307.2 千字
版　　次：2006 年 3 月第 1 版
2014 年 9 月第 3 版
印　　次：2020 年 2 月第 7 次印刷
定　　价：28.00 元

凡所购买电子工业出版社图书有缺损问题，请向购买书店调换。若书店售缺，请与本社发行部联系，联系及邮购电话：（010）88254888，88258888。

质量投诉请发邮件至 zlts@phei.com.cn，盗版侵权举报请发邮件至 dbqq@phei.com.cn。
本书咨询联系方式：（010）88254019，jrm@phei.com.cn。

前　言

互联网的迅猛发展和应用改变了企业的运作方式和经营理念，网络营销、电子支付等电子商务活动在我们的生活工作中无时不在且影响深远。在信息时代，网络营销的理念已经被大多数企业所接受，网络营销已不是个别企业的营销战略与手段，而是众多企业竞争的利器。网络营销是一门实践性和应用性很强的综合学科，作为电子商务专业中的一门将网络技术与商务活动融合、将传统营销与网络运作对接的实务性课程，是本专业最重要的核心骨干课程、国家助理电子商务师职业核心课程、电子商务岗位群的核心课程之一，也可作为市场营销、国际贸易、物流管理等经贸类专业对网络营销具体运作方式的认知、拓展课程。本教材是编写团队针对高职高专教育的特点，以职业能力培养为核心，在多年教学经验积累下，配合实施任务驱动型教学改革编写的一本工学结合教材，经过多次修订，在教材内容选取方面注重实际，采取项目化教学方法，使得学生完成学习后能较好地掌握相关的网络营销技能，直接胜任企业的网络营销工作。本教材具有“校企合作、工学结合”的特点。

本教材遵循“理论够用，突出实践”的原则，立足网络营销工作实践，进行项目化教学改革，以“项目导入，任务驱动”的方式重构教材的内容体系，涵盖了企业真实的网络营销工作岗位所需的知识和技能。本教材内容依照企业对网络营销工作岗位的基本要求，分为认识网络营销、网络商务信息的搜集处理与发布、网上市场调研与分析、网络营销策划、网络营销组合策略、网络营销网站的建设与优化、网站营销推广策略、网络营销效果评价与控制八个项目，每个项目下再细分为若干工作任务。每个项目都配有“学习目标”、“引导案例”、“任务概要”、“任务知识”、“任务实施”、“知识框架图”、“基础训练”和“技能训练”等内容。教材凸现高职教育特色，进一步与职业标准对接，系统培养学生的网络营销操作技能和实际应用能力。

本教材吸引了行业与企业一线专家参与研讨与编写，并提供了宝贵的意见，使本教材更适应外贸岗位的需要，突出了“以服务为宗旨，以就业为导向”的办学宗旨。本教材由符莎莉、贺忠主编。编写具体分工为：符莎莉负责全书统筹，符莎莉、杨珩编写项目一、项目二，贺忠编写项目三、项目四，杨珩编写项目五，王婵娟编写项目六、七、八。

本教材具有通俗性、实用性、新颖性等特点，可作为高职高专院校电子商务、市场营销等相关专业以及经济与管理学科等相关专业的网络化、信息化课程的教材，还可作为电子商务工作人员的参考用书。为方便教学，本教材配有教学建议、电子教案和参考答案等教学资源，可以登录华信教育资源网（www.hxedu.com.cn）免费下载。

本教材的编写过程中参考了大量网络营销领域的文献资料，并尽可能在引用时标明出处，在此对这些文献资料的原创者致以诚挚的感谢！非常感谢电子工业出版社的贾瑞敏编辑提供指导与帮助！由于编者时间和水平有限，书中难免会有疏漏之处，敬请读者批评指正，并将意见反馈给我们，以便改进。

编　者

2014年4月

前言

目　录

项目一 认识网络营销

学习目标

知识目标

- 了解网络营销的产生、概念、特点、功能
- 了解网络营销与传统营销之间的关系
- 了解网络营销的宏观环境和微观环境

技能目标

- 掌握网络营销的主要内容
- 掌握网络营销对传统营销的冲击与整合
- 掌握网络营销系统的构成

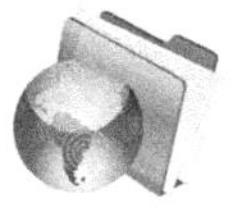

案例导读

苏州天地彩钢制造有限公司是一家生产集装箱式活动房的民营企业，2011 年 5 月，他们从网上接到 306 套日本安置大地震中受灾难民活动房的千万元超级订单后，许多同行在羡慕的同时都提出了这样的疑问：日本人是怎么知道这家从事活动房生产才 7 个月的企业的？对此，天地彩钢网络营销总监刘延军的回答是：我们每天都认真做小学生功课，日积月累……

2009 年 3 月，天地彩钢组建了专业的网络营销团队，当时团队中年龄最大的才 25 岁，最小的只有 19 岁。团队分推广、品牌和谈判三个小组，每个小组五个人，简称为“三五模式”。

推广组通过公司自建的中文网站和国际网站及阿里巴巴交易平台，推广其产品。据组长王刚介绍：“我们目前采用的是付费推广和自然推广，付费推广选择了网销宝竞价推广，制订推广计划，选定行业热门关键词，并系统地在网销宝关键词查询工具中选定要推广的关键词，设置好地域和推广时间，在网上全时段推广。竞价推广利用关键词抱团将其做到极致，我们选择了几乎所有客户想要查询的关键词，使每次客户使用关键词进行搜索时，前三甲就有一个是我们的推广信息，这大大提高了天地彩钢产品的曝光率。如今，公司 90% 的订单来自阿里询盘。”

品牌组负责产品的市场推广，以及企业文化的建设与落实，主要手段是软文营销。三年多的时间里，他们编写了 5000 个故事，制作了 800 个视频，积累了 220 多个成功案例，用软文做销售这种新的网络营销模式使苏州天地彩钢的产品出口到 30 多个国家。

谈判组通过推广组和品牌组获得来自网上以及电话、邮件等的询盘，为客户提供及时周到的服务，让客户深入细致地了解了公司的各种产品。据天地彩钢董事长俞方伟介绍，为了让这个团队做好自己的专长，公司配合他们另外成立了一个谈判小组，在客户询盘后就转给谈判小组接待，一方面是让网络营销团队集中力量做好自己的工作，另一方面也是因为活动房业务有许多技术性问题，需要懂业务的人员介入。按刘延军的说法，“我们很清楚自己的任务就是组织网上推广，让客户发现我们。通过客户的询盘，我们进行基本了解（客户来自哪里、需要什么产品、数量多少）以后，就转给谈判组，谈判组进行跟踪谈判、签合同”。

在实施网络营销的过程中，团队中每位成员分工明确，责任到人，并要求做到圆满。所有员工每天的工作程序都有具体的指标，和小学生的功课一样，虽然不难做到，但要求天天坚持去做。团队每天会给大家留出1～2个小时的非业务处理时间，用于自我学习和专业技能的提高。团队鼓励大家到网上去寻求新的推广方法，并结合自己的业务加以应用。2011年7月，阿里推出新的改革方案时，团队迅速制定了相关措施，变主推关键词为“抱团”，加大了推广信息量，使曝光率和询盘数量大幅提高。

就是这支年轻的队伍通过互联网承接了公司的全部销售业务，所接订单越来越大，从开始的每单几十万元，到后来的上百万元，进入2011年，则实现了每单上千万元的飞跃。2009年公司通过网络实现销售额1900万元，2010年达到3000万元，2011年的销售收入突破8000万元。

（案例来源：陈志浩. 网络营销[M]. 武汉：华中科技大学出版社，2013.有删改.）

案例思考：该公司是如何实施网络营销的？该公司如何通过整合网络营销与传统营销来实现盈利？

任务一　网络营销概述

任务概要

营销大师菲利普·科特勒曾经指出：“新经济的发展带来了新的营销法则，网络营销是21世纪的营销。”作为一种新的营销方式，网络营销在给企业带来机遇的同时，也使企业面临巨大的挑战。通过学习掌握网络营销的内涵、特点及功能，使企业更好地利用网络营销获取更大的经济效益。

任务知识

一、网络营销的产生和发展历程

20世纪90年代初，互联网的飞速发展在全球范围内掀起了互联网应用热，世界各大公司纷纷利用互联网提供信息服务和拓展公司的业务范围，并且按照互联网的特点积极改组企业内部结构和探索新的营销管理方法，网络营销应运而生。

1. 网络营销的产生

网络营销的产生主要有三个方面，即网络信息技术的发展、消费者价值观念的改变、商业竞争的日趋激烈。

（1）网络信息技术的发展。网络营销的发展是随着网络信息技术的发展而发展的。其产生的技术基础是互联网、现代电子技术、通信技术的应用。随着科学技术的发展，计算机发展经过大型机阶段、小型机阶段、微型机阶段、客户机阶段等四个阶段，进入第五个阶段——互联网阶段。随着互联网在全世界的飞速发展和广泛普及，其商用潜力被挖掘出来，使之将成为“世界上用户最多、效率最高和最安全的市场”。互联网在商业领域的应用已经显现出巨大威力和良好的发展前景。

2013年7月，中国互联网络信息中心（CNNIC）在京发布《第三十二次中国互联网络发展状况统计报告》。报告显示，截至2013年6月底，我国网民规模达5.91亿，互联网普及率为44.1%。我国手机网民规模达4.64亿，网民中使用手机上网的人群比例达到78.5%。网络购物的用户规模达到2.71亿人，网络购物使用率提升至45.9%。此外，政府出台了一系列政策规范和引导电子商务发展；业界电子商务的发展也如火如荼，不仅涌现出更多平台类电子商务网站，也有越来越多有远见的传统企业开始进军电子商务。在这种大形势下，预期未来几年我国的电子商务会保持快速发展之势。可见，能抓住网民需求的互联网商业应用，都可能产生非常可观的经济效益。

（2）消费者价值观念的改变。消费者价值观念的改变是网络营销产生的观念基础。以消费者为导向的价值观，促进了网络营销的发展。当今企业正面临前所未有的激烈竞争，市场正进行着从卖方垄断向买方垄断的演变，消费者主导的营销时代已经来临。在买方市场上，消费者将面对更为纷繁复杂的商品和品牌选择，这一变化使当代消费者心理与以往相比呈现出个性消费回归、消费主动性增强、对购物方便性的追求等特征和趋势，使市场营销领域发生了革命性的变革。

（3）商业竞争的日趋激烈。当今市场的竞争日益激烈化，企业为了取得竞争优势，想方设法使用各种招数来吸引顾客，传统营销已经很难有新颖独特的方法来帮助企业在竞争中出奇制胜。市场竞争已不再依靠表层的营销手段的竞争，必须在更深层次的经营组织形式上进行竞争。企业的经营者迫切地去寻找变革，以尽可能地降低从生产到销售的整个供应链上所占用的成本和费用比例，缩短运作周期。

网络营销的产生给企业的经营者带来了福音，可谓一举多得。企业开展网络营销可以节约大量昂贵的店面租金，可以减少库存商品对资金的占用，可以使经营规模不受场地限制，可以方便地采集客户信息，等等。因此，可使企业经营的成本和费用降低，运作周期变短，提高营销效率，从根本上增强企业的竞争优势。

2．网络营销的发展历程

随着互联网的普及和电子商务应用的深入，网络营销的发展经历了三个阶段。

（1）网站营销。这个阶段网络营销的主体是新兴电子商务公司，企业实施网络营销的目的主要是提升网站知名度和建立企业网上品牌，采取的策略通常是免费策略，最大限度吸引网民的注意力。比如，网易、搜狐等通过免费新闻、免费邮箱等方式，吸引网民访问网站，成为网上的新兴媒体，经过一段时间的发展，成功地将网民注意力转换成了经济效益，通过发布网络广告来获取收益。

（2）电子商务营销。这个阶段的网络营销主体不再是新兴公司而是传统企业。由于电子商务的发展，互联网已经成为网民获取信息的重要来源，而且蕴藏巨大商机，一些传统企业注意到互联网的潜力，充分利用互联网进行营销活动。比如，很多企业在自己的网站投放广告，在互联网上建立网上销售渠道。

（3）网络营销与传统营销的融合。网络营销与传统营销的融合，势必将成为企业营销的有机组成部分。不少国内知名企业纷纷开始转型，如国美、苏宁，等等。但是，多数传统企业仅仅把网络营销当做新的销售渠道，没有深刻领会线上渠道会对线下渠道造成强烈冲击以及其对公司业绩的直接影响。很多传统企业选择线上、线下产品有别和价格有别的策略，如以纯、达芙妮都另起炉灶，重新推出一个新品牌在线上销售。网络营销与传统营销的完美融合，仍然需要企业花时间与精力去摸索。

二、网络营销的概念和主要内容

1. 网络营销的概念

美国营销学会（AMA）在 2004 年对此给出了定义：随着互联网的应用和普及，一种以互联网为媒体，以全新的方式、方法和理念实施市场营销活动，使交易参与者（企业、团体、组织以及个人）之间的交易活动更有效地实现的新型市场营销方式应运而生，它就是网络营销。网络营销是企业借助互联网实现营销目标的一种营销手段，也是电子商务的重要组成部分。“网络营销”一词在国外有多种译法，如 Cyber Marketing、Internet Marketing、Network Marketing、E-marketing 等，不同的单词词组有着不同的含义。

Cyber Marketing 主要指网络营销是在虚拟的计算机空间（Cyber，计算机虚拟空间）进行运作。

Internet Marketing 是指在互联网上开展的营销活动。

Network Marketing 是指在网络上开展的营销活动，同时这里的网络不仅仅是指互联网，还可以是一些其他类型的网，如 EDI、VAN 等。

E-marketing 是目前习惯采用的翻译方法，E 即 Electronic，是电子化、信息化、网络化的含义，既简洁又直观明了，而且与电子商务 （E-business）、电子虚拟市场 （E-market）等翻译相对应。

网络是一个虚拟的世界，没有时间和空间的限制，企业欲通过网络开展营销活动来实现其目标，就必须改变传统的营销手段和方式。网络营销的基本思想和理念与传统营销基本一致，而具体的实施和操作过程与传统营销的方法和手段有着很大的差别。企业通过网络可以及时了解和把握网络市场的消费者特征和消费行为模式的变化，为企业在网上进行营销活动提供可靠的数据分析和营销依据。网络营销的价值，就在于使企业与消费者能够更便利、更有效、更充分地进行价值交换，利用网络技术面向特殊的网络市场环境。网络营销是企业整体营销战略的一个组成部分，它虽然与传统营销关系密切，但与传统营销有着本质的不同，其实质是借助计算机网络技术、通信技术和数字交互式媒体来实现营销目标的一种市场营销方式。

2. 网络营销的主要内容

（1）网上市场调查。网上市场调查是指企业利用互联网的交互式信息沟通渠道来实施市场调查活动，所采取的方法包括直接在网上发布问卷进行调查或者企业在网上搜集市场调查中需要的各种资料。网上市场调查的重点是利用网上调查工具，提高调查的效率和效果，同时利用有效的工具和手段搜集整理资料，提取出企业所需的资料。

（2）网络消费者行为分析。网络消费者是网络社会的一个特殊群体，与传统市场上的消费群体的特征是不同的，因此要开展有效的网络营销活动，则必须要深入了解网上用户群体的需求特征、购买动机和购买行为模式。互联网作为信息沟通的工具，正成为许多兴趣和爱好相同的消费群体的聚集之地，在网络上形成了各具特征的虚拟社区，了解这些虚拟社区的消费群体的特征和爱好是对网上消费者消费行为进行分析的关键。

（3）网络营销策略的制定。不同企业在市场中处于不同地位。在采取网络营销实现企业营销目标时，必须采取与企业相适应的营销策略。网络营销虽然是非常有效的营销工具，但企业实施网络营销是需要投入并且是有风险的，同时企业在制定网络营销策略时，还应该考虑到产品周期对网络营销策略制定的影响。

（4）网上产品和服务策略。互联网作为有效的信息沟通渠道，可以成为一些无形产品（如软件和远程服务）的载体，改变了传统产品的营销策略——特别是渠道的选择。作为产品和服务营销，必须结合互联网的特点，重新考虑传统的产品的设计、开发、包装和品牌策略。

（5）网上价格营销策略。互联网作为信息交流和传播工具，从诞生开始实行的便是自由、平等和信息免费的策略。因此，在制定网上价格营销策略时，必须考虑到互联网对企业定价的影响和互联网本身独特的免费思想。

（6）网上渠道选择与直销。互联网对企业营销影响最大的是对企业营销渠道的影响。美国戴尔公司借助互联网特性建立的网上直销模式获得了巨大成功，改变了传统渠道中的多层次的选择、管理与控制问题，最大限度地降低了营销渠道中的费用。但企业建设自己的网上直销渠道必须考虑重建与之相适应的经营管理模式的问题。

（7）网上促销与网络广告。互联网作为一种双向沟通渠道，最大优势是可以使沟通双方突破时空限制，直接进行交流，而且简单、高效、费用低廉。因此，在网上开展促销活动是最有效的沟通渠道，但开展网上促销活动必须遵循网上一些信息交流与沟通的规则，特别是遵守一些虚拟社区的礼仪。依赖互联网的网络广告作为最重要的促销工具，具有交互性和直接性等特点，是报纸杂志、无线广播和电视等传统媒体无法比拟的。

（8）网络营销管理与控制。网络营销作为在互联网上开展的营销活动，必将面临许多传统营销活动无法碰到的新问题，如网上销售的产品质量保证问题、消费者隐私保护问题，以及信息安全与保护问题等。这些都是网络营销必须重视和进行有效控制的问题，否则网络营销效果可能适得其反，甚至会产生很大的负面效应，这是由于网络信息传播速度非常快，并且网民对反感问题的反应比较强烈而且迅速。

三、网络营销的特点

互联网技术发展的成熟以及互联网的方便性和成本的低廉，使得任何企业和个人都可以将自己的计算机或计算机网络连接到互联网上。遍布全球的各种企业、团体、组织和个人通过互联网跨时空地联结在一起，使得各自所需要的信息变得“唾手可得”。互联网在信息传播和交换方面卓越的性价比正是市场所追求的，与传统的市场营销相比，网络营销呈现出以下 10 大特点。

1．跨时空

市场营销的最终目的是扩大市场份额。通过互联网络能够超越时间约束和空间限制进行信息交换，因此使得脱离时空限制成为可能，企业能有更多时间和更大空间进行营销，可每周 7×24（小时）随时随地提供全球营销服务，达到尽可能多地占有市场份额的目的。

2．多媒体

互联网可以传输多种媒体的信息，如文字、声音、图像等，使为达成交易进行的信息交换可以以多种形式存在和交换，可以充分发挥营销人员的创造性和能动性。

3. 交互式

企业可以通过互联网向客户展示商品目录；通过联结资料库提供有关商品信息的查询；可以和顾客进行双向互动式的沟通；可以搜集市场情报；可以进行产品测试与消费者满意度的调查等。因此，互联网是企业进行产品设计、获取商品信息以及提供服务的最佳工具。

4. 人性化

在互联网上进行的促销活动具有一对一的、理性的、消费者主导的、非强迫性和循序渐进式的特点，是一种低成本与人性化相结合的促销方式，可以使消费者避免传统的推销活动中的强势推销的干扰，并通过信息提供与交互式沟通，与消费者建立起一种长期的、相互信任的良好合作关系。

5. 成长性

遍及全球的互联网上网者的数量飞速增长，而且上网者中大部分是年轻的、具有较高收入和较高教育水准的群体。由于这部分群体的购买力强，而且具有很强的市场影响力，使得网络成为一个极具开发潜力的市场销售渠道。

6. 整合性

在互联网络上开展的营销活动，可以实现从商品信息的发布到交易操作的完成再到售后服务的全过程，这是一种全程的营销渠道；另一方面，企业可以借助互联网络将不同的传播营销活动进行统一的设计规划和协调实施，通过统一的传播资讯向消费者传达信息，从而可以避免不同传播渠道中的不一致性产生的消极影响。

7. 超前性

互联网络同时兼具渠道、促销、电子交易、双向互动服务以及市场信息分析与提供等多种功能，是一种功能强大的营销工具，并且它所具备的一对一营销能力，迎合了定制营销与直复营销的未来趋势。

8. 高效性

网络营销凭借电脑存储了大量的信息，可以供消费者查询，所传送的信息数量与精确度远远超过其他传统媒体，并能够适应市场的需求，及时更新产品或调整商品的价格，因此能及时有效地了解和满足顾客的需求。

9. 经济性

网络营销使交易的双方能够通过互联网进行信息交换，代替传统的面对面的交易方式，减少印刷与邮递成本，免交租金，节约水电与人工等销售成本，同时也减少了由于多次交换带来的损耗，提高了交易的效率。

10. 技术性

网络营销是建立在以高技术作为支撑的互联网络基础上的，企业在实施网络营销时必须有一定的技术投入和技术支持，必须改变企业传统的组织形态，提升信息管理部门的功能，引进懂营销与电脑技术的复合型人才，才能具备和增强本企业在网络市场上的竞争优势。

四、网络营销的功能

网络营销的功能很多，主要可分为以下 8 大类。

1. 信息搜索功能

信息的搜索功能是网络营销进击能力的一种反映。在网络营销中，可利用多种搜索方

法，主动、积极地获取有用的信息和商机；主动地进行价格比较，主动地了解对手的竞争态势，主动地通过搜索获取商业情报，进行决策研究。搜索功能已经成为了营销主体能动性的一种表现，一种提升网络经营能力的进击手段和竞争手段。

随着信息搜索功能由单一向集群化、智能化方向的发展和向定向邮件搜索技术的延伸，使网络搜索的商业价值得到了进一步的扩展和发挥，寻找网上营销目标将成为一件易事。

2. 信息发布功能

发布信息是网络营销的主要方法之一，也是网络营销的一种基本职能。无论哪种营销方式，都要将一定的信息传递给目标人群。但是网络营销所具有的强大信息发布功能，是古往今来任何一种营销方式所无法比拟的。

网络营销可以把信息发布到全球任何一个地点，既可以实现信息的广覆盖，又可以形成地毯式的信息发布链。既可以创造信息的轰动效应，又可以发布隐含信息。信息的扩散范围、停留时间、表现形式、延伸效果、公关能力、穿透能力，都是最佳的。更加值得注意的是，在网络营销中，网上信息发布以后，可以能动地进行跟踪，获得回复，可以进行回复后的再交流和再沟通。因此，信息发布的效果明显。

3. 商情调查功能

网络营销中的商情调查具有重要的商业价值。在激烈的市场竞争条件下，主动地了解商情、研究趋势、分析顾客心理、窥探竞争对手动态是确定竞争战略的基础和前提。通过在线调查或者电子询问调查表调查等方式，不仅可以节省大量的人力、物力，而且可以在线生成网上市场调研的分析报告、趋势分析图表和综合调查报告。其效率之高、成本之低、节奏之快、范围之大，都是以往其他任何调查形式难以做到的。这就为企业提供了一种市场的快速反应能力，为企业的科学决策奠定了坚实的基础。

4. 销售渠道开拓功能

网络具有极强的进击力和穿透力。传统经济时代的经济壁垒，地区封锁、人为屏障、交通阻隔、资金限制、语言障碍、信息封闭等，都阻挡不住网络营销信息的传播和扩散。新技术的诱惑力，新产品的展示力，图文并茂和声像俱显的昭示力，网上路演的亲和力，地毯式发布和爆炸式增长的覆盖力，将整合为一种综合的信息进击能力。

5. 品牌价值扩展和延伸功能

随着互联网的出现，不仅给品牌带来了新的生机和活力，而且推动和促进了品牌的拓展和扩散。对于重塑品牌形象、提升品牌的核心竞争力和打造品牌资产，具有其他媒体不可替代的效果和作用。

6. 特色服务功能

网络营销具有特色服务功能，使服务的内涵和外延都得到了扩展和延伸。顾客不仅可以获得形式最简单的 FAQ、邮件列表、BBS、聊天室等各种即时信息服务，还可以获取在线收听、收视、订购、交款等选择性服务，以及无假日的紧急需要服务和信息跟踪、信息定制到智能化的信息转移、手机接听服务、网上选购、送货到家的上门服务等。这种服务及服务之后的跟踪延伸，不仅将极大地提高顾客的满意度，使以顾客为中心的原则得以实现，而且也使客户成为了商家的一种重要的战略资源。

7. 顾客关系管理功能

客户关系管理源于以客户为中心的管理思想，是一种旨在改善企业与客户之间关系的新型管理模式，是网络营销取得成效的必要条件，是企业的重要资源。在传统的经济模式下，由于认识不足或自身条件的局限，企业在管理客户资源方面存在着较为严重的缺陷。而在网络营销中，通过客户关系管理，企业可将客户资源管理、销售管理、市场管理、服务管理和决策管理于一体，将原本疏于管理、各自为战的销售、市场、售前和售后服务与业务统筹协调起来。通过网络营销，企业不仅可跟踪订单、监控订单执行过程、规范销售行为、了解新老客户的需求、提高客户资源的整体价值，还可以帮助企业调整营销策略，收集、整理、分析客户反馈信息，全面提升企业的核心竞争能力。客户关系管理系统具有强大的统计分析功能，可提供“决策建议书”，以避免决策失误，能为企业带来可观的经济效益。

8. 经济效益增值功能

网络营销可极大地提高营销者的获利能力，使营销主体获取或提高增值效益。这种增值效益的获得，不仅是因为网络营销效率的提高，营销成本的下降，商业机会的增多，更是因为网络营销中新信息量的累加，使原有信息量的价值实现增值。网络营销明显的资源整合能力，为这种信息量的累加，提供了现实可能性，这是传统营销根本不具备又无法想象的一种战略能力。

五、网络营销的分类

网络营销按照不同的标准可分为不同的类型。目前，主要按企业是否有自己的 Web 网站，分为以下两大类。

1. 有 Web 站点的网络营销

基于 Web 站点的网络营销是网络营销的主要形式。营销大师菲利普•科特勒指出，企业可以在网站上应用营销的概念，即把对现有顾客和潜在顾客比较重要的功能加到网站上。实施这类网络营销将面临 Web 站点的规划、建设、维护、推广，以及其他营销方法的整合等问题。如果是交易型的网站，还会涉及产品、价格、渠道和促销等传统营销要考虑的各类问题。消费者在购买产品的时候，必然希望了解产品的性能、价格、购买地点、售后服务等信息。一个高质量的网站是网络营销的基础，但是企业网站不仅仅是展示产品，还应该让消费者通过网站更多地了解企业文化、规模、实力、信誉等多方面的内容。

2. 无 Web 站点的网络营销

并非所有的网络营销都要依赖于 Web 站点，在无站点的情况下，企业亦可以开展网络营销。这类网络营销的主要手段有电子邮件营销、口碑营销、虚拟社区营销、微博营销、微信营销，等等。随着电子商务的发展，越来越多的企业尤其是中小型企业开始积极运用第三方电子商务服务平台开展线上销售活动，提高生产经营和流通效率。

近年来，随着 Web3.0 的发展，利用论坛、SNS、博客、微博、微信（WeChat）、Facebook、Twitter 等社会化媒体和软文、网络口碑开展的营销活动已经为越来越多的企业所采用，各类企业都想方设法利用各类社会化媒体平台开展网络营销。

任务实施

1. 利用互联网搜索相关网络营销网站，了解我国企业网络营销现状。
2. 登录两个以上的旅行社网站，比较不同旅行社网络营销业务的特点。

3．了解某一个旅行社所开展的网络营销类型。

任务二 网络营销与传统营销的关系

任务概要

互联网的发展使企业的营销环境及营销活动发生了根本性的变革，网络营销的产生与发展顺应了这一变革。然而，作为企业营销体系中的一部分，网络营销不仅仅是通过网络进行营销活动，还涉及传统市场营销的方方面面，离不开传统营销的支持与配合。两种营销活动既有相同之处，也有很大的区别，企业应该处理好两者之间的关系，实现两者的有机整合，提高企业营销效益，增强企业市场竞争力。

任务知识

一、网络营销与传统营销的异同点

网络营销与传统营销相比，既有相同之处，又有其显著不同的特点。网络营销与传统营销作为企业的经营活动，需要通过组合运用来发挥功能，而不是单靠某一种手段来达到目的。两者虽然都把满足消费者的需要作为一切营销活动的出发点，但网络营销也具备一些传统营销所不具备的特点。

1．网络营销与传统营销的区别

（1）营销理念的转变。网络营销已经从传统的大规模目标市场向集中型、个性化营销理念转变。因为网络营销的出现，使大规模目标市场向个人目标市场转化成为可能。而在传统营销中，不管是无差异策略还是差异化策略，其目标市场的选择都是针对某一特定消费群，难以把每一个消费者都作为目标市场。在互联网发达的今天，企业可以通过网络收集大量信息以了解不同消费者的不同需求，从而使企业的产品更能满足顾客的个性化需求。海尔集团在最近几年快速发展，受到消费者的好评，固然原因是多方面的，但通过满足消费者的个性化需求，却是一个不可忽视的原因。当当网（http://www.dangdang.com）、淘宝网（http://www.taobao.com）、一号店（http://www.yhd.com）、卓越亚马逊（http://www.amazon.cn）等的成功，部分原因也要归功于其提供的个性化服务。

（2）以现代信息技术为支撑。这是网络营销与传统营销最大的不同点。网络营销是一种在现代科学技术基础上发展起来的新营销模式，它的核心是以计算机信息技术为基础，通过互联网和企业内部网络实现企业营销活动的信息化、自动化与全球化。网络营销时代，企业营销活动从信息收集、产品开发、生产、销售、推广，直至用户在售后服务与售后评价等一系列过程，都需要以现代计算机信息技术为支撑。比如，中国第一个旅游搜索引擎“去哪儿”除了利用网站和手机 APP 开展营销活动，更是推出了官方微信，顾客可以通过其微信来预订酒店、门票、旅游线路等。

（3）供求平衡发生变化。网络营销缩短了生产者和消费者之间的距离，节省了商品在流通中经历的诸多环节，有利于降低流通费用和交易费用。传统营销中，当企业无法对产品的配置和数量加以精确规划时，供应商不清楚客户何时需要他们的产品，不得不建立库存以应付各种局面，库存常有积压，造成库存商品损耗与管理费用的提高。而网络营销则使这种现象得到了极大的改善。

（4）行为机制不同。不论采用哪种方式，网络营销都致力于让消费者产生直接的回复反应，从而实现企业与消费者之间的双向信息沟通。这种反应既可以是消费者的直接订购，也可以是询问有关情况或要求参观产品陈列室等。据此，网络营销商可建立自己的营销数据库，并通过以后的营销工作进一步培养、巩固与消费者之间长期稳定的合作关系，形成产销者与消费者之间交互回应的机制。传统营销虽然也承认和接受需求导向，但顾客在许多企业的心目中是抽象的，只是市场购买力的代名词。

（5）市场环境发生变化。互联网的出现与广泛应用已将企业营销引导至一个全新的环境。互联网具有完全开放的市场环境，不再像传统营销一样要去面对物理距离。网络营销的环境开放、灵活，其丰富多彩的内容和便利的商业信息，吸引着越来越多的网民。

（6）营销策略的改变。由于网络营销具有双向互动性，真正实现了全程营销，即必须在产品的设计阶段就开始充分考虑消费者的需求与意愿，这使得网络营销在营销策略上与传统营销有所不同。

① 产品。

并非所有产品都适合在网上销售，如需要根据嗅觉、味觉、触觉等测试的结果才能做出购买决策的产品，而有些产品特别适合在网上销售，如计算机软件等数字化产品。一般而言，适合在互联网络上销售的产品通常具有两个基本特性：一是消费者根据网上信息，即可做出购买决策的产品；二是网上销售的费用远低于其他的渠道。

② 定价。

传统营销以成本为基准定价，其中营销成本在综合成本中占有相当高的比重，因为传统营销是依赖层层严密的渠道，并以大量人力与宣传投入来争夺市场的。网上营销中，传统的这种定价模式不再适用，代之的是以顾客能接受的成本来定价，并依据成本来组织生产和销售的模式。一方面，这种定价模式符合网上营销的以顾客为中心的服务观念；另一方面，网上营销的低成本也使得这种定价方式成为可能。

③ 分销渠道。

分销渠道是促使产品或服务顺利地被使用或消费的一整套相互依存的组织。传统营销中的大多数生产者都无法将产品直接出售给最终用户，被迫把部分销售工作委托给诸如批发商、零售商、代理商之类的营销中间机构。传统的营销渠道：生产者→总经销商→二级批发商→三级批发商→零售店→消费者。典型的网上营销渠道：生产者→网站→物流系统→消费者。因此，生产者不仅大大缩短了分销过程，节约了大量的分销成本，而且紧紧将命运掌握在自己的手中，同时，由于减少了交易环节，也降低了交易成本。

④ 促销。

促销是利用广告、销售促进、直接营销、公共关系和人员推销等五种工具，与消费者沟通，把产品的存在和价值传统递给目标顾客。但五种营销工具在传统营销和网上营销中的有效性和地位是不同的。网络广告传递信息多，传达范围广，沟通的效率高，信息反馈直接、准确、及时，但成本比传统广告低。

（7）时空界限发生变化。网络营销比传统营销更能满足消费者对方便购物的需求。网络营销消除了传统营销中的时空限制，不论身处何地，消费者都可随时查询所需商品或企业的信息，并在网上购物。查询和购物程序简便、快捷。如今，很大一部分消费者已经习惯于网络购物，消费者只需要在电脑或者手机上搜索、浏览、选择产品，来自世界各个角落的产品都会经由物流公司送货上门。消费者足不出户，就可以购买来自世界各地的产品。

2．网络营销与传统营销的联系

（1）网络营销与传统营销有着相同的目标。两者都是使顾客的需要和欲望得到满足和满意，只不过借助于网络，网上营销更容易、也能更好地实现营销的这一目标。

（2）网络营销与传统营销都需要通过营销组合发挥功能。网上营销的基本要素仍然是产品、价格、促销和分销渠道四个方面，虽然这四个要素的内容有较大的变化。目前，网络营销已经成为许多企业的重要营销策略，不少以线下销售为主的企业都开始注重线上营销。比如国美电器、苏宁电器都纷纷开设网上商城，国内教育培训业的巨头新东方亦开始考虑投资打造一个专门为新东方服务的在线教育平台。而同时，一些网上零售商则通过发展实体店来拓展销售渠道。可以说，网络企业与传统企业、网络营销与传统营销之间正在逐步相互融合。

二、网络营销对传统营销的冲击

1．网络营销对传统营销策略的冲击

传统营销致力于建立、维持和依赖层层严密的渠道，在市场上投入大量的人力、物力和广告费用，这一切在网络时代将被看成无法负担的奢侈和摆设。在网络时代，人员推销、市场调查、广告促销、经销代理等传统营销手法，将与网络相结合，并充分运用互联网上的各项资源，形成以最低成本投入，获得最大市场销售量的新型营销模式。网络营销将在以下几个方面对传统营销策略带来冲击。

（1）对传统产品策略的冲击。

① 对标准化产品的冲击。

作为一种新型媒体，可以利用互联网可以在全球范围内进行市场调研。通过互联网，厂商可以迅速获得关于产品概念和广告效果测试的反馈信息，也可以测试顾客的不同认同水平，从而更加容易地对消费者行为方式和偏好进行跟踪。因而，在大量使用互联网的情况下，对不同的消费者提供不同的商品将不再是天方夜谭。同时，互联网的新型沟通能力又加速了这种趋势。因此，怎样根据不同消费者的需求生产小批量、个性化的商品，更有效地满足各种个性化的需求，是每个网络营销公司面临的一大挑战。

② 网络营销使产品生命周期发生变化。

在传统的销售模式中有产品生命周期的概念，即指产品在市场上从上市、大量销售到被淘汰的过程。它一般分为导入期、成长期、成熟期、衰退期 4 个阶段。在传统环境中，由于厂家不能直接接触消费者，所以在掌握产品的衰退期时总是不可避免地发生滞后。而在新的环境下，这种情况会发生改变，产品生命周期的概念会逐步淡化。因为生产者和消费者可以在网上建立直接的联系，厂家能在网上及时了解消费者的意见。从产品投入市场开始，企业就可迅速获知产品改进和提高的方向。于是，当老产品还处于成熟期时，企业就开始研制下一代的系列产品，由此取代了原有产品的衰退期，使产品保持旺盛的生命力。例如，苹果公司的手机系列产品从 iPhone1、iPhone2、iPhone3G、iPhone3GS、iPhone4、iPhone4S、iPhone5 到 iPhone5C、iPhone5S 就是一个很好的例子。

③ 对品牌全球化管理的冲击。

开展网络营销的企业与现实企业的单一品牌与多品牌的决策相同，其面临的一个主要挑战是如何对自己的全球品牌和共同的名称或标志识别进行管理。产品的品牌是产品的牌号和名称，体现了商品的商标、名称、包装、价格、历史、声誉、符号、广告风格等内涵。产品的品牌便于顾客识别和选购商品，促进销售和增加利润，有利于营销沟通。在传统营销中，企业对各种不同的产品可以使用不同的品牌，而开展网络营销的企业的品牌管理在采取不同的方法时，会产生不同的情况。一方面，当多个有本地特色的区域品牌分别以不同的格式、形象、信息和内容在市场中出现，虽然给消费者带来了某种程度的便利，但也会引起他们的困惑。因为在网络中，信息是开放的，消费者在网上面对企业的不同品牌，可能会感到困惑。另一方面，如果企业为所有品牌设置统一的品牌形象，虽然可以利用知名品牌的信用带动相关产品的销售，但也有可能由于某一个区域品牌的失利而导致企业全局受损。因此，是实行单一品牌策略还是实行有本地特色的区域品牌策略，以及如何加强区域管理，是网络营销企业面临的现实问题。

（2）对传统定价策略的冲击。相对于目前的各种传统媒体来说，互联网将导致国际间的价格水平标准化或至少缩小国别间的价格差别。这对于执行差别化定价策略的企业来说确实是一个严重的问题。人们可以在互联网上通过搜索工具能了解某种产品的价格，如果某种产品的价格标准不统一或经常改变，消费者很容易发现这种价格差异，并可能产生不满。互联网先进的网络浏览功能，会使变化不定的且存在差异的价格水平趋于一致。这将对分销商分布在海外并在各地采取不同价格的公司产生巨大冲击，例如：如果一个公司对某地的顾客提供20%的价格折扣，那么，包括通过互联网搜索特定产品的代理商在内的世界各地的互联网用户都会了解到这项交易，也将认识到这种价格差别，从而可能影响那些通过分销商或本来并不需要折扣的业务，从而加剧了公司采取价格歧视策略的不利影响。

（3）对传统营销渠道策略的冲击。在网络的环境下，生产商可以通过互联网与最终用户直接联系，而无须通过中间商。在传统营销中，由企业所建立的分销网络垄断了产品的代理销售，承担售后服务，并获得代理销售的利润，对中小企业构成很高的进入障碍。因为中小企业限于人力与财力，不能建立庞大的分销网络，在竞争中处于不利地位。而在网络营销中，中小企业可以直接与生产企业进行订货，或进行网络直销，而无须代理分销。因此，中间商的重要性将有所降低。

（4）对传统广告策略的冲击。企业在做传统广告时，需要通过广告代理商，企业在网络上可以通过网络服务商或自行发布广告，从而消除传统广告的障碍。首先，相对于传统媒体来说，由于网络空间具有无限扩展性，因此在网络上做广告可以较少地受到空间篇幅的局限，可以尽可能多地罗列必要的信息。其次，网络广告迅速提高的广告效率也为网上企业创造了便利条件。譬如，有些公司可以根据其注册用户的购买行为锁定目标访问者来发送广告；有些公司可根据访问者的特性，如硬件平台、域名或访问时的搜索主题等方面有选择地显示其广告内容。相对于传统媒体来说，网络空间具有无限的扩展性，网络广告通过链接可以将必要的信息尽可能地展示，而不受空间的限制。此外，网络广告的高效率、可统计性等也是传统广告所不可比拟的。

2．网络营销对传统营销方式的冲击

随着网络技术迅速向宽带化、智能化、个人化方向发展，用户可以在更广阔的领域内

方便地实现声音、图像、动画和文字一体化的多维信息共享和人机互动功能。"个人化"把"服务到家庭"推向了"服务到个人"。正是这种发展使得传统营销方式发生了革命性的变化，重新营造了顾客关系，结果将可能导致大众市场的逐步终结，并逐步走向市场的个性化，最终将会以每一个用户的需求来组织生产和销售。

（1）重新营造顾客关系。网络营销的企业竞争是一种以顾客为焦点的竞争形态，争取新顾客、留住老顾客、扩大顾客群，建立亲密的顾客关系、分析顾客需求、创造顾客需求等，都是网络营销最关键的营销课题。网络和电子商贸系统巨大的信息处理能力，为消费者提供了一个更广阔的选择范围。消费者不会以被动的方式接受商家提供的商品信息，而是会根据自己的需求主动上网去寻找适合的产品。如果找不到满意的产品或服务，消费者会通过电子商贸系统向厂家和商家主动表达自己对某种产品的欲望和需求，在不知不觉中参与了企业的生产经营活动。因此，在网络环境下，公司如何与散布在全球各地的顾客群保持紧密的关系，并能正确掌握顾客的特性，再通过对顾客的教育和对本企业形象的塑造，建立顾客对于虚拟企业与网络营销的信任感，这些都是网络营销成功的关键。

（2）对营销战略的影响。由于互联网所具有的平等性、自由性和开放性等特点，使得网络时代企业的市场竞争是透明的，人人都能掌握竞争对手的产品信息与营销行为。因此，胜负的关键在于如何适时地获取、分析、运用这些在网络上取得的信息来研究并采用具有优势的竞争策略。从这一点来分析，网络营销可以使企业更易于在全球范围内参与竞争，这将降低传统环境下跨国公司所拥有的规模经济的竞争优势。在互联网的环境下，企业间的策略联盟是主要竞争形态，运用网络来组成企业的合作联盟，并以联盟所形成的资源规模创造竞争优势，将是网络时代企业经营的重要手段。

（3）对跨国经营的影响。在网络时代，企业开展跨国经营是非常必要的。在过去，企业只需专注于本行业和本地区的市场，而将其在国外的市场委托给代理商或贸易商去经营。但互联网所具有的跨越时空连贯全球的功能，使得进行全球营销的成本低于地区营销，因此企业将不得不进入跨国经营的时代。网络时代的企业，不但要熟悉不同国度的市场顾客的特性以争取他们的信任，并满足他们的需求，还要安排跨国生产、运输与售后服务等工作，并且这些跨国业务都是由网络来联系与执行的。任何渴望利用互联网进行跨国经营的公司，都必须为其经营选择一种恰当的商业模式，并要明确这种新型媒体所传播的信息和进行的交易将会对其现存模式产生什么样的影响。

（4）企业组织的重整。互联网（Internet）的发展带动了企业内部网（Intranet）的蓬勃发展，使得企业的内外沟通与经营管理均需要依赖网络作为主要的渠道与信息源。其结果对企业所带来的影响包括业务人员与直销人员减少、组织层次减少、经销代理与分店门市数量减少、营销渠道缩短，以及虚拟经销商、虚拟门市、虚拟部门等企业内外的虚拟组织盛行。这些影响与变化，都将促使企业对于组织再造工程（Reengineering）的需要变得更加迫切。企业内部网的兴起，改变了企业内部的作业方式以及员工学习成长的方式，个人工作者的独立性与专业性将进一步提升。因此，个人工作室、在家上班、弹性上班、委托外包、分享业务资源等行为，在未来将会十分普遍，也使企业机构重组成为必要。

三、网络营销与传统营销的整合

1. 网络营销中顾客概念的整合

传统的市场营销学中的顾客是指与产品购买和消费直接有关的个人或组织（如产品购

买者、中间商、政府机构等)，在网络营销中的顾客与传统营销中的顾客并没有本质的区别，但这些顾客都是网民。虽然目前网民数量只占整个顾客群体的很小一部分，还具有地域、年龄、性别差异等方面的特点。但随着网络建设的不断发展，上网费用的进一步降低，网民的数量还将不断增加，地域、年龄、性别等方面的差异将不断缩小。因此，企业开展网络营销是全方位的，必须有战略性的市场细分和目标定位。

2．网络营销中产品概念的整合

市场营销学中将产品解释为能够满足某种需求的东西，并认为产品是由核心产品、形式产品和附加产品构成的，即整体的产品概念。网络营销一方面继承了上述整体产品的概念，另一方面比以前任何时候都更加注重和依赖信息对消费者行为的引导，因此产品的概念突破了传统营销中的解释，产品不单是满足需要，而且还要引起关注。因此，网络营销将产品的定义扩大了，即：产品是提供到市场上引起注意、需要和消费的东西。

3．网络营销中营销组合概念的整合

营销组合概念与产品的性质相关联。对于知识产品，企业可以直接在网上完成其销售过程，在这种情况下，市场营销组合发生了很大的变化。首先，传统营销组合 4P 中的产品、渠道和促销由于摆脱了对传统物质载体的依赖，已经完全电子化和非物质化了。其次，价格不再以生产成本为基础，而是以顾客意识到的产品价值来计算。第三，顾客对产品的选择和对价值的估计很大程度上受网上促销的影响，因而网络促销的作用备受重视。对于某些有形产品和服务虽然不能以电子化的方式传递，但企业在营销过程中可利用互联网传递信息。此时传统的营销组合没有发生变化，价格则由生产成本和顾客的感受价值共同决定。促销及渠道中的信息流则是由可控制的网上信息代替，渠道中的物流则可实现速度、流程和成本最优化。

4．网络营销对企业组织的整合

网络营销带动了企业理念及企业内部网络的发展，使企业内外部沟通与经营管理均以网络为主要渠道。销售部门人员的减少，销售组织及管理层级的扁平化，销售渠道的缩短，都导致企业对于组织进行再造工程的迫切需要。企业组织再造过程中，将衍生出一个负责网络营销和公司其他部门协调的网络营销管理部门。该部门区别于传统的营销管理，主要负责解决网上疑问，负责新产品开发以及网上顾客服务等事宜。同时，企业内部网的兴起将改变企业内部运作方式以及员工素质。在网络经济时代，形成与之相适应的企业组织形态非常重要。

网络营销的产生和发展，使营销发生了巨大变革，以互联网为核心的网络营销正在逐步发展成为现代市场营销的主流。长期从事传统营销的各类企业，都逐步意识到网络营销的深远影响，因而处理好网络营销与传统营销的整合关系显得尤为重要。只有这样，企业才能掌握网络营销的真谛，充分利用网络营销，为企业赢得竞争优势，扩大市场。

任务实施

1．上网了解哪些实施传统营销的企业已经有效地展开了网络营销。

2．“一些在传统市场上运用自如、成熟的整合营销传播策略在网络营销中显得力不从心”，试通过例子来证实这一观点。

3．某外语培训机构准备开发网上培训课程，说说其应该如何有效地开展网络营销。

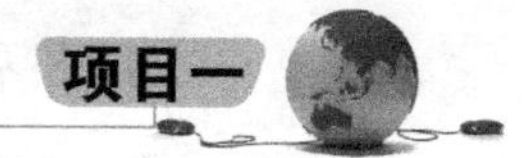

任务三 网络营销环境与系统

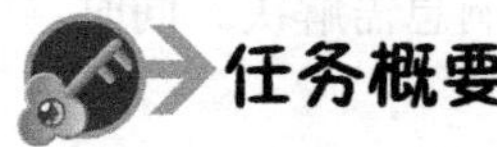

任务概要

企业的网络营销环境是错综复杂的，网络营销环境既能为企业提供机遇，也有可能给企业造成威胁，这给企业正确制定网络营销战略和策略带来了很大的困难。如何不断地观察与适应变化着的网络环境是当代企业取得成功的关键。网络营销系统是一个系统性工程，它始终贯穿企业经营的整个过程，因而需要企业调动和投入大量的人力、物力和财力进行系统的组织和开发。

任务知识

一、网络营销环境

企业网络营销环境是指与企业网络营销活动有关联因素的集合，是影响企业生存和发展的各种内外部条件。随着社会的发展，特别是网络技术在营销中的运用，使环境更加变化多端。尽管环境因素是不可控制的，但也有一定的规律。企业的营销观念、消费者需求和购买行为，都是在一定的经济社会环境中形成并发生变化的。因此，企业必须重视网络营销环境。

1．网络营销的宏观环境

网络营销的宏观环境是指影响企业营销活动的一些大范围的社会性约束力量，包括人口、经济、政治、法律、科学技术、社会文化、自然地理等多方面的因素。宏观环境是企业不可控制的因素，但企业并非只能消极、被动地改变自己适应宏观营销环境，也可以在变化的环境中为自己寻找机会，并尽可能在一定条件下改变环境因素。

（1）人口环境。人口是构成市场最基本的条件，是企业市场营销活动的基础和最终对象，人口越多，市场容量越大，而人口的年龄结构、性别结构、人口地理分布、婚姻状况、家庭结构、民族结构、人口流动等人口特性，都会对企业营销计划产生显著影响。人口规模决定着市场容量和潜力；人口结构影响消费结构和产品构成；人口组成的家庭、家庭类型及其变化，对消费品市场有明显影响。开展网络营销的企业必须重视对人口环境的研究，包括网民数量、网民性别结构、网民收入状况、网民地理分布等都会影响企业的网络营销策略选择。

（2）经济环境。经济全球化是社会发展的趋势，这种趋势突破了传统企业在本地组织生产、经营活动和在本地、本国寻求市场和资源的经营模式。信息技术为企业从事经营活动提供了技术平台，这个技术平台突破了传统企业经营活动中的地域限制。在网络环境下，企业可以跨国、跨地区来组织各种生产、经营，在世界范围内规划自己的营销和发展战略。

网络营销不仅需要网民，还需要有强劲的购买力。在一定经济条件下所具有的购买力取决于收入、价格、储蓄、信贷等情况，企业必须特别注意收入与消费模式变化的主要趋势。

（3）政治法律环境。网络营销政治法律环境是指对企业网络营销活动有一定影响的各种政治法律因素的总和，它主要包括一个国家或地区的政治制度、政治局势、方针政策、法律法规等。政治环境直接与国家体制、宏观经济政策相联系，它规定了国家的发展发向、采取的经济措施等，调节着企业网络营销活动的方向。法律、法规作为国家意志的强制表现，对于规范市场与企业行为有着直接作用。法律政策的规范与否，与人们对网络交易的信心密切相关，当前网上诈骗、域名纠纷、个人隐私被侵犯等法律漏洞急需解决。同时，企业要密切关注政府在这些方面的表现，及时把握网络营销的商机。

从我国现状看，健康地实施网络营销战略必须要由政府积极参与主导，实行统一、有效的管理，制定适宜的政策、法律等。比如，2013 年新修订公布的《消费者权益保护法》明确规定“网购 7 天内无理由退货”，这对不少开展网络营销的企业来说有利有弊。目前我国网络营销的相关法律法规有《中华人民共和国电子签名法》《互联网视听节目服务管理规定》《电子认证服务管理方法》《中国互联网络域名管理方法》《中国互联网络信息中心域名注册实施细则》等。

（4）科技环境。科学技术的发展水平不仅是经济发展水平的集中反映，而且决定着一个国家的经济建设的未来。科学技术的发展对于社会的进步、经济的增长和人类社会生活方式的变革都起着巨大的推动作用。科技环境不仅直接影响企业内部的生产经营，而且还同时与其他环境因素相互依赖、相互作用，共同影响企业的网络营销活动。对于开展网络营销的企业来说，科学技术已经成为影响企业网络营销活动各因素中最直接、力度最大、变化最快的因素。

（5）文化环境。社会文化指在特定的自然、经济环境中生活，久而久之必然会形成某种特定的思维定势和心理趋向，包括民族特征、价值观念、生活方式、风俗习惯、伦理道德、教育水平、语言文字、宗教信仰、审美观、社会群体，等等。人们在不同的文化背景下生活，就建立起不同的价值观，因而就具有不同的购买理念和不同的购买行为。互联网的发展几乎对每一种社会文化，每一种语言都带来影响。它几乎渗透到了世界各地和人们生活的各个角落，创造了新的需要，并产生了巨大的影响，它可能成为某些社会文化的威胁者，也能促进某些文化的发展。

（6）自然环境。自然地理环境主要是指自然物质资源、地理地势、地形地貌、气候、交通等。这些因素不同程度地影响着企业的营销活动，有时候这种影响对企业的生存和发展起决定的作用，比如，在网络购物中，如果一个商家因为所在的地方交通不便而导致物流速度慢，就会影响消费者对该企业的认可度。企业要避免自然地理环境带来的威胁，最大限度地利用环境变化可能带来的网络营销机会。

2．网络营销的微观环境

网络营销的微观环境是指与企业的网络营销活动有着密切联系，对企业的网络营销活动构成直接影响的各种力量，包括企业、供应商、营销中介、市场、竞争者和公众等。微观环境因素也存在着一定的不可控制性，它比宏观环境对企业经营的影响更为直接，但企业可以经过努力在不同程度上控制微观环境，使企业得到更好的发展。

（1）企业。企业本身的组织结构包括营销管理部门、生产部门、财务部门、公关部门等各部门；从层次上来说，包括最高管理层、中级管理层、基层管理层等各层次。资源结构又可分为人力、物力、财力、技术等。企业开展营销活动的能力大小，成功与否，从根本上说取决于企业本身的综合素质高低，不同企业自身条件不同，其优势劣势也不同。网络营销日新月异，企业必须时刻跟得上市场的发展，否则就会被市场所淘汰。

（2）供应商。供应商是向企业及竞争对手供应原材料、设备、劳务和资金等各种所需资源的企业和个人。供应商所提供的资源情况是企业营销活动顺利进行的前提，如果没有供应商所提供的资源作为保障，企业就无法正常运转。供应商所提供的资源将直接影响企业产品的价格、销量和利润。供货价格影响企业成本，如果供应商提高原材料的价格，生产企业被迫提高其产品价格，这将影响企业的利益。而供货质量直接影响到企业产品的质量。供货短缺可能影响企业按时完成交货任务。因此，企业应该从多方面获得供应，与供应商保持密切联系，及时了解和掌握供应商的变化和动态，使货源在供应数量上、时间上和连续性上能得到保证，免受其控制。

（3）营销中介。营销中介是指为企业提供资金融通、运输、储存、咨询、保险、广告、服务等业务，协助其完成促销、推广、配销产品的企业和个人。营销中介包括中间商、实体分配公司、营销服务机构、金融机构等。由于网络技术的运用，消费者可以实现网上购物，自由选购自己所需产品。生产者、批发商、零售商和网上销售商都可以建立自己的网站并营销商品。所以，一部分商品不再需要遵循传统的商品购进、储存、运销的流程。网上销售，一方面使企业间、行业间的分工模糊化，形成"产销合一"、"批零合一"的销售模式，另一方面，随着"凭订单采购"、"零库存运营"、"直接委托送货"等新业务方式的出现，服务于网络销售的中介机构产生了。

（4）顾客。企业在开展营销活动时要分析掌握顾客需求的变化，并采取相应的营销策略和手段，满足顾客需求，适应顾客需求的变化。互联网消除了企业与顾客之间的地理位置限制，给企业提供了更为广阔的市场营销空间，为顾客带来了更为广泛的商品选择空间。顾客通过互联网可以获得更多的需求信息，使购物行为更加理性化。企业可以通过有效的营销活动，处理好与顾客的关系，促进产品销售。

（5）竞争者。任何一个企业在市场上都会存在着许多竞争，只要存在商品生产和商品交换，竞争都是不可避免的。开展网络营销的企业不可避免地遇到业务与自己相同或者相近的竞争对手，在对目标市场进行营销活动的过程中，必须要与竞争者或竞争对手展开挑战，要比竞争者更有效地满足消费者的需求和欲望。

（6）公众。公众是指对企业实现其目标有实际或潜在影响的任何团体。开展网络营销的企业是一个更为开放的系统，在营销活动中必然与各方面发生联系。企业的营销活动影响着周围的各种公众利益，公众也能便利或妨碍企业实现其经营目标。一个企业周围的公众主要有金融公众、媒介公众、政府公众、社团公众、地方公众、一般公众、内部公众等。随着网络技术的发展，通过各种网络即时通讯方式，如微博、微信、Facebook、Twitter 等，企业的一举一动都会即刻出现在公众视线中，因此在开展网络营销活动中，企业要处理好与这些公众的关系，树立良好的企业形象。

3．中国互联网的基本环境

2013 年 7 月，中国互联网络信息中心（CNNIC）发布了第 32 次《中国互联网络发展状况统计报告》，中国互联网络概况如下。

（1）总体网民规模增长迅速，互联网普及率持续提升。调查报告显示，截至 2013 年 6 月底，我国网民规模达 5.91 亿人，互联网普及率为 44.1%，如图 1-1 所示。

（2）手机网民规模占网民规模的 2/3 以上。手机成新增网民第一来源。我国手机网民规模达 4.64 亿人，网民中使用手机上网的人群占比提升至 78.5%，如图 1-2 所示。

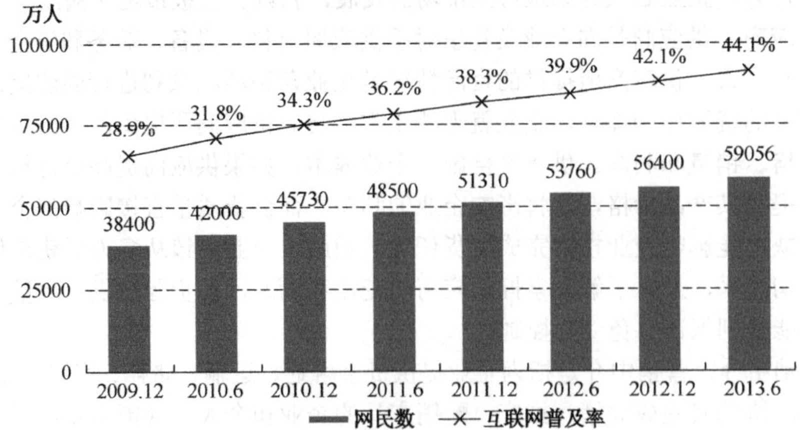

图 1-1 中国网民规模和互联网普及率

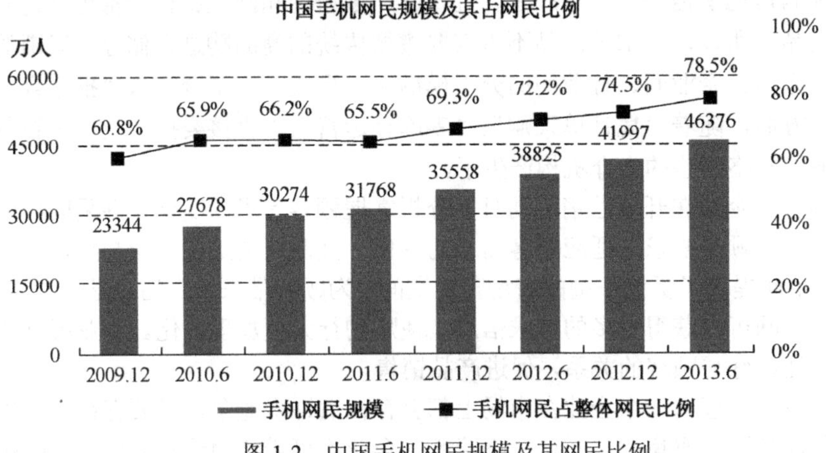

图 1-2 中国手机网民规模及其网民比例

（3）农村网民规模略有提升。截至 2013 年 6 月底，我国网民中农村人口占比为 27.9%，规模达到 1.65 亿人，相比 2012 年略有提升，增加约 908 万人，如图 1-3 所示。

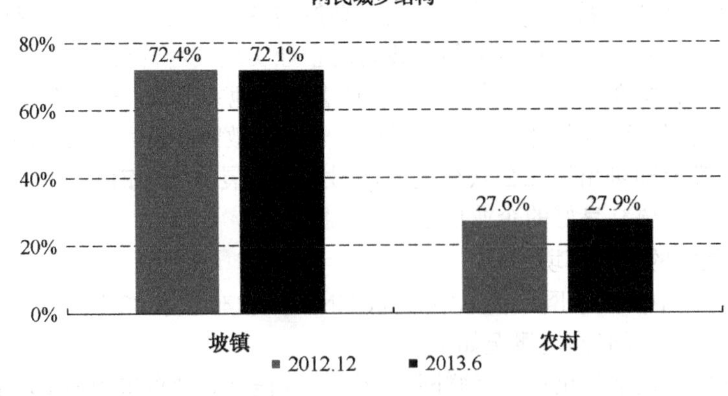

图 1-3 中国网民城乡结构

（4）网民性别结构保持稳定。中国网民的性别比例为 55.6∶44.4，与 2012 年情况基本一致。近年来，中国网民性别比例保持稳定，如图 1-4 所示。

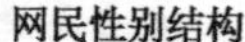

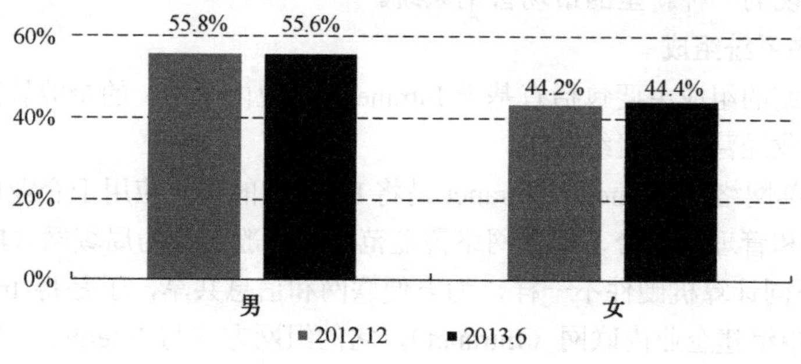

图 1-4　中国网民性别结构

（5）网民年龄结构上中老年群体为增长的主要来源。截至 2013 年 6 月底，中国网民中 30 岁以上各年龄段人群占比均有不同程度的提升，总占比为 46.0%，相比 2012 年底提升了 2.1 个百分点，说明我国互联网的普及逐渐从青年向中老年扩散，中老年群体是中国网民增长的主要来源，如图 1-5 所示。

（6）网民上网时长。2013 年上半年，网民人均每周手机上网时长达 11.8 小时，手机网民对上网依赖性较强。根据 CNNIC 调查，79.9%的手机网民每天至少使用手机上网一次，其中，近六成手机网民每天使用手机上网多次，如图 1-6 所示。

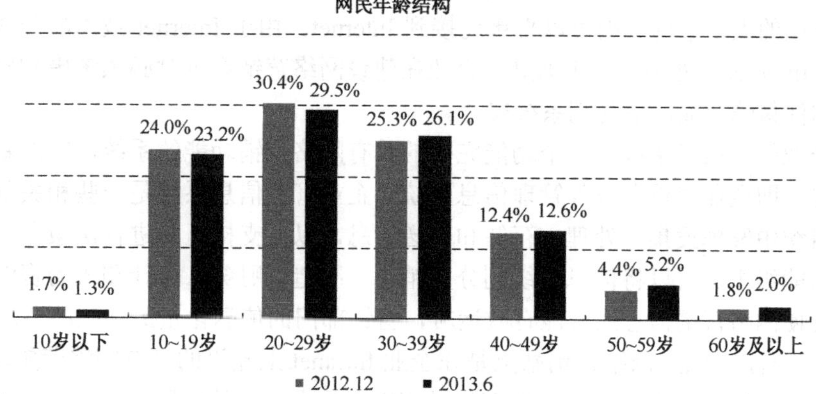

图 1-5　中国网民年龄结构

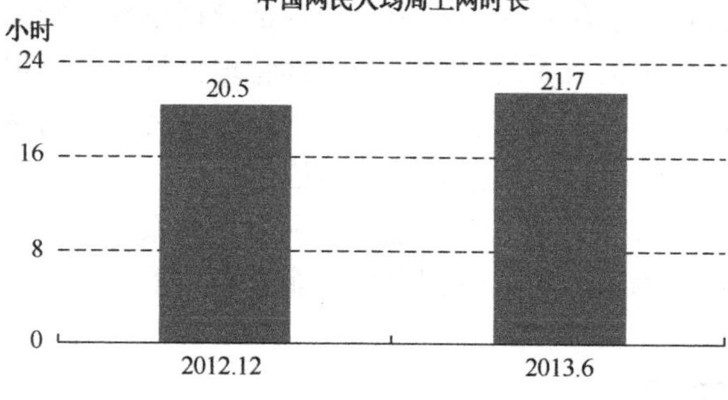

图 1-6　中国网民人均周上网时长

二、网络营销系统

网络营销系统就是以国际互联网络为基础，利用数字化的信息和网络媒体的交互性来辅助营销目标实现的一种新型的市场营销系统。

1．网络营销系统组成

网络营销系统的组成主要包括有基于 Intranet（企业内联网）的企业管理信息系统、网络营销站点和企业经营管理组织人员。

（1）企业内部网络（Intranet）。Intranet 是将 Internet 的技术应用于企业内部进行信息存取、交换、传输和管理的平台，根据网络覆盖范围，一般可分为局域网（LAN）和广域网（WAN）。由于不同计算机硬件不一样，为方便联网和信息共享，于是将 Internet 的联网技术应用到 LAN 中组建企业内联网（Intranet），它的组网方式与 Internet 一样，但使用范围局限在企业内部。为方便企业与业务紧密的合作伙伴进行信息资源共享，于是在 Internet 上通过防火墙（Fire Wall）来控制不相关的人员和非法人员进入企业网络系统，只有那些经过授权的成员才可以进入该网络，一般将这种网称为企业外联网（Extranet）。如果企业的信息可以对外界进行公开，那企业可以直接连接到 Internet 上，实现信息资源最大限度的开放和共享。Intranet 在企业内部管理中的主要作用是加强组织内部的信息交流，彼此相互沟通，提高工作效率。另外，企业在组建网络营销系统时，应该考虑企业的营销目标是谁，如何与这些客户通过网络进行联系。一般说来可以分为三个层次：首先对于特别重要的战略合作伙伴关系，企业应允许他们进入企业的 Intranet 系统直接访问有关信息；其次对于与企业业务相关的合作企业，企业应该与他们共同建设 Extranet 实现企业之间的信息共享；最后是对普通的大众市场，则可以直接连接到 Internet。由于 Internet 技术的开放、自由特性，因此在 Internet 上很容易受到攻击，企业在建设网络营销系统时必须考虑到营销目标需要，以及如何保障企业网络营销系统安全。

（2）企业管理信息系统。一个功能完整的具有网络营销功能的系统，它的基础是企业内部信息化，即企业建设有内部管理信息系统。企业管理信息系统是一些相关部分的有机整体，在组织中发挥搜集、处理、存储和传送信息，以及支持组织进行决策和控制。根据具有不同功能组织，可以将信息系统划分为销售、制造、财务、会计和人力资源信息系统等。如果要使网络营销信息系统能有效运转，营销部门的信息化是最基础的要求。

（3）网络营销站点。网络营销站点是在企业 Intranet 上建设的具有网络营销功能的，能连接到 Internet 上的 Web 站点。网络营销站点起着承上启下的作用，一方面它可以直接连接到 Internet，企业的顾客或者供应商可以直接通过网站了解企业信息，并直接通过网站与企业进行交易。另一方面，它将市场信息和企业内部管理信息系统连接在一起，通过将市场需求信息传送到企业管理信息系统，让企业内部管理信息系统来根据市场变化组织经营管理活动；它还可以将企业有关经营管理信息在网站进行公布，与企业业务相关者和消费者可以直接了解企业经管情况，以增强企业的诚信度。

（4）网络营销组织与管理人员。企业建设好网络营销系统后，企业的业务流程将根据市场需求变化进行重组。为适应业务流程变化，企业必须重新规划组织结构，重新设立岗位和培训有关业务人员。

2．网络营销系统功能

网络营销系统作为电子商务系统有机组成部分，它包括这样几大功能：信息发布与沟通、产品订购、网上支付与结算、货物配送以及网上售后服务等。

（1）信息发布与沟通。主要通过网络营销系统来实现信息发布和与顾客进行沟通功能。

这也是大多数企业网络营销系统的初步形式。如网上产品目录与展示，企业可以在网络营销站点上，利用计算机网络特有的技术，充分、广泛、全面地展示自己的产品或服务的性能、特点、价格等。由于信息是公开的，不涉及本质的交易，因此安全性和可靠性要求也不高。下图 1-7 所示为星巴克网站（http://www.starbucks.cn/）的首页，将企业的概况、文化、产品、及市场活动等信息清晰、方便、全面地展示给客户。

（2）产品订购。用户通过企业的网络营销主页面了解了该公司的业务或产品后，为了让用户能在企业的网站上选购或订购服务或产品，网络营销网站应该为用户提供方便的订购页面，并提供相应的介绍信息，让用户体验网上购物的便捷。

图 1-7　星巴克网站首页

图 1-8 所示的是雪贝尔蛋糕网站(http://www.shaber.com.cn/)的网上商城订购蛋糕页面。用户首先要注册并登录，然后当用户单击选中的蛋糕的图片时，页面就会跳转到介绍该款蛋糕的详细界面；当用户单击“加入购物车”后，可以选择继续购物，也可以选择进入结算，还可以随时更改自己的订单；当用户确认所有信息无误后，单击“支付”按钮，就可以进入结账、单据传输和支付阶段，轻松完成整个网上选购蛋糕过程。

图 1-8　雪贝尔蛋糕网上商城页面

（3）网上支付与结算。它属于市场交易完成阶段功能。随着网络技术的不断完善，网上银行和第三方支付平台的出现、发展和完善，使得网上在线支付成为可能。一方面，企业一般都开设有银行账户或者开通了第三方支付服务，如 PayPal、支付宝、财付通、易宝支付，等等；另一方面，越来越多的用户使用网上银行服务或者第三方支付服务。这使得网络营销中的网上支付与结算成为可能。

（4）货物配送。货物配送是完成交易的关键。当消费者完成了网上商品的选购、结算之后，如何实时将货物送到指定的目的地，这是完成交易最后的环节。如今的网络营销，货物配送成为众多商家的竞争重点。比如，在2013年的“双十一购物狂欢节”中，各商家都在货物配送速度上相竞争。

（5）网上售后服务。由于产品使用过程中可能出现很多问题，如果不能解决网上售后服务问题，就可能影响到网上营销活动的正常开展，因为客户可能转为寻求更可靠的传统购物方式。一般网上售后服务，主要提供产品技术资料、网上咨询及售后商品的保修、维修、退货等服务。

3．网络营销系统开发方式

企业网络营销系统的开发和建设不但涉及企业的现在和未来，还要涉及很多企业很多部门和环节，因此系统的开发和建设必须遵循一定的开发方法。

（1）购买通用的商业软件。购买通用商业软件是实施的捷径。这种方式的优点是：见效快、费用相对较低、系统质量较高、安全保密性较好、维护有保障。但是，商业系统也有其自身的局限性：首先不能一步到位地满足企业管理的需求。企业在购买后，往往要针对自身的特点进行某些设定或是增补开发，其次学习难度较大。最后系统维护具有较强的依赖性。对于小型企业、事业单位以及业务比较规范而且特殊要求不多的大中型企业来说，通过购买商业系统的途径比较合适。

（2）自行开发。如果企业本身具有一定的技术力量，有一批开发信息系统所需要的专业人才，往往希望自行开发系统。这种方式具有以下优点：针对性强，能够最好地满足单位管理的需要；便于维护，不需要依赖他人；设计的系统易于使用。但采用这种方式也有其自身的缺陷：对单位的技术力量要求较高，变化快，牵涉面广；开发周期长；系统的应变能力较弱。这种方式适于有比较稳定的开发维护队伍的单位。

（3）委托开发。大多数单位不具备自行开发系统的能力，这时可以考虑委托外单位开发系统。这种方式的优点是：和自行开发系统一样，采用委托开发方式是针对本单位的业务特点和管理需求建立系统；可以弥补本单位技术力量不足的缺陷；由于是专用软件，比较容易为使用者接受。这种方式存在的缺陷是：开发费用较高；软件应变能力不强；维护费用高，而且维护工作往往离不开系统的开发商。这种方式比较适用于本单位开发力量不足而又希望使用专用系统的单位。

（4）合作开发。企业的技术人员与具备条件的专业服务公司合作开发网络营销系统。这种方式具备了自行开发和合作开发的优点，也存在开发费用高、软件应变能力较弱等缺陷，但从成本/效益的角度考虑，不失为一种较好的开发方式，在实际工作中得到广泛运用。

4．网络营销系统开发步骤

网络营销系统的开发与一般信息系统的开发方法基本相同。对于一个已经确定采用自己开发系统的企业来说，开发一个应用系统通常可以分为以下几个步骤。

（1）项目确定。项目确定阶段的任务是论证建设一个新的信息系统的必要性，并提出一个初步的设想。

（2）系统分析。系统分析又称需求分析，其任务是通过对原有系统存在问题的分析，找出解决这些问题的各种方案，评价每种方案的可行性，提出新系统的逻辑模型。

（3）系统设计。系统设计包含逻辑设计和程序设计，其任务是生成系统逻辑设计和程

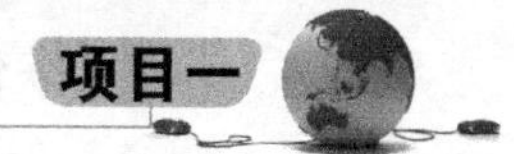

序设计的规格说明书，为系统实施制订蓝图。

（4）系统实施。系统实施是指将系统设计阶段的结果在计算机系统上进行实现，包括编程、调试、试运行等。

（5）系统评价。在一个系统投入运行后要不断地对其运行状况进行分析评价，并以此作为系统的维护、更新以及进一步开发的依据。

任务实施

1．了解身边同学、朋友、亲戚使用互联网情况。

2．上网搜寻相关资料，了解网络营销环境的变化对我国旅游业发展有什么影响。

3．某企业想开发网络营销系统，请为该企业分析一下网络营销系统开发方式与开发步骤。

知识框架图

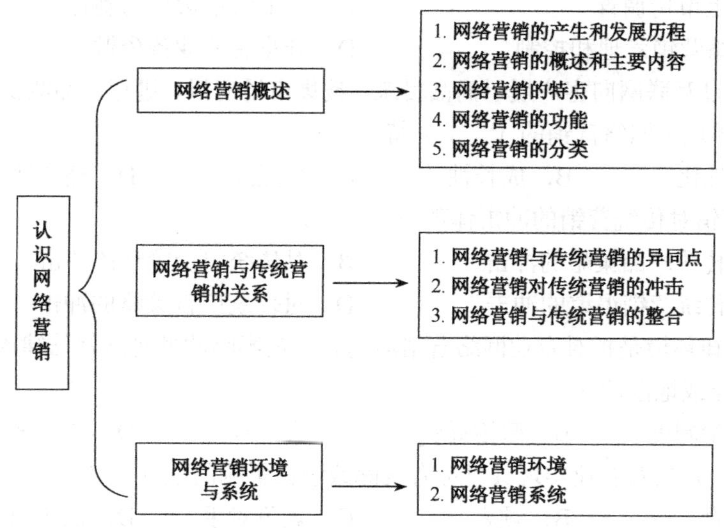

综合训练

基础训练

一、名词解释

1．网络营销

2．网上市场调查

3．营销中介

4．企业内部网络（Intranet）

5．企业管理信息系统

6．网络营销站点

7．网络营销环境

二、填空题

1．网络营销的产生主要有三个方面，即______、消费者价值观念的改变和_______。

2．网络营销按照不同的标准分为不同的类型，按企业是否有自己的 Web 网站，分为________和________两大类。

3．网络营销对传统产品策略的冲击表现在对标准化产品的冲击、对产品生命周期的影响、________。

4．网络营销系统开发方式包括购买通用的商业软件、________、________、合作开发。

5．_______是指影响企业营销活动的一些大范围的社会性约束力量，包括人口、经济、政治、法律、科学技术、社会文化、自然地理等多方面的因素。

三、选择题

1．网络营销的主要内容，不包括以下哪项（　　）。

A．网上市场调查　　B．网上营销策略的制订

C．网络营销管理和控制　　D．分享企业业务资源

2．企业通过互联网向客户展示商品目录、搜集市场情报、进行产品测试与消费者满意度的调查，这体现了网络营销的（　　）特点。

A．人性化　　B．成长性　　C．交互式　　D．整合性

3．网络营销对传统营销的冲击体现在（　　）。

A．对传统产品策略的冲击　　B．对传统定价策略的冲击

C．对传统营销渠道的冲击　　D．对传统广告策略的冲击

4．政治法律环境是指对企业网络营销活动有一定影响的各种政治法律因素的总和，主要包括一个国家或地区的（　　）等。

A．政治制度　　B．政治局势　　C．方针政策　　D．法律法规

5．（　　）是指对企业实现其目标有实际或潜在影响的任何团体。

A．公众　　B．顾客　　C．竞争对手　　D．供应商

6．网络营销系统作为电子商务系统的有机组成部分，包括这样几大功能（　　）。

A．信息发布与沟通　　B．网上支付与结算

C．货物配送　　D．网上售后服务

四、简答题

1．简述网络营销的主要内容。

2．如何实现传统营销与网络营销的整合？

3．网络营销的宏观环境因素包括哪些？

4．简述网络营销系统开发的步骤。

技能训练

一、实训目的

通过上网浏览各大招聘网站，了解全国主要地区对网络营销及其相关职位的人才需求情况，建立对网络营销的基本认知。

二、实训要求

1．了解各大招聘网站情况。

2．学会通过互联网分析网络营销人才应具备的能力。

三、实训内容

1．分析相关的资料。

2．分小组完成一份网络营销及相关职位社会需求数量调查表。

3．根据调查情况，撰写一份调研报告，分析一位网络营销人才应该具备的素质和能力。

四、实训步骤

1．准备工作。小组讨论后确定可以登录浏览的网页总数量和各具体网址名称。

2．分析与讨论。小组成员一起分析并讨论各大招聘网站对网络营销人才的需求情况。

3．填写表格。小组成员一起完成网络营销及相关职位社会需求数量调查表。

网络营销及其相关职位社会需求数量调查表

招聘网站名称	地点	职位	需求企业名称	企业主营业务	需求岗位名称	岗位职责描述	岗位能力要求

4．撰写报告。根据调查结果，分析合格网络营销人员应具备哪些素质和能力，网络营销相关职位、需求数量、不同地区对网络营销人员的特殊要求，以及如何学习网络营销系统知识、如何培养网络营销技能。

五、实训考核

1．每个小组一起完成一份网络营销及相关职位社会需求数量调查表，撰写一份调查分析报告。

2．小组成员填写技能实训考核表（附表如下），自评和互评，并进行班级交流。

技能实训考核表

项目名称：认识网络营销

<table>
<tr><th rowspan="2">评估指标</th><th rowspan="2">评估标准</th><th colspan="2">分项成绩</th></tr>
<tr><th>个人</th><th>小组</th></tr>
<tr><td>网络营销及相关职位社会需求数量调查表（40%）</td><td>1）浏览招聘网页数量
2）调查表完成质量</td><td></td><td></td></tr>
<tr><td>调查分析报告（40%）</td><td>1）分析报告的格式与语言
2）分析报告内容是否简明、清晰、合理</td><td></td><td></td></tr>
<tr><td>课堂现场报告陈述与 PPT 展示（20%）</td><td>1）小组成员的团队协作能力
2）方案陈述的清晰度
3）陈述员的表达能力、沟通能力</td><td></td><td></td></tr>
<tr><td colspan="2">自评总成绩</td><td colspan="2"></td></tr>
<tr><td>小组评语</td><td colspan="3">签名：
年　月　日</td></tr>
<tr><td>教师评分</td><td colspan="3">签名：
年　月　日</td></tr>
</table>

项目二 网络商务信息的搜集、处理与发布

学习目标

知识目标

- 了解网络商务信息搜集工具的使用方法和技巧
- 了解网络商务信息处理的方法
- 了解网络商务信息发布的方法

技能目标

- 掌握利用搜索引擎、电子邮件、BBS、新闻组和网上商业资源站点搜集网络商务信息的方法
- 掌握存储、整理和加工处理网络商务信息的方法
- 掌握网络商务信息发布的工具和方法

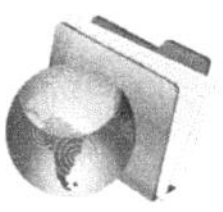

案例导读

“小蜜蜂”是一个美国化妆品品牌，产品特性绿色纯天然，天然纯度高达95%以上，婴儿护肤类产品更是接近100%，有趣的是这个品牌从不打广告，其创始人称“为了环保”。2008年末，小蜜蜂品牌做了一次社会化营销活动，采取的思路是：品牌植入→品牌互动→口碑分享及传播→促进销售，活动从品牌传播、消费者口碑、网络产品销售都实现了非常好的效果。据不完全统计，截止2009年1月18日，经过网络转载的小蜜蜂试用报告共获得356 432次浏览、5169次回复，覆盖64个女性相关论坛、SNS等社区媒体；在百度、Google上，小蜜蜂相关收录量都有一定幅度的提升，搜索“小蜜蜂试用”、“Burt′s Bees试用”等关键词，前3页50%以上的内容为唯伊网用户创造的口碑评论。

小蜜蜂选择适合的植入平台，社区及SNS群组，聚集消费者口碑的源头，通过口碑源再逐步向外发散，最终选择在唯伊网建立小蜜蜂的品牌Club（小蜜蜂的论坛），聚集近40万的年轻女性化妆品社区，精准的消费群体，对化妆品相关的话题有浓厚的兴趣，产生的互动效应非常好，最重要的是，这样的平台是最适合口碑分享和传播的。小蜜蜂的产品还加入了唯伊网的“宝贝”（化妆品产品库，消费者可以点评产品）频道，以增强推动起来的

口碑效应，带动整体产品线的所有口碑，整体的品牌关注度。

在小蜜蜂的试用体验活动中，女性用户在网络社区中表现了极其强烈的兴趣，网络社区活动在 1 个月中，召集帖总计获得了 15 万多的浏览，3000 多次回复，可以说实现了非常热烈的互动效果，很多网友表现出对小蜜蜂产品极其关注的态度和强烈的购买欲望。

体验活动通过网络社区进行召集，试用中心进行用户过滤和筛选，选择最符合小蜜蜂品牌定位人群的试用者。获得试用机会的网友也愿意积极与更多人分享她们的试用感受，她们将试用报告发表在小蜜蜂的品牌 Club 中，成为网络口碑营销的源头。通过唯伊网的分享机制，用户会把她所写的试用报告转载到其他的知名女性社区中，如瑞丽网、OnlyLady、YOKA、新浪美容论坛等。

（案例来源：彭纯宪. 网络营销（第二版）[M]．北京：高等教育出版社，2010.有删改.）

案例思考：什么是搜索引擎？案例中，小蜜蜂是如何应用搜索引擎并发挥其作用的？小蜜蜂品牌是如何发布商务信息的？

任务一 网络商务信息的搜集

任务概要

开展网络商务信息工作的第一个阶段是“搜集”，这是网络商务信息传递过程的起点。网络商务信息搜集是指在网络上对商务信息的寻找和调取工作。这是一种有目的、有步骤地从各个网络站点查找和获取信息的行为。互联网是一个信息的海洋，网络资源无穷无尽，如何在信息的海洋中快速找到自己想要的信息，是摆在每一个网民面前最现实的问题。网上信息搜集的工具有很多，应当根据不同的收集信息的目标，选择不同的收集工具，不同的搜集工具有不同的效果。

任务知识

一、利用搜索引擎搜集

1. 搜索引擎的概念

搜索引擎是指根据一定的策略、运用特定的计算机程序从互联网上搜集信息，在对信息进行组织和处理后，为用户提供检索服务，将用户所需检索相关的信息展示给用户的系统。如果说 Internet 上的信息浩如烟海，那么搜索引擎就是海洋中的导航灯。只有通过搜索引擎的查询结果，用户才会知道信息所处的网上地点，然后，再去该地点获得相关的详细资料。对浏览者而言，是如何掌握搜索引擎的使用方法去找到自己想要的信息；而对营销的企业而言，却是如何利用搜索引擎让更多的浏览者找到自己。

2. 搜索引擎的分类

搜索引擎主要可以分为以下三大类。

（1）全文数据库检索引擎。这种检索引擎是通过从互联网上提取的各个网站的信息（以网页文字为主）而建立的数据库中，检索与用户查询条件匹配的相关记录，然后按一定的排列顺序将结果返回给用户。这类检索引擎的代表有 Google、Fast/AllTheWeb、AltaVista、

Inktomi、Teoma、WiseNut、百度（Baidu），等等。

（2）目录式搜索引擎。这类搜索引擎又称为被动式搜索引擎，它是以人工方式或半自动方式搜集信息，由编辑人员查看信息之后，人工形成信息摘要，并将信息置于事先确定的分类框架中。服务方式大多面向网站，提供目录浏览服务和直接检索服务。该类搜索引擎因为加入了人的智能，所以信息准确、导航质量高，缺点是需要人工介入（维护工作量大）、信息量少、信息更新不及时。目录搜索引擎的代表是 Yahoo，国内的搜狐、新浪、网易等搜索引擎也都属于这一类。对于初次使用搜索引擎的用户而言，使用目录索引比较方便，它可以引导用户找到自己所需的内容。目前，全文搜索引擎与目录搜索引擎有相互融合渗透的趋势，原来一些纯粹的全文搜索引擎现在也可以提供目录搜索，如 Google 就借用 Open Directory 目录提供分类查询。

（3）元搜索引擎。这类搜索引擎没有自己的数据，而是将用户的查询请求同时向多个搜索引擎递交，将返回的结果进行重复排除、重新排序等处理后，作为自己的结果返回给用户。服务方式为面向网页的全文检索。这类搜索引擎的优点是返回结果的信息量大，缺点是不能够充分使用元搜索引擎的功能，用户需要做较多的筛选。这类搜索引擎的代表有 WebCrawler、InfoSpace、Dogpile、Vivisimo，等等。

（4）其他搜索引擎。除上述三大类搜索引擎外，还有以下几种形式。①集合式搜索引擎：该搜索引擎类似元搜索引擎，但区别在于它并非同时调用多个搜索引擎进行搜索，而是由用户从提供的若干搜索引擎中选择，如 HotBot 在 2002 年底推出的搜索引擎。②门户搜索引擎：如 AOLSearch、MSNSearch 等，虽然提供搜索服务，但自身既没有分类目录也没有网页数据库，其搜索结果完全来自其他搜索引擎。③免费链接列表（Free for All links，FFA）：这类搜索引擎一般只是简单地滚动链接条目，少部分有简单的分类目录，不过规模要比 Yahoo 等目录索引小很多。

3．利用搜索引擎搜集网络商务信息的具体方法

下面以百度搜索引擎为例，说明如何有效地使用搜索引擎查找自己所需的信息。

（1）进入百度首页，如图 2-1 所示。

图 2-1　百度首页

（2）输入关键词“耳机产品”，然后单击“百度一下”按钮，就可以检索到有关的信息，如图 2-2 所示。假如浏览第四条信息，单击该信息即可。

（3）单击第四条信息后，就可以检索到要浏览的产品、价格等相关信息以供比较，如图 2-3 所示。

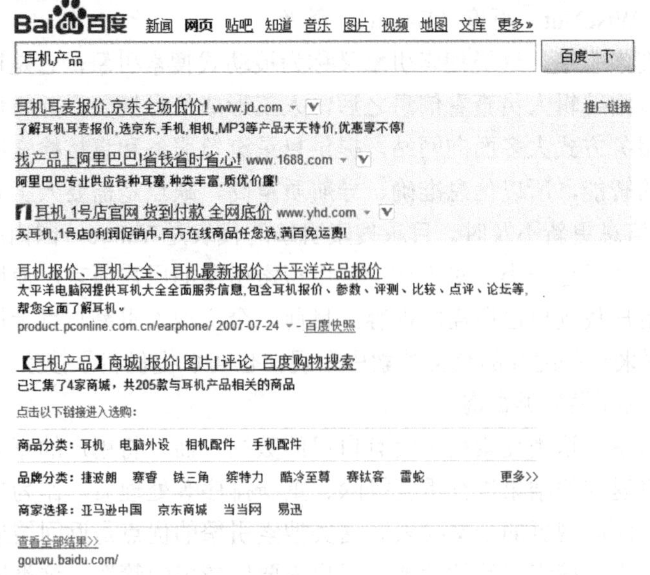

图 2-2 搜索结果

图 2-3 进一步搜索的结果

（4）根据需要，可以继续浏览收集到同类的更多相关信息，为下一步保存、分类、整理信息做好准备。

二、利用电子邮件搜集商务信息

在 2013 年 7 月发布的《第 32 次中国互联网络发展状况调查统计报告》中得到如下的信息：截至 2013 年 6 月底，我国网民数量达到 5.91 亿，其中使用电子邮件的网民规模达 24 665 万，电子邮件使用率为 41.8%。对企业管理人员而言，利用电子邮件搜集商务信息不失为一种好方法。

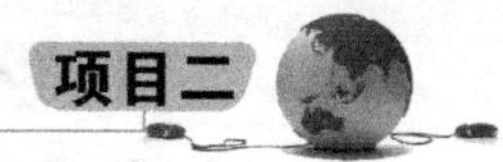

1．利用电子邮件搜集商务信息的步骤

（1）获得客户的电子邮件地址。收集邮件地址的方法主要有：查阅企业原有客户的邮件地址；在企业网站上建立留言簿供访问者留言和签名，获得他们的电子邮件；在网站上建立与产品或者服务内容相关联的讨论，以吸引客户参加并留下电子邮件地址；通过专门的电子邮件服务商租用或购买；通过专用的电子邮件地址收集软件，在特定的范围内收集。

（2）制作网上调查问卷。网上调查问卷可以直接根据传统的市场调查问卷形式制作。问卷可由多个问题组成，问题可包括需用户输入信息的填空问题、单项选择问题、多项选择问题，并可指定必答项和非必答项。问卷生成前和生成后都可即时修改。问卷应清楚写明自己企业的所在地、通讯地址和联系方式。

（3）通过电子邮件向客户派发。通过电子邮件直接告诉客户有关目的，并贴上调查问卷。

（4）在自己的信箱中接收客户反馈信息。通过在信箱中接收客户的反馈信息，汇集反馈信件，统计问卷返回比例，对调查问卷的相关信息进行整理，最后获得目标信息。

2．利用电子邮件收集商务信息的技巧

利用电子邮件搜集客户信息具有针对性强、费用低廉的特点，它可以针对具体某一个人征集特定信息，且商务信息内容不受限制。利用电子邮件搜集商务信息的技巧如下。

（1）主动出击。主动出击就是通过 E-mail 来提供竞赛、评比、猜谜、网页特殊效果、优惠、售后服务、促销等活动，让客户参与进来，以长期地维系与客户的关系。

（2）准确定位。发送邮件时，首先要对受众进行分析，准确定位，主要向特定用户发送。

（3）注意发送周期。发送邮件要注意发送周期，不可过于频繁发送。

（4）强调管理技巧。使用电子邮件搜集信息，应注意整理搜集到的邮件地址，并建立自己的邮件列表（Mailing List）。

3．利用电子邮件搜集商务信息的注意事项

（1）避免滥发邮件。不要发送未经许可的电子邮件。可以通过会员制、邮件列表、新闻邮件等方式取得收件人的许可后，再发送邮件。

（2）避免邮件没有主题或主题不明确。电子邮件的主题是收件人最早可以看到的信息，邮件内容是否能引人注意，主题起到相当重要的作用。邮件主题应言简意赅，以便收件人决定是否继续阅读邮件内容。

（3）避免隐藏发件人姓名。企业开展网上营销活动，应以诚信为本，隐藏了发件人姓名的邮件往往不被阅读。

（4）避免邮件内容繁杂。电子邮件应力求内容简洁，用最简单的内容表达出诉求点，如果必要，可以给出一个关于详细内容的链接（URL），收件人如果有兴趣，会主动单击链接内容。许多邮箱有空间容量限制，所以，企业发送的每封邮件不宜超过 7 KB。

（5）避免邮件内容采用附件形式。由于每人所用的操作系统、应用软件会有所不同，附件内容未必可以被收件人打开，或者收件人不愿打开不知道内容的附件。

三、利用公告栏搜集

1．公告栏的概念

公告栏（Bulletin Board System，BBS），是一种电子信息服务系统。它向用户提供了一块公共电子白板，每个用户都可以在上面发布信息或提出看法，早期的 BBS 由教育机构或研究机构管理，现在多数网站上都建立了自己的 BBS 系统，供网民通过网络来结交更多的朋友，表达更多的想法。

2．公告栏的分类

公告栏主要分为以下五大类。

（1）校园 BBS。CERNET 建立以来，校园 BBS 很快地发展起来，如今几乎每所大学都有自己的 BBS。图 2-4 所示为广东外语外贸大学的 BBS。

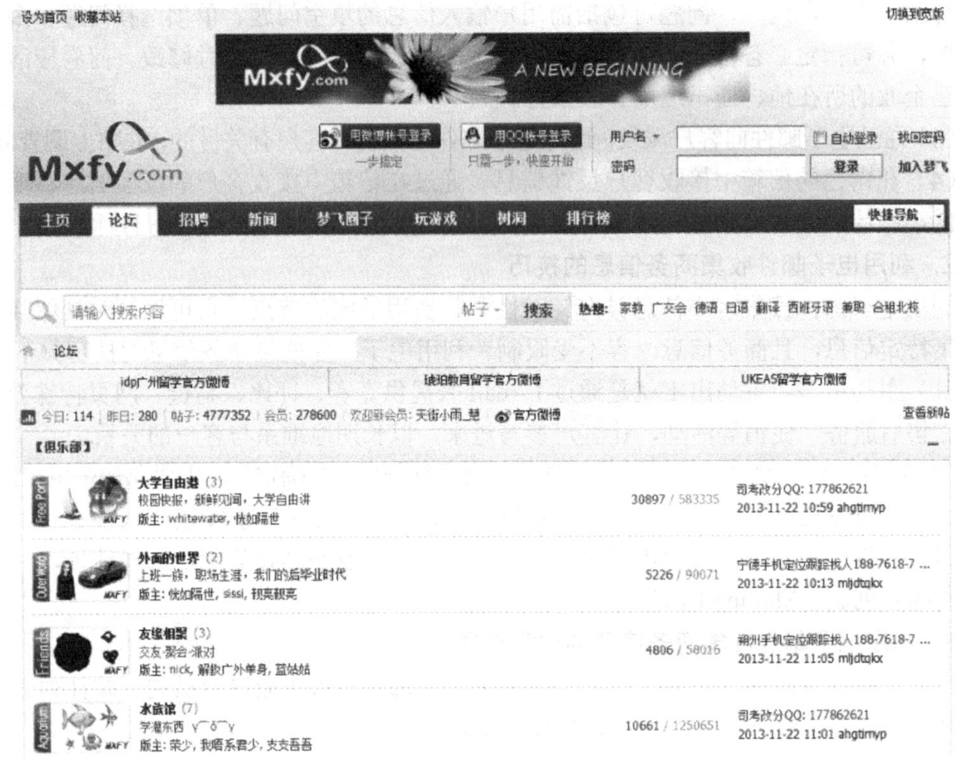

图 2-4　广东外语外贸大学 BBS

（2）商业 BBS 站。主要进行有关商业的商业宣传、产品推荐等，如今手机的商业站、电脑的商业站、房地产的商业站比比皆是。

（3）专业 BBS 站。这里所说的专业 BBS 是指部委和公司的 BBS，它主要用于建立地域性的文件传输和信息发布系统。

（4）情感 BBS。主要用于交流情感，是许多娱乐网站的首选。

（5）个人 BBS。有些个人主页的制作者们在自己的个人主页上建设了 BBS，用于接受别人的想法，更有利于与好友进行沟通。

通过各类 BBS，企业可以进行商务信息的搜集，不仅仅是商业 BBS 有商业信息，在其他类型的 BBS 上也都可以搜集到有用的商务信息。

3．利用公告栏搜集商务信息的步骤

（1）登录某个 BBS 网站。

（2）注册成为会员。

（3）以会员身份登录，即可浏览相关论坛的帖子并对感兴趣的信息进行搜集。

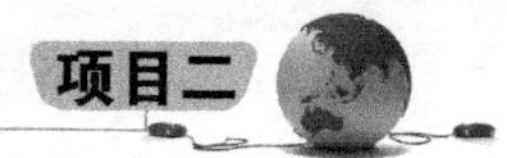

四、利用新闻组搜集

1. 新闻组的概念

新闻组（英文名 Usenet 或 Newsgroup），简单地说就是一个基于网络的计算机组合，这些计算机被称为新闻服务器，不同的用户通过一些软件可连接到新闻服务器上，阅读其他人的消息并可以参与讨论。新闻组是一个完全交互式的超级电子论坛，是任何一个网络用户都能进行相互交流的工具。

2. 新闻组的分类和命名规则

新闻组建立了一套命名规则以便人们方便地找到他所感兴趣的专题讨论小组。这套命名规则第一部分（名称中最左边的部分）确定专题小组所属的大类，称为顶级类别，约有10个，如表2-1所示。

表2-1 常见的新闻顶级类别

顶级类别	中文含义	顶级类别	中文含义
Biz	商业类	Sci	科学类
Comp	计算机类	Soc	社会、文化、宗教类
News	网络新闻类	Talk	辩论类
Rec	娱乐类	Misc	杂类
Usenet	本身	Alt	可供选择的类别

表2-1所示的顶级类别“alt”中所讨论的内容没有其他类别那样正规。alt类别中的专题小组通常能容忍较为过火的言论，有点类似于比较激进的社会团体。新闻组在命名时以句点间隔，通过上面的主题分类，就可以一眼看出新闻组的主要内容。

3. 订阅、阅读及回复新闻组的方法

添加新闻组账户，需要知道要链接的新闻组服务器名称或地址，必要时还需要知道账户名和密码。新闻组服务器名称可以通过搜索引擎网站获得。下表2-2所示的是在Internet上可以访问的几个常见的新闻组服务器。

表2-2 常见新闻组服务器名称及地址

名 称	地 址	名 称	地 址
宁波新闻组	news.cnnb.net	微软新闻组	msnews.microsoft.com
新帆新闻组	news.newsfan.net	幽谷新闻组	hermitage.vicp.net
万千新闻组	202.102.170.164	希网新闻组	news.cn99.com

添加新闻账户的基本操作如下（以微软新闻组为例）。

（1）打开Outlook，在【工具】菜单中，单击【账户】选项。在【Internet 账户】对话框中，单击【添加】按钮。选择【新闻】选项以打开【Internet 连接向导】；前两步与设置邮件账户相同，之后弹出【Internet News 服务器名】对话框，如图2-5所示，在输入框中输入新闻服务器名称，单击【下一步】按钮。

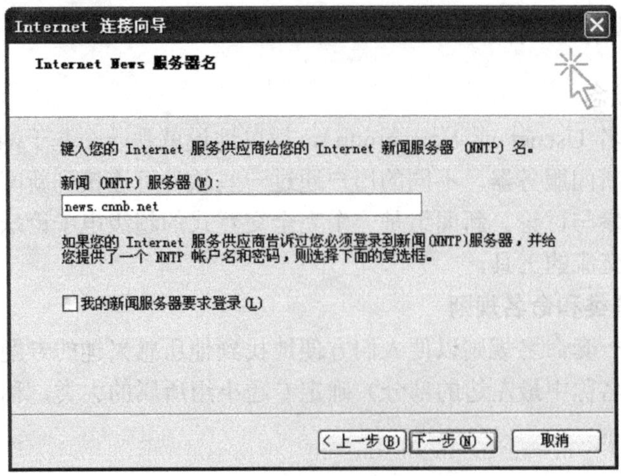

图 2-5　设置新闻服务器名

（2）新闻组服务器被添加到【Internet 账户】的【新闻】列表中。单击【关闭】按钮，根据系统提示确定下载新闻组，可以看到新闻组下载对话框，如图 2-6 所示，正在下载新闻组。

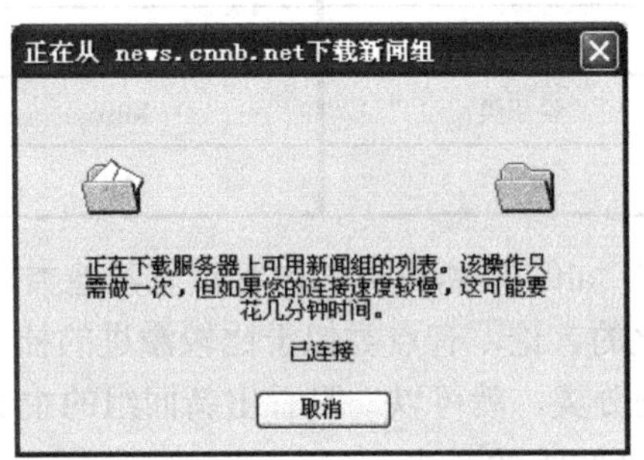

图 2-6　新闻组正在下载

（3）下载完毕后，在弹出的【新闻组预订】对话框的【新闻组】列表中，选中上面的新闻组，单击【订阅】按钮，在选中的新闻组前边出现被订阅的标记，如图 2-7 所示。单击【确定】按钮，完成新闻组的订阅。

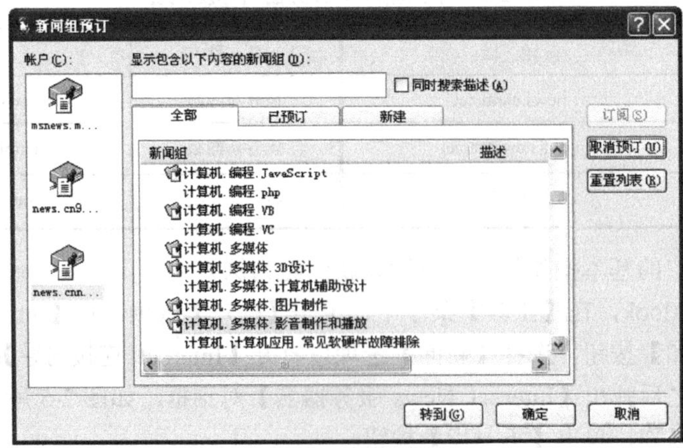

图 2-7　新闻组订阅

4. 阅读新闻组与信息获取

新闻组的阅读可以在线进行，也可以离线进行。在线阅读是一件很容易的事情，预订完新闻组后，就可以阅读新闻组邮件了。

（1）在线阅读新闻。在文件夹列表中，选择一个新闻组，该组下的所有新闻主题都会显示在新闻列表框中。用户在新闻列表中选中某一主题，预览窗格会显示新闻的具体内容，并且在预览窗格的顶部显示该新闻的发件人、收件人和主题，如图 2-8 所示。

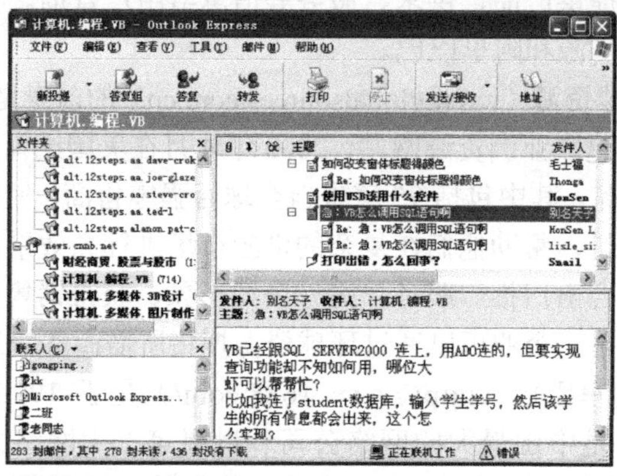

图 2-8　阅读新闻组

（2）离线阅读新闻。将新闻组邮件下载到硬盘上，即使断开 Internet 也可以阅读新闻组邮件。

① 设置下载新闻组的同步下载属性。在 Outlook Express 主窗口，单击【工具】菜单中的【同步新闻组】选项，在弹出如图 2-9 所示的对话框中进行设置。

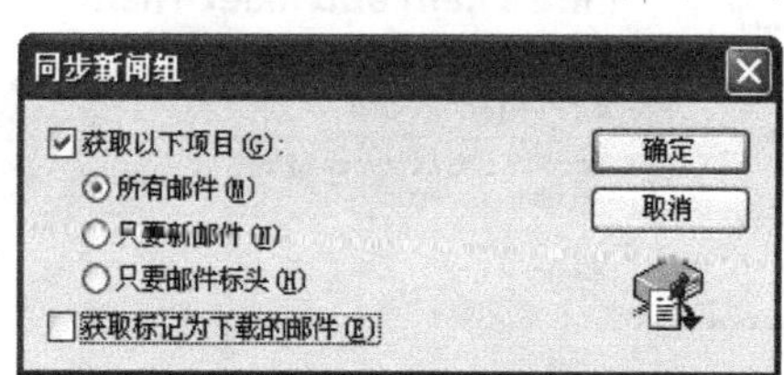

图 2-9　同步新闻组

② 单击【确定】按钮，进行新闻组的同步下载，如图 2-10 所示。

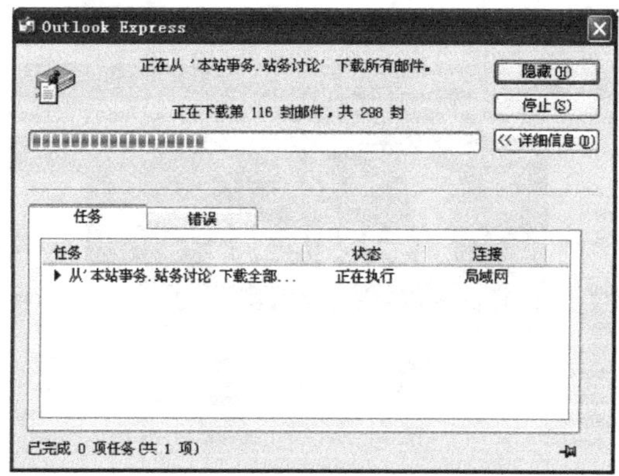

图 2-10　同步下载新闻组

五、利用网上商业资源站点搜集

互联网上有大量的商业资源站点，集中了大量的商务信息，而且大量信息都是免费提供的。可以利用的网上商业资源站点很多，企业可以通过这些网站获得许多有用的商务信息。

1. 利用商业门户网站搜集

商业门户网站指的是拥有门类齐全的公司产品数据库信息的互联网内容服务商，拥有功能完善的搜索引擎，提供产品、供求、服务等信息给用户查询。目前商业门户网站非常多，这里主要介绍环球资源和阿里巴巴。

（1）环球资源。环球资源（www.globalsources.com.cn）的前身是“亚洲资源”，于 1971 年在香港创办，1995 年建立亚洲资源网站，2000 年 4 月在美国纳斯达克上市。环球资源拥有超过 100 万名国际买家，其中包括 95 家来自全球百强零售商，使用环球资源提供的服务了解供应商及产品的资料，帮助他们在复杂的供应市场进行高效采购。另一方面，供应商借助环球资源提供的整合出口推广服务，提升公司形象、获得销售查询，赢得来自逾 240 个国家及地区的买家订单。企业可以通过环球资源搜集所需商务信息，如图 2-11 所示。

（2）阿里巴巴。阿里巴巴（http://www.1688.com/）是于 1999 年创立的企业对企业的网上贸易市场平台，是中国最大的网络公司和世界第二大网络公司。阿里巴巴公司目前主要由七大事业群组成：淘宝、一淘、天猫、聚划算、阿里国际业务、阿里小企业业务和阿里云，如图 2-12 所示。

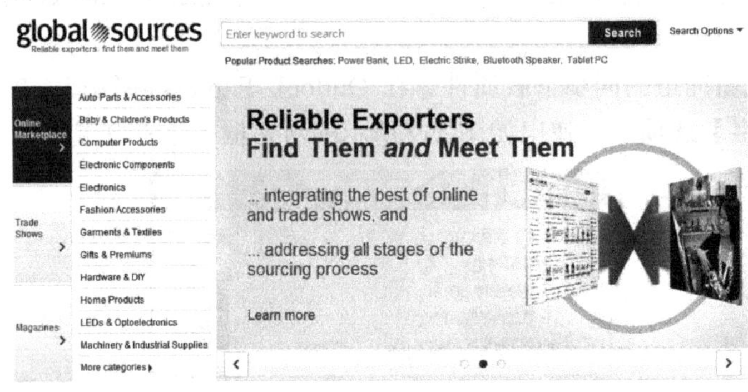

图 2-11　环球资源网站首页

图 2-12　阿里巴巴首页

2．利用专业调查网站搜集

如果已知专业调查网站和相关调查频道的资源分布，就可免费查阅各个行业、各种产品已完成的市场调查报告，了解专业调查机构的市场研究方法和服务项目，免费获得在线调查表设计的支持。国内提供调研服务的网站有世研咨询、零点调查网，等等。

（1）世研咨询。世研咨询（http://www.comrc.com.cn，简称 CRC）成立于 1998 年，是中国舆论调查与媒体研究的先行者，以区域市场研究、汽车研究、家居行业研究、网络媒体研究、在华外企研究为重点研究领域，组建了由各行业专家组成的咨询团队，为中外企业、媒体和政府机构提供综合的营销咨询服务，如图 2-13 所示。

（2）零点调查网。零点调查网（http://www.horizon-china.com/）总共有公共事务、IT 和电信、金融、汽车、房地产、家电、快消品、烟草、商业服务九个专业研究事业部。零点是世界专业研究者协会（ESOMAR）中国代表机构，也是国际管理咨询机构协会（AMCF）原中国代表机构。零点依照国际惯例，通过持续的研发投入、与国际服务机构的合作和有力度的人力资源组合，成为兼容国际视野和本土经验的调研咨询知名服务品牌，如图 2-14 所示。

图 2-13　世研咨询首页

图 2-14　零点调查网首页

3．利用相关网站搜集商务信息

除了前面介绍的商业门户网站和专业市场调查网站外，网络商务信息的搜集还可以利用一些政府机构网站，如国家和地方统计局；利用网上黄页，如中华大黄页；利用专业网站资源等来完成。下面介绍几个此类网站。

（1）中国经济信息网。中国经济信息网（http://www.cei.gov.cn/，简称“中经网”），可以为政府部门、金融机构、高等院校、企业集团、研究机构及海内外投资者提供宏观经济、行业经济、区域经济、法律法规等方面的动态信息、统计数据、研究报告和监测分析平台，帮助准确了解经济发展动向、市场变化趋势、政策导向和投资环境，为经济管理和投资决策提供强有力的信息支持，如图2-15所示。

图2-15　中国经济信息网首页

（2）太平洋专业网站群。太平洋专业网站群（PConline.cn），是首家以专业电脑市场联盟为基础的专业网络媒体，致力于为各领域商家及消费者提供专业的市场和资讯服务，旗下拥有太平洋电脑网（PConline）、太平洋汽车网（PCauto）、太平洋游戏网（PCgames）及太平洋时尚女性（PClady）等众多专业网站，如图2-16所示。

图2-16　太平洋电脑网首页

（3）慧聪商务网。慧聪商务网是国内领先的B2B电子商务服务提供商，依托其核心互联网产品——买卖通以及雄厚的传统营销渠道——慧聪商情广告与中国资讯大全、研究院行业分析报告为客户提供线上、线下的全方位服务，如图 2-17 所示。

图 2-17　慧聪商务网首页

（4）麦肯锡全球商务咨询网站。麦肯锡咨询公司（http://www.mckinsey.com/）是美国 1926 年成立的专门为企业高层管理人员服务的国际性公司。麦肯锡公司的咨询重点放在高级管理层所关心的议题上，工作中战略、总体组织和相关政策领域各占 1/3。在中国，麦肯锡偏重战略和组织机构设计，如图 2-18 所示。

图 2-18　麦肯锡公司网站首页

任务实施

1．利用搜索引擎搜索“中国电子商务发展现状”，要求搜索结果中不包括“中国电子商务发展趋势”，该如何设计搜索关键词？

2．利用 BBS 搜索关于英语四六级考试培训的相关信息。

3．上网搜索《第 32 次中国互联网络发展状况调查统计报告》，了解中国互联网络现状。

任务二 网络商务信息的处理

任务概要

从互联网上下载的信息，有时会非常多，而且最初一般都是杂乱无章的，甚至还有一些无用的信息也夹杂在里面。为了从这中间选出有用的信息并加以利用，需要对这些信息进行存储、整理和加工处理。

任务知识

一、网络商务信息的存储

信息的储存就是把获得的大量信息用适当的方法保存起来，为进一步对这些信息进行加工处理以及正确地认识和利用这些信息打基础。信息储存的方法主要是根据信息提取频率和数量，建立一套适合需要的信息库系统。信息库系统是由大小不等的、相互联系的信息库组成的。信息库的容量越大，信息储存越多，对决策越有帮助。但是，大容量信息库的缺点是提取和整理比较麻烦，而且虽然有些信息库很大，但有些信息却从未有人提取过，甚至已经无法提取，这样的信息就会成为死信息，浪费了信息库的空间，这样大的信息库反而不如小的更为优越。

从网上下载信息的方法很多，以下介绍几种常用方法。

1．下载全文

对需要保持的网页，可在网络浏览器中文件夹选项卡下选择“另存为”，把它作为一个HTML 文件保存在存储介质中。但这种方法没有保存信息的来源地址，需要对网址再次下载，所以，最好选择“保存”，以保存来源地址。

2．下载图像

把光标置于图像上右击，选择“保存图片”，即可保存该图片。这种方法同样没有保存信息的来源地址，也需要再次下载网址。

3．使用下载软件

如果需要下载的内容比较多，可以使用下载软件。下载软件非常多，目前使用较多的有“迅雷”、“比特彗星”、“网络蚂蚁”、“网际快车”等，用户可以根据自己的需要选择适当的下载软件。

4．使用离线浏览

有时候由于上网条件的限制，用户不方便在线浏览所需信息，这时便可以采用离线浏览的方法。离线浏览软件可以将需要的浏览内容先下载下来，等待离线后的适当时候用户再详细浏览。

5．使用收藏夹

网络信息的整理还有一个特点，就是对那些需要经常用到的站点或经常需要从中了解信息的新闻、杂志、同类企业的网站进行必要的整理。用户可以通过浏览器所提供的收藏

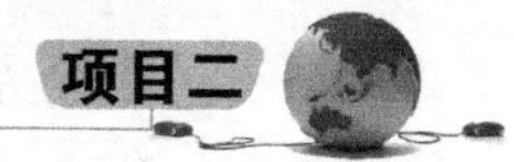

夹功能来保存记录网站的网址。添加收藏夹的方法是：右击，选择“添加到收藏夹”，单击“添加”，即可把正在访问的页面添加到收藏夹。以后再浏览该页面时，可以直接单击收藏夹列表中的页面进入。

二、网络商务信息的整理

信息的整理是将获取和储存的信息条理化和有序化的工作，其目的在于提高信息的价值和提取效率，防止库中的信息滞留，发现所储存信息内部新的联系，为信息的加工做好准备。

搜集到的和储存的信息往往是片断的、零散的，不能反映系统的全貌，甚至搜集到的信息里面可能还有一些是过时的或无用的信息。通过信息的合理分类、组合、整理就可以使片面的信息转变为全面的信息。这项工作一般分为以下几个步骤。

1. 明确信息来源

常常在下载时，由于各种原因，没有将确切的网址下载下来，这时，首先应查看前后下载的文件，是否有同时下载、域名接近的文件，用这些接近的文件域名作为原文件的信息来源。如果没有域名接近的文件，应尽量回忆下载站点，以便以后有机会还可以再次查询。对于重要信息，一定要有准确的信息来源，没有下载信息来源的，一定要重新检索补上。

2. 浏览信息，添加文件名

从互联网在线下载的文件，由于时间的限制，一般都是沿用原有网站提供的文件名。这些文件名基本上都是由数字或字母构成的，以后使用起来很不方便。因此，从网上下载文件后，需要将文件重新浏览一遍，添加文件名。

3. 信息分类

从互联网上搜到的信息非常零乱，必须通过整理才能够使用。分类的办法，可以采用专题分类，也可以采用建立自己的检索系统。前一个方法比较简便。例如，电子商务可以分为网络信息、网络营销、电子支付、物流配送等四个领域，按照这四个领域，可以建立4 个文件夹，叫做一级文件夹。在每个一级文件夹下，如电子商务文件夹下，又设立若干个二级文件夹，包括基本理论、营销方法、电子支付、广告设计等。这样，在需要信息时，可以随时调用。

4. 初步筛选

在浏览和分类过程中，对大量的信息有一个初步筛选的任务。完全没有用的信息应当及时将它们删去。但应当注意，有些信息，单独看起来是没有用的，但积累起来就有了价值。比如市场销售趋势必定是在数据的长期积累和一定程度的整理后才能表现出来。还有一些信息是相互矛盾的。例如，你是一家纸业公司的经理，你想了解一下新闻纸的市场行情。你检索到的结果可能会出现两种情况，一类信息告诉你，新闻纸供大于求，而另一类信息则说新闻纸供不应求。这时候你就要把这些信息进行分类整理，然后进入下一个加工处理环节。

三、网络商务信息的加工处理

信息的加工处理是将各种有关信息进行比较分析，并以自己企业的目标为基本参照点，发挥人的才智，进行综合设计，形成新的信息产品，如市场调查报告、营销规划、销售决策、新的人事安排等。信息加工的目的是要进一步改变或改进企业的现实运行状况，使其向着目标状态运行。所以，信息加工处理是一个信息再创造的过程，它不是停留在原有信息的水平上，而是通过智慧的参与，加工出能帮助人们了解和控制下一步计划的程序、方法、模型等信息产品。

信息加工处理的方式主要有两种，即人工处理和机器处理。人工处理是指由人脑，包括专家和专家集团进行信息处理；机器处理是指计算机的信息处理。两种方式各有优劣。人脑神经系统可以识别和接受多种多样的明确信息和模糊信息。大脑具有丰富的想象力和创造力，专家系统可以把握极广泛的知识，并可以在处理中合理地加入一定的人情因素。这是电脑所不及的，但是计算机有强大的计算能力，速度和准确性要大大超过人脑。而综合这两种"信息处理器"的优点，形成一个合理的人、机结合的信息处理系统，这是当前信息处理的较好的一种处理办法。

互联网是一个"没有首脑、没有法律、没有警察、没有军队"的机构。人们在网上可以自由地发表自己的言论，甚至可以造谣、说谎。因此，网络上得到的信息有时候会是自相矛盾的，还有一些可能是你的对手散布的用来迷惑你的虚假的东西。对于上面我们所提到的那两条信息，我们就要更多地运用人的因素进行处理。首先要对这两条信息的发源地、时间等进行比较。如果发源地和时间都基本相同，就要参考其他信息来进行比较，最终获得真正的信息。

1. 浏览网页寻找那些不允许另存的页面，利用所学的知识和技能将网页中的有用信息进行另存。

2. 浏览有关中小企业网络营销方法的信息，将有用的资料存储下来。

3. 浏览网页寻找关于广州房地产需求状况的信息，利用所学知识对其内容进行整理。

任务概要

在网络营销中，对商务信息的处理包括两个方面：一是搜集对本企业有用的商务信息，二是将本企业的相关商务在网上进行发布。虽然二者对信息的处理方向不同，但是却有许多共同之处，有许多信息搜集的工具也可以用来进行商务信息的发布，如前面讲到的BBS和新闻组等，它们均可作为信息搜集和发布的工具来使用。这里着重从网络商务信息发布的角度来探讨信息发布的有关问题。

一、发布网络商务信息的类型

1．产品信息

企业开展网络营销的重要目的就是要让客户更加了解自己的产品，购买自己的产品。发布网络商务信息的主要类型之一就是发布产品信息。企业既可以在自己的网站上发布，也可以在专业平台网站上发布。很多专业网站免费让企业发布产品信息，但是企业要想获得更多的关注度或者在首页有更多展示的机会，则往往需要付费。例如，在58同城网站上，只需要简单注册后便可以发布商务信息，但是如果希望自己的信息一直保持在首页，则需要支付一定的推广费。

2．供求信息

在任何专业网站、行业网站、第三方商务平台上，供求信息都铺天盖地，因为一般的供求信息是免费的。“供求信息”是最广泛、最高效的推广窗口，是买卖商家关注最多的地方。企业一定要站在客户的角度思考，什么样的信息对顾客来说才富有吸引力，什么样的信息才是顾客想看的。只要这样，才能吸引这些网站上访问者的眼球，使其成为企业的客户。

3．企业信息

企业信息发布的另一个目的是造势，将自己的企业实力展现给大众。企业本身的网站就是展示自己实力的平台，如企业动态新闻等栏目。企业要把握好机会，让自己的形象和产品有展示的机会，这对提升销售额有一定的帮助。

二、发布网络商务信息的工具

到目前为止，网络商务信息发布的工具归纳起来主要有以下几种。

1．邮件列表

首先分析一个例子。如果要在网上成立一个企业家网络俱乐部，并想和世界各地的企业家经常交流信息，一种办法是从多条途径找到各企业家的姓名和电子邮件地址，然后通过Internet网上的E-mail工具和他们互相通信。这个办法的缺点一是名单绝对找不全，二是太费时间。有没有更好的办法呢？答案是肯定的。

如果把世界上对此俱乐部感兴趣的企业家组织起来，设定一个公共的地址，如果向公共地址发出邮件就等于向这组人中每一个人发出了电子邮件，这个问题就解决了。

在Internet上，邮件列表服务成功地实现了上述设想。网上有许许多多的对某个问题感兴趣的组，每个组少则几十人，多则几百上千人，这些人散布于Internet的各个地方，每个组有一个别名，即一个公共的电子邮件地址。任何发送到别名中的邮件都会自动地邮寄到组中的每一个人，而无须知道每个人的E-mail地址。这些公共电子邮件地址的集合或各组别名的集合称为邮件列表，Internet上的这项服务称为邮件列表服务。

邮件列表和E-mail营销在很多方面类似，但E-mail直接向用户发送促销信息，而邮件列表是通过为用户提供有价值的信息，在邮件内容中加入适量促销信息，实现营销目的。

企业还可以自己创建自己的邮件列表，这些邮件列表可以是关于企业产品的，也可以是关于企业的供应商的，还可以是关于企业的客户的，针对性极强。

2．邮件群发

通过电子邮件群发可在几秒钟内将您的商业推广信及商业广告发送到数千万客户电子信箱中，只需对方打开信箱便可看到您的商业信件，它的广告宣传效果完全可以与您花费几十上百万资金的广告相媲美，而成本只需每天几元钱的上网费用，并且简单易用，无须专业知识。

邮件列表其实也是一种邮件群发技术，但是它只能给已经加入邮件列表的电子邮件地址发送电子邮件，一般而言，它群发的邮件量还是十分有限的。真正的邮件群发是利用邮件群发软件来实现的。目前，市场上有相当多的邮件群发软件，这些软件都能实现大批量（万封邮件以上）的邮件群发，如迅达商务信息群发系统等。

利用群发邮件的软件来实现邮件的群发效率的确比较高，但也存在一个易造成垃圾邮件的问题。能不能解决电子邮件群发中的垃圾邮件问题，决定着群发邮件软件的未来命运。

3．本企业网站

一提到如何将自己的商务信息发布到互联网上时，大家都不约而同地想到以上提到的两种，但往往忽略了企业可以充分利用本企业网站发布商务信息的优势。这种优势主要表现在以下几个方面。

（1）成本低。在本企业网站上发布自己的商务信息，对信息量占用的空间不受限制。

（2）自主性大。发布何种信息、以什么样的形式发布都由本企业决定。

（3）不利影响小。此种方式不对客户产生任何类似垃圾邮件类的不利影响。

（4）宣传效果的直接性。在本企业网站上发布商务信息可以对本企业的网站进行直接宣传，这是其他任何方式所不能比拟的。但是，这种方式可以发挥作用的前提是本企业的网站在消费者和客户群中具有一定的知名度。

4．专业信息发布网站

专业发布供求信息的网站是由于信息网站知名度较高，所以在此类网站上发布商务信息的企业较多，如中国阿里巴巴网站（http://www.1688.com/），而且这类信息网站一般效果都不错，整合了相关领域的多数企业，为相关企业提供有关领域的供求信息，具有一定的针对性和很高的有效性。

除此之外，可以用来进行网络商务信息发布的工具还有新闻组、公告栏（BBS）、QQ、MSN、微信、微博等，这些工具既是信息收集的工具，也是信息发布的工具。

三、发布网络商务信息的方法

利用发布工具来发布商务信息的方法相对简单，只要掌握了该工具的运用方法，就可以在企业发布信息时使用它们了。在这里重点以邮件列表为例来说明商务信息的发布方法及应注意的问题。

1．邮件列表

企业要运用邮件列表来发布信息，首先要根据自己的营销目标来确定邮件列表的使用程度和方式。一般而言，邮件列表的使用可以分为两大类：订阅现有的他人邮件列表和建立自己的邮件列表。

（1）预订邮件列表。利用邮件列表进行推广的最简单的方法就是加入到一个已经存在的邮件列表中。因此，企业首先要找到符合自己的行业特点或兴趣爱好的列表加入即可。已经存在的邮件列表一般会有一个已经成规模的客户群，知名的邮件列表更是如此，而本企业可以直接利用这一资源，这一点是企业自建邮件列表所不及的。

企业可以利用搜索引擎来搜索想要加入的列表，并对各列表间的优缺点进行对比以及它所涉及的领域是否适合本企业加入进行评价。目前在国内比较知名的邮件列表主要有希网、博大、索易、通易等，在国外知名的邮件列表有 www.liszt.com 等。

一般来说，不同的邮件列表加入的方式会有所不同，但差别不大。预定一个已有的邮件列表大致可以采用两种方法：一是发送特定内容和特定主题的电子邮件进行预定（至于

邮件的主题和内容可以到相关网站进行查询)；二是直接登录提供邮件列表服务的网站，以Web方式按提示进行预订。

(2）创建邮件列表。如果企业的客户群在国内，建议使用博大或希网，它们都具有申请简单、易管理、使用简单等优点。下面以在希网邮件列表系统中申请一个用于发送主页更新信息的邮件列表为例，说明如何创建邮件列表。

首先，在希网（www.cn99.com）申请一个账号。

其次，使用这个账号登录，进入“管理中心”页面，单击“邮件列表”选项，进入“邮件列表设置”页面。下面对页面中的一些主要的选项进行说明。

邮件列表名称：自己拟定，这里设为 Emarket，则邮件列表名称将是：Emarket@1ist.cn99.com。

邮件列表分类：在表格中的邮件分类栏内用下拉框选择创建的邮件列表的分类。

邮件列表类型：分为公开、封闭、管制三种。公开指的是任何人可以在列表里发表信件，如公开的讨论组等。封闭指的是只有邮件列表里的成员才能发表信件，如同学通信、技术讨论等。管制指的是只有经过邮件列表管理者批准的信件才能发表，如产品信息发布、电子杂志等。这里用作发送主页更新信息，选择“管制”。

是否公开：是指邮件列表是否公开在希网的目录中供所有人订阅。

邮件列表介绍：邮件列表的简单介绍（随便写，说清楚了就行)。

管理者邮件地址：你可以将该邮件列表授权给其他人管理，这里填写管理者的邮件地址。如果没有填写，将自动使用你的 E-mail 地址。

管理者密码：被授权的管理者管理邮件列表的密码。如果没有填写，将自动使用你的密码。

邮件列表对应主页：如果你的邮件列表有对应的主页，请填上。并且你可以通过“生成订阅代码”的功能，产生 HTML 代码，插入你的主页，使他人可以通过你的主页订阅你创建的邮件列表。

管理者邮件地址、管理者密码和邮件列表对应主页一般不必填写，会默认注册时的内容。

最后，表格填好后，单击“确认”按钮把表格提交给系统，邮件列表就创建完毕了。

(3）管理邮件列表。创建邮件列表后，通过“管理中心”对邮件列表进行管理，系统会列出邮件列表的名称、订阅人数、已发信件数。选择相应的邮件列表，单击“选择”按钮，就可以对相应的邮件列表进行管理，包括修改邮件列表属性（根据需要修改邮件列表的属性，从而控制邮件列表的工作方式)、生成HTML代码(HTML代码生成器生成的HTML代码，插入主页中，可以在主页中生成订阅表单，其他人填入 E-mail 地址后，单击“订阅”或“退订”按钮，即可通过 WWW 方式完成对邮件列表的订阅或退订）及批量订阅（成批地将用户加入邮件列表的订户中)。

(4）他人订阅邮件列表。通过 WWW 方式订阅：HTML 代码生成器生成的 HTML 代码，插入你的主页中，可以在你的主页中产生订阅表单，其他人填入 E-mail 地址后，单击“订阅”或“退订”按钮，即可完成对你的邮件列表的订阅或退订。

当然，你还可通过 E-mail 告诉你的客户，让他们通过 E-mail 方式进行订阅，例如只要往 Ecmarket-request@list.cn99.com 发一封邮件，标题为空，正文(Body)里加入“Subscribe”，发信地址就加入了邮件列表中。退订的操作方法同上，只是正文为“Unsubscribe”。

（5）用户向邮件列表发信。用户向邮件列表发信非常简单，会用 E-mail 就行，比如向本邮件列表发信，收信人地址为 Emarket@list.cn99.com，主题是“我要求购贵公司的产品！〖#password#〗”（其中的 password 使用相应的密码），发送即可。（注：系统在处理信件时已经过滤掉密码，用户接收你的邮件列表时不会看到这个密码。）

至此，企业便拥有一个可以自己控制和管理的邮件列表了。其他类型邮件列表的操作与希网邮件列表的操作类似。

2. 邮件群发

前面已经介绍了有关利用邮件群发软件发布信息的一些基础知识，下面介绍邮件群发过程中需要掌握的技巧及注意的事项。

（1）邮件地址下载并解压缩后，由于每一个地址文件都很大，必须将其分割成多个文件，以适合群发软件的发送要求，一般群发软件每次文件发送数量以 1～10 万为宜。企业可采用“邮件列表管家”等来对地址文件进行分割处理。它可将很大的地址文件按要求分割成指定数量的多个小文件，也可将多个小文件合并为一个大文件，并可去除重复的邮件地址。

（2）群发邮件时，最好将属于同一个服务器的邮件地址整理成一个地址文件列表，然后再进行发送。例如，可将××××@163.com 的所有邮件地址先整理成一个文件后再发送，这样发送速度会提高很多。企业可采用“邮件列表管理器”进行群发邮件，它可从一个混杂的邮件地址列表中将指定的服务器、国家等邮件地址分离出来，还有对邮件地址进行排序、去除错误的邮件地址等多项功能。

（3）每一个邮件地址不一定是永久有效的。例如，国内很多网站的免费邮箱，如果连续三个月不使用网站就要删除，因此最好把所拥有的邮件地址过一个时期进行一次检查校验，去除失效的邮件地址。最为有效的方法就是采用在线校验。“邮件在线校验器”是一款非常不错的邮址在线校验软件，它采用模拟向被校验邮箱发信，而实际上并没有发出的方式来对检查邮件地址的存在与否进行校验，而且速度很快。

（4）群发邮件时，一定要注意邮件主题和邮件内容的字词书写，很多网站的邮件服务器为过滤垃圾邮件设置了常用垃圾字词过滤。如果邮件主题和邮件内容中包含“大量、宣传、金钱”等字词，服务器将会过滤掉该邮件，致使邮件不能发送成功。因此在书写邮件主题和内容时应尽量避开有垃圾字词嫌疑的文字和词语，才能顺利地群发邮件。

（5）由于每一款群发软件在设计时发送参数都略有不同，所以不是每一款群发软件都能发送邮件到任何一个邮箱。例如：一款群发软件可发送邮件至 21cn.com、sohu.com、263.net 等，但却不能够发送邮件至 sina.com、etang.com；另一款群发软件却可发送邮件至 sina.com、263.net、etang.com、sohu.com 等，但却不能发送邮件至 21cn.com。这种情况在免费 SMTP 群发软件中尤为突出。因此，要尽可能全面地群发邮件到不同的邮箱，群发邮件前最好先申请多个免费邮箱，并用多款群发软件进行相应的发送测试，根据测试结果再选择不同的群发软件有针对性地对不同的邮箱群发邮件。

（6）群发软件中的发送线程设定。发送线程是指同时可并发邮件数，可以这样理解为当发送线程设置为 100 时，相当于用 100 台电脑同时发送邮件。发送线程数越大，发送速度肯定就越快。虽然很多群发软件可设置数百甚至上千个发送线程，但使用时必须根据上网带宽进行设置，如设置数过大，超过上网数据传输能力，电脑将会提示错误、蓝屏或死机。一般情况下，56 Kbps 拨号上网一般不能超过 20 个发送线程，ISDN 不能超过 50 个发送线程，ASDL 根据分配带宽可设置为 100 个甚至更多的发送线程。当然，企业要设置数量较多的线程发送邮件，除满足以上条件外，电脑配置还必须提高，要设置 100 个以上的发送线程时，电脑配置至少应为 PⅡ以上。但企业也不能盲目加大发送线程，有的服务器会限制同一时间来自同一个 IP 地址的线程访问数量，如果超过服务器规定的线程数，即使连接到了服务器，而服务器也不会有响应，也不会发送出邮件。最好不要设置太多的线程数量，虽然很多群发软件最大可以达到 1000 个线程。除非您认为您的机器速度足够快、内存足够大、上网带宽足够宽！

（7）企业发信的内容每行字数不宜过多，可视具体情况适当增加换行。

（8）最好填上本机域名。如果计算机没有域名，可以模拟一个，格式是：×××.com 或×××.net 等。因为有的邮件服务器在接收邮件时，对于没有域名的服务器发出的邮件会拒收。

（9）对具有分组功能的群发软件，建立分组时应该注意，建立的每个分组中包含的邮箱最好不要超过 8000 个，大于这个数字的分组，最好使用自动分割功能将它分割成多个分组。

3．公告栏（BBS）

利用公告栏（BBS）把搜集到的信息发布到互联网上，是发布网络商务信息的常见方式。下面以慧聪网为例，具体操作步骤如下。

（1）启动浏览器，在地址栏中输入 http://b2b.hc360.com，然后按 Enter 键，进入慧聪网首页。

（2）单击“立即免费注册成为会员”，进行注册。

（3）注册成功后，再次登录论坛首页。

（4）在论坛首页，单击进入感兴趣的话题，比如“电子商务”。

（5）单击发表话题，即进入发表帖子界面。根据页面提示，选择主题类别、填写主题名称、发表具体内容。

（6）填写完帖子内容后，单击“发表”发送信息。返回到帖子列表界面，即可看到刚才所发内容。

4．QQ、MSN、微博、微信等工具

随着个人上网的普及以及中国手机网民数量的大幅增长，QQ、MSN、微博、微信等工具成为了网络信息发布的一个重要、有效的渠道。越来越多的企业开通官网微博和官方微信，通过这样的方式来发布商务信息。但要注意的是，使用这些工具发布信息时，要注意用语和频率，过多的商业信息可能会引起人们的反感，要遵守网络礼仪。使用这些工具的多数是年轻人，对于新生事物接受能力强而且快，如果企业能够善于使用这些工具，掌握好这些工具的沟通方式，就能够很好地发布信息。

任务实施

1．上网寻找提供免费建立邮件列表服务的网站，如果能找到，试着自己建立一个邮件列表，将自己同学或已知的邮件地址加入到该邮件列表中，自己管理邮件列表，理解邮件列表的功能和作用。

2．搜索一款免费试用的邮件群发软件，下载并安装，用自己班级同学的邮件地址作为群发邮件的对象，练习邮件群发。

3．上网搜寻已经开通官方微信、微博的企业，浏览这些企业的微博、微信内容。

知识框架图

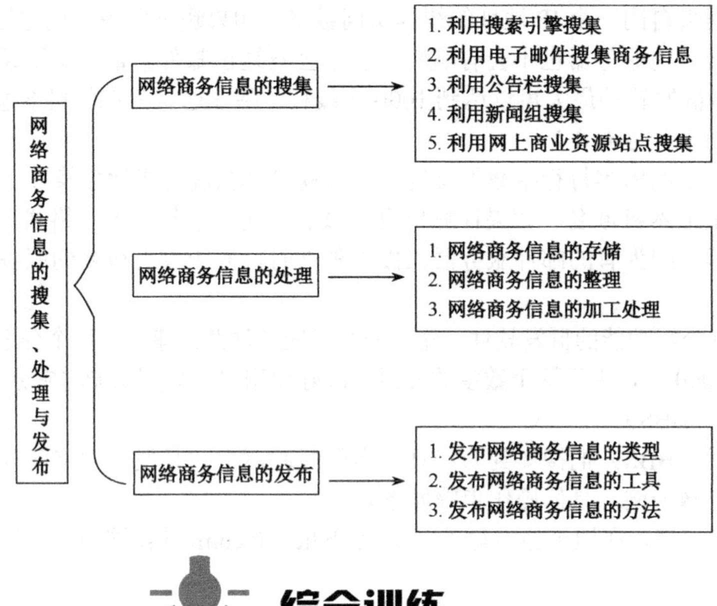

综合训练

基础训练

一、名词解释

1．搜索引擎

2．公告栏

3．新闻组

4．网络商务信息的整理

二、填空题

1．___________没有自己的数据，而是将用户的查询请求同时向多个搜索引擎递交，将返回的结果进行重复排除、重新排序等处理后，作为自己的结果返回给用户。

2．___________指的是拥有门类齐全的公司产品数据库信息的互联网内容服务商，拥有功能完善搜索引擎，提供产品、供求、服务等信息给用户查询。

3．信息加工处理的方式主要是两种，即___________和___________。

4．企业要运用邮件列表来发布信息，首先要根据自己的营销目标来确定邮件列表的使用程度和方式。一般而言，邮件列表的使用可以分为两大类：__________和__________。

5．对需要保持的网页，可在网络浏览器中文件夹选项卡下选择____________，把它作为一个 HTML 文件保存在存储介质中。

三、选择题

1．（　　）搜索引擎是通过从互联网上提取的各个网站的信息（以网页文字为主）而建立的数据库中，检索与用户查询条件匹配的相关记录，然后按一定的排列顺序将结果返回给用户。

A．目录式　　B．全文数据库　　C．元搜索　　D．门户搜索

2．利用电子邮件搜索商务信息的注意事项包括（　　）。

A．避免滥发邮件　　B．避免隐藏发件人姓名

C．避免邮件内容繁杂　　D．避免邮件内容采用附件形式

3．misc 是（　　）的新闻顶级级别。

A．杂类　　B．网络新闻类　　C．娱乐类　　D．商业类

4．网络商务信息存储的方法包括（　　）。

A．下载全文　　B．下载图像

C．下载全部网页相关的链接　　D．使用收藏夹

5．（　　）是一个信息再创造的过程，它不是停留在原有信息的水平上，而是通过智慧的参与，加工出能帮助人们了解和控制下一步计划的程序、方法、模型等信息产品。

A．信息存储　　B．信息下载　　C．信息发布　　D．信息加工处理

6．发布网络商务信息的主要类型包括（　　）。

A．产品信息　　B．企业信息　　C．供求信息　　D．竞争对手信息

7．发布网络商务信息的方法主要有（　　）。

A．邮件群发　　B．公告栏　　C．微博　　D．邮件列表

四、简答题

1．简述利用电子邮件收集商务信息的技巧。

2．简述整理网络商务信息的步骤。

3．采用本企业网站发布商务信息有什么优势？

4．发布网络商务信息的工具有哪些？

技能训练

一、实训目的

通过运用搜索引擎、电子邮件、BBS、新闻组和网上商业资源站点等搜集网络商务信息、处理搜集的网络商务信息及发布网络商务信息，学会网络商务信息搜集、整理及发布的方法与技巧。

二、实训要求

1．了解搜集网络商务信息的各种工具。

2．掌握处理网络商务信息的方法。

3．学会用适当的方法发布网络商务信息。

三、实训内容

1．小李和小张是大学室友，他们两人准备在网上开一家叫做“×××教材大全”的小店，销售一些大学部分专业的二手教材，以及专升本、考研、考级、考证资料等。小组讨论该如何帮助他们展开开店前的准备工作。

2．各小组分工检索相关行业信息，并整理搜集而来的信息。

3．选取合适的方式，发布商业广告，为小店进行宣传。

四、实训步骤

1．搜集商务信息

小组讨论后确定使用何种方式检索行业信息，并分工协作完成。

2．处理商务信息

各小组采用合适的方法对搜集的信息进行存储、整理、加工，并分析二手教材网络市场情况。

3．发布商务信息

小组讨论可以通过何种网络平台，发布小店的商务信息，为小店进行宣传。

4．撰写报告

各小组撰写一份二手教材网络市场情况报告。

五、实训考核

1．每个小组完成一份二手教材网络市场情况报告。

2．小组成员填写技能实训考核表，自评和互评，并进行班级交流。（附表如下）

技能实训考核表

项目名称：网络商务信息的搜集、处理与发布

<table>
<tr><th rowspan="2">评估指标</th><th rowspan="2">评估标准</th><th colspan="2">分项成绩</th></tr>
<tr><th>个 人</th><th>小 组</th></tr>
<tr><td>搜集商务信息、处理商务信息（40%）</td><td>1）合理使用搜集商务信息的工具
2）正确运用处理商务信息的方法</td><td></td><td></td></tr>
<tr><td>撰写的二手教材网络市场情况报告（40%）</td><td>1）报告的格式与语言
2）报告内容是否简明、清晰、合理</td><td></td><td></td></tr>
<tr><td>课堂现场报告陈述与 PPT 展示（20%）</td><td>1）小组成员的团队协作能力
2）方案陈述的清晰度
3）陈述员的表达能力、沟通能力</td><td></td><td></td></tr>
<tr><td colspan="2">自评总成绩</td><td colspan="2"></td></tr>
<tr><td>小组评语</td><td colspan="3">签名：
年　月　日</td></tr>
<tr><td>教师评分</td><td colspan="3">签名：
年　月　日</td></tr>
</table>

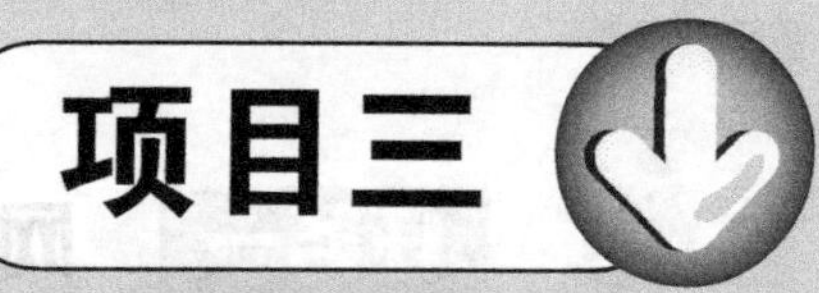

网络市场调查与分析

学习目标

知识目标

- 了解网络市场调查的特点和方法
- 了解网络市场调查的内容与步骤
- 了解网络市场特征和网络购买行为特征

技能目标

- 掌握网络调查问卷的设计
- 掌握网络市场调查方案的实施
- 掌握对网络市场特征和网络购买行为的分析

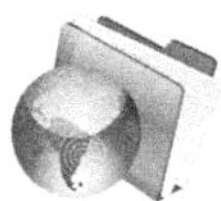

案例导读

“工欲善其事，必先利其器。”海尔集团是世界白色家电第一品牌，中国最具价值品牌。自 2002 年以来，海尔品牌连续 8 年蝉联中国最有价值品牌榜首。2008 年 7 月，在《亚洲华尔街日报》组织评选的“亚洲企业 200 强”中，海尔集团连续五年荣登“中国内地企业综合领导力”排行榜榜首。消费市场权威调查机构——欧睿国际（Euromonitor）数据显示，海尔连续四年蝉联全球白色家电第一品牌。

品牌的建立，其实就是要突出显示产品的特色与优势，也就是产品的独特性、与众不同性、差异性。企业的品牌如果不能让公司的产品或服务突显于竞争者之间，那么顾客选择你的机会则微乎其微。海尔集团通过网站发布产品调查问卷，通过海尔商城个性定制满足消费者个性化需求，充分利用网络市场调查了解客户的需求，分析网络市场特征和消费者的网络购买行为，提高了企业品牌的全球推广和新产品的上市等网络营销活动的效果。通过拓宽网络市场，海尔品牌在世界范围的美誉度大幅提升，2009 年海尔品牌价值高达 812 亿元。2012 年，海尔全球营业额 1631 亿元，利润 90 亿元，利润增幅是收入增幅的 2.5 倍。海尔集团成功的网络营销模式让企业意识到网络市场调查与分析的重要性。

案例思考：海尔集团是如何利用网络市场调查来推广企业品牌的？海尔集团是如何分析网络市场特征和网络购买行为以取得成功的？

任务一 网络市场调查的特点与方法

市场调查是企业营销活动中很重要的一环，通过调查企业可以比较准确地把握市场，互联网的许多特性为实施网络营销的企业进行市场调研提供了便利的条件。由于网络市场调查有调查效率高、调查费用低、调查数据处理比较方便、不受地域时间限制等优点，网络市场调查将从一股新生力量向主流形式发展，并将逐渐取代传统的入户调查和街头随时访问等调查方式，从而成为网络时代企业进行市场调查的主要手段。

随着广大的消费者通过互联网进行订货并完成交易，网络市场应运而生，同时也产生了一大批网络购买者，个人和家庭是网络市场的基本购买单位。与现实中（网下）的消费者市场相同的是，网络市场中的消费者也是购买实物产品或服务产品的目的是满足自己的需要。但由于网络本身的特点，网络市场与网下市场、网络购买者与网下消费者有许多不同。因此，分析网络市场特征和网络购买者行为对于有效地开展网络营销活动至关重要。

任务概要

电子商务环境下的企业了解网络市场调查的概念和特点，掌握网络直接调查和网络间接调查的方法是十分必要的。网络直接调查常用的是网络问卷调查法和专题讨论法，网络间接调查中万维网是最主要的信息来源。

任务知识

一、网络市场调查的概念

网络市场调查与传统的市场调研没有本质的区别，其目的都是为了了解商品市场的特性、了解特定市场的特征与消费需求、了解竞争对手的市场策略及了解自身优势与市场竞争机会点。但是，网络市场调查所采用的信息收集方式有所不同，选择的调查对象有所不同，因而对市场调研设计中的部分内容的要求也有所不同。

网络市场调查，又称“网络调查”（Internet Survey，IS）或“在线调查”（Online Research），是指企业利用互联网络作为沟通和了解信息的工具，对消费者、竞争者以及整体市场环境所做的调查研究工作。网络市场调查对于了解特定目标市场的人口特性、购买力和购买习惯、寻找准确的市场定位、制定准确的网络营销战略和为企业经营提供准确的市场现状、未来预测等决策参考信息有着重要的意义。我们浏览网站时经常看到一些小调查，针对某一事件设计了两三个选项，比如“能、不能”等，当浏览者选定一个答案并提交后，就是参加了一次在线调查，这是最简单的网络调查，如图 3-1 所示。当然，网络调查应用于企业的市场调研中时调查的手段会相对复杂一些，涉及的环节也比较多。

除了网络市场调查以外，还可以利用互联网进行其他一些网络调查的应用。网络调查的适用范围很广，既适合于个案调查，也适合于统计调查。对于政府机构和社会团体来说，可以开展非盈利性的调查研究项目。政府机构和社会团体开展的网络调查工作，可以包括统计调查、市场调查、民意调查和研究项目调查等。

图 3-1　简单的网络调查

对于从事专业调查的调查组织来说，可以开展盈利性的网络调查业务。盈利性的调查组织的网络调查服务，可以由面向全体用户免费开放的公众调查信息浏览服务、面向收费会员客户的调查信息数据库查询服务和面向特需客户的收费委托调查业务服务三个应用服务层次构成。

互联网作为一种特殊的媒体和信息沟通渠道，它非常适合进行各种网络调查活动，网络调查将成为 21 世纪应用领域最广泛的主流调查方法之一。网络市场调查作为需求量最大的调查业务，可以充分发挥互联网的便捷、经济特性，更好、更快地为企业的市场调研提供全面支持。

二、网络市场调查的特点

无论传统的市场调研采用何种手段和方法，企业都需要投入大量的人力、物力、财力，但得到的调查结果往往差强人意。传统的调研方法针对的对象是潜在的消费者，且被调查者处于被动地位，所以大部分的消费者对企业的调查不予反应。相比而言，网络市场调查的实施可以充分利用互联网作为信息沟通渠道的开放性、自由性、平等性、广泛性和直接性的特性，使得网络市场调查具有传统的市场调查手段和方法所不具备的一些特点和优势。网络市场调查的主要特点有如下几点。

1. 网络市场调查的及时性和可靠性

网络信息的传输速度快，网民可以共享网络的任何信息。网民提交调查资料后，信息立即经过统计分析软件初步自动处理，可以马上查看到阶段性的调查结果，而传统的市场调研的结果需要经过人工处理，花费时间较多。参与网络市场调查的网民是在完全自愿的原则下参与调查的，一般都是真正的消费者，调查的针对性更强，因此保证了问卷填写信息的可靠性和调查结论的客观性。

2. 网络市场调查的便捷性和低成本

互联网是全球性的 7×24 小时开放的网络，所以网络市场调查是 7×24 小时全天候的调查。网民可以在任何方便的时间和地点参与调查，不受区域制约和时间制约，这就比传统调查方式便捷。网络市场调查节省了大量人力、物力和财力，只要有一台能上网的计算机就可以实施网络调查，调查问卷的发布、信息的采集和处理都通过计算机软件和网络完成，因而调查成本低。

3. 网络市场调查的互动性和充分性

网络环境下，企业和消费者以互联网为平台可以很好地进行沟通和互动。因此在网络市场调查时，被调查对象可以通过 BBS、新闻组、电子邮件、Blog（博客）等方式，及时就问卷相关问题提出自己更多看法和建议以减少因问卷设计不合理导致调查结论偏差，还可以参与设计企业的新概念产品，充分地表达自己的意愿。企业以同样的方式对消费者进行及时的反馈，这种双向互动的信息沟通方式有效地提高了消费者的满意度和忠诚度。

4．网络市场调查的可检验性和可控制性

网络市场调查利用互联网进行网络市场调查收集所需信息，可以有效地对采集信息的质量实施系统的检验和控制。例如，网络市场调查问卷的设计比较规范，有利于消除理解不清或不同调查员解释不同而造成的调查偏差；被调查者填写调查信息时要求身份认证，可以防止无效问卷；收集的问卷全部由相应的计算机软件处理，避免了人工统计的不准确性。

三、网络市场调查的主要方法

市场调查是企业针对特定营销环境进行简单调查设计、收集资料和初步分析的活动。市场调查有两种方式，一种是直接收集一手资料，即直接调查，如问卷调查、专家访谈、电话调查等；另一种是间接收集二手资料，即间接调查，如报纸、杂志、电台、调查报告等现成资料。

利用互联网进行市场调查（即网络市场调查，简称网络调查），相应也有两种方式，一种是利用互联网直接进行问卷调查、新闻组、论坛等方式收集一手资料，如海尔网站的新产品开发的调查就是在网络利用问卷直接进行调查，我们把这种方式称为网络直接调查；另一种方式是利用互联网的媒体功能，从互联网收集二手资料，如通过搜索引擎搜索有关的网站的网址，然后访问并收集需要的信息，我们把这种方式称为网络间接调查。由于越来越多的传统报纸、杂志、电台等媒体，还有政府机构、企业等也纷纷建立网络信息平台，因此网络成为信息海洋，信息蕴藏量极其丰富，这就要看企业如何发现和挖掘有价值信息。

1．网络直接调查。

（1）根据采用调查方法不同，网络直接调查可以分为网络问卷调查法、专题讨论法、网络实验法和网络观察法等，但网络常用的是网络问卷调查法和专题讨论法。

（2）根据调查者组织调查样本的行为不同，可以分为主动调查法和被动调查法。主动调查法，即调查者主动组织调查样本，完成统计调查的方法。被动调查法，即调查者被动地等待调查样本造访，完成统计调查的方法，被动调查法的出现是统计调查的一种新情况。

（3）网络直接调查的实施涉及超文本、电子邮件、网络视讯会议、模糊归类、网络用户身份检验、随机 IP 自动拨叫、数据接口、Java、ActiveX 或 Java script 等计算机和网络技术。根据网络调查采用的技术不同，可以分为站点法、电子邮件法、随机 IP 法和视讯会议法等。

① 站点法。

这是将调查问卷的 HTML 文件附加在一个或几个网络站点的 Web 上，由浏览这些站点的网络用户在此 Web 上回答调查问题的方法。站点法属于被动调查法，是目前出现的网络调查的基本方法。

② 电子邮件法。

这是通过给被调查者发送电子邮件的形式将调查问卷发给一些特定的网络用户，由用户填写后以电子邮件的形式再反馈给调查者的调查方法。电子邮件法属于主动调查法，与传统邮件法相似，优点是邮件传送的时效性大大提高了。

③ 随机 IP 法。

这是以产生一批随机 IP 地址作为抽样样本的调查方法。随机 IP 法属于主动调查法，其理论基础是随机抽样。利用该方法可以进行纯随机抽样，也可以依据一定的标志排队进行分层抽样和分段抽样。

④ 视讯会议法。

这是基于 Web 的计算机辅助访问（Computer Assisted Web Interviewing，CAWI），是将分散在不同地域的被调查者通过互联网视讯会议功能虚拟地组织起来，在主持人的引导下讨论调查问题的调查方法。

2. 网络直接调查的方式

常用的网络直接调查的方式主要分为以下几类。

（1）利用自己的网站。网站本身就是宣传媒体，如果企业网站已经拥有固定的访问者，完全可以利用自己的网站开展网络调查。这种方式要求企业的网站必须有调查分析功能，对企业的技术要求比较高，但可以充分发挥网站的综合效益。

（2）借用别人的网站。如果企业自己的网站还没有建好，可以利用别人的网站进行调查。这里包括访问者众多的网络媒体提供商（ICP）或直接查询需要的信息。这种方式比较简单，企业不需要建设网站和进行技术准备，但必须花费一定费用。

（3）混合型。如果企业网站已经建设好但还没有固定的访问者，可以在自己的网站调查，但与其他一些著名的 ISP/ICP 网站建立广告链接，以吸引访问者参与调查。这种方式是目前常用的方式，调查研究表明，传统的优势品牌并不一定是网络的优势品牌，因此它需要在网络重新发布广告吸引顾客访问网站。

（4）E-mail 型。直接向你的潜在客户发送调查问卷，这种方式比较简单直接，而且费用非常低廉。但要求企业必须积累有效的客户 E-mail 地址，而且顾客的反馈率一般不会非常高。采取该方式时要注意是否会引起被调查对象的反感，最好是能提供一些奖品作为对被调查对象的补偿。

（5）讨论组型。在相应的讨论组中发布问卷信息，或者发布调查题目，这种方式与 E-mail 型一样，成本费用比较低廉而且是主动型的。但在将 Web 网站上的问卷在新闻组（Usernet News）和公告栏（BBS）或博客（Blog）论坛上发布信息时，要注意网络行为规范，调查的内容应与讨论组主题相关，否则可能会导致被调查对象的反感甚至是抗议。

3. 网络间接调查

企业利用互联网收集信息，用得最多的还是网络间接调查方法，因为它的信息能广泛满足企业管理决策的需要，而网络直接调查一般只适合于针对特定问题进行专项调查。另外，利用互联网收集第二手资料比传统方法方便、快捷，可以直接从网络下载，花费代价小，信息来源更广。

间接信息的来源包括企业内部信息源和企业外部信息源两个方面。与市场有关的企业内部信息源，主要是企业自己搜集、整理的市场信息、企业产品在市场销售的各种记录、档案材料和历史资料，如客户名称表、购货销货记录、推销员报告、客户和中间商的通信、信件等。企业外部的市场信息源包括的范围极广，主要是国内外有关的公共机构。在网络信息时代，任何企业对信息的获取不再是难事，困难的是如何在信息海洋中筛选出企业需要的有用信息。

4. 网络间接调查的方式

网络间接调查的渠道主要有万维网（WWW）、新闻组（Usenet）、公告栏（BBS）、电子邮件（E-mail）、微博等，其中万维网是最主要的信息来源。一般是先通过搜索引擎搜索检索有关站点的网址，然后访问所想查找信息的网站或网页。在提供信息服务和查询的网站中，网站一般都提供有信息检索和查询的功能。常用的网络间接调查的方式主要有利用搜索引擎收集资料、利用公告栏收集资料、利用新闻组收集资料、利用 E-mail 收集资料等。

任务实施

1. 以“网络市场调查”为关键字，上网搜索相关网站和资料。
2. 设计一个有意义的调查主题，分别用网络直接调查和网络间接调查的方法进行调查。
3. 分析调查结果，比较两种调查方法的异同。

任务概要

有效实施网络市场调查，重要的是选择合适的内容和正确的步骤。利用网络调查问卷进行网络市场调查是常用的方法之一，网络调查问卷的设计和发布对调查的结果有影响。

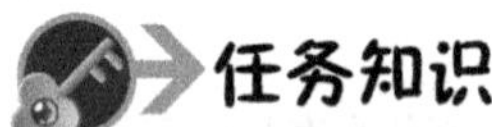

任务知识

一、网络市场调查的内容

1. 研究和分析市场需求情况

市场需求调查的主要目的在于掌握现有市场对某种产品的需求量和销售量；市场潜在需求量规模；本企业的产品在整个市场的占有率；分析研究市场的进入策略和时间策略，从中选择和掌握最有利的市场机会等。

2. 用户及消费者购买行为的研究

研究的主要内容包括：用户的家庭、地区、经济等基本情况及发展趋势；社会的政治、经济、文化教育等发展情况对用户需要的产生的影响；不同地区和不同民族的用户的生活习惯和生活方式的不同；了解消费者的购买动机；研究用户对特定的商标或特定的商店产生偏爱的原因；具体分析谁是购买商品的决定者、使用者和具体执行者以及他们之间的相互关系；了解消费者喜欢在何时、何地购买，他们购买的习惯和方式以及反应；调查某新产品进入市场，哪些用户最先购买，其原因和反应情况；对潜在的用户的调查和发现等。

3. 营销因素研究

研究的主要内容包括研究企业采取的产品策略，产品的设计和包装，产品的制造技巧及产品的保养和售后服务；研究价格对产品的销售量和企业盈利大小的影响；研究企业的现有分销渠道是否合理，如何正确选择和扩大销售渠道；研究企业的广告策略，如何用较少的广告费取得较好的广告效果；研究企业的促销策略，如何正确运用促销手段来扩大销售量等。

4．宏观环境研究

研究的主要内容包括对政治法律环境、经济环境、社会文化环境、科学技术环境、自然地理环境的研究。任何营销组织都处于这些宏观环境之中，不可避免要受其影响、制约。

5．竞争对手研究

企业要在竞争中取胜，充分地掌握并分析同行业竞争者各方面的情况是十分必要的。研究的主要内容包括：市场上的主要竞争对手及其市场占有率情况；竞争对手在经营、产品技术等方面的特点；竞争对手的产品、新产品水平及其发展情况；竞争者的分销渠道、产品价格策略、广告策略、销售推广策略等情况；竞争者的服务水平等。

二、网络市场调查的步骤

网络市场调查是企业主动利用互联网获取信息的重要手段。与传统调查类似，网络市场调查必须遵循一定的步骤进行。

1．确定网络调查目的和调查对象

企业充分利用网络渠道直接与顾客进行沟通，目的是了解企业的产品和服务是否满足顾客的需求，同时了解顾客对企业潜在的期望和改进的建议。调查的对象包括产品的购买者或潜在的顾客、公司的竞争者、公司的合作者和行业内的中立者等。在确定网络调查目标时，需要考虑的是被调查对象是否上网，网民中是否存在着被调查群体，规模有多大。只有网民中的有效调查对象足够多时，网络调查才可能得出有效结论。

2．选择调查方法和手段

网络市场调查有网络直接调查方法和网络间接调查方法两种，企业可根据情况选择适当的方法。网络直接调查主要是采用问卷调查法，将调查问卷放到网站等待被调查对象自行访问和接受调查，因此设计一份好的网络调查问卷吸引访问者参与调查是网络直接调查的关键。由于互联网交互机制的特点，问卷调查可以采用调查问卷分层设计。这种方式适合过滤性的调查活动，因为有些特定问题只限于一部分调查者，所以可以借助层次的过滤寻找适合的回答者，以保证问卷的回收率。问卷可以直接发布在网站上或发送到被调查者的邮箱。

网络间接调查主要是通过网络信息查询进行调查，这种方法比较快，也比较准确，因此选择合适的搜索引擎是关键。在互联网络可选择的搜索引擎有许多，不同的搜索引擎有不同的特点和相对优势，选择哪一个搜索引擎应根据企业市场调研对象和内容的不同而定。进行市场调查可以利用搜索引擎进入有关的主题搜索，并将所获得的信息复制保存在硬盘上供今后使用；也可以通过搜索引擎上出现界面的菜单结构一级一级往下浏览，就会了解有关公司的情况和各种产品的介绍。

3．确定网络调查项目

如果采用网络问卷调查的方法，则需要根据调查内容设计调查问题。企业可以根据预期调查结果设计调查问卷，这样可以比较明确需要调查哪些问题，避免在调查表设计时遗漏重要问题，以及调查不必要的项目。由于问题的内容和提问的方式在问卷调查途中不能更改，因此事先必须慎重考虑。

如果采用网络信息查询方法，网络调查项目可以从主观角度设置问题，企业在调查过程中比较主动。

4. 分析调查结果

调查活动结束后，接下来是要分析调查结果，这一步骤是市场调查能否发挥作用的关键。若采用问卷调查法，与传统调查的结果分析类似，也要尽量排除不合格的问卷，这就需要借助计算机软件对大量回收的问卷进行综合分析和论证。若采用网络信息查询方法，信息分析能力更加重要。因为任何企业都可以在一些网站中看到同样的信息，所以如何从收集到的信息中提炼出与调查目标相关的内容才是关键。

5. 撰写调查报告

撰写调查报告是网络调查的最后一步，也是调查成果的体现。撰写调查报告不是简单数据和资料的罗列，而是在分析调查结果基础上对调查的数据和结论进行系统的说明，并对有关结论进行探讨性的说明。企业应尽可能把调查报告的全部或部分结果反馈给广大用户，这也是对被调查者的一种鼓励。

虽然互联网在市场调研中的重要作用是有目共睹的，但是网络调查不可能满足所有市场调查的要求。如果在企业网站访问量有限、客户资料不足的情况下，完全依赖网络调查，调查结果可能会出现较大的偏差。因此，企业根据调查的目的和对象，采取网络调查和传统调查相结合的一些综合性的调查手段，以获得真实可靠的市场调查资料是事半功倍的做法。

三、网络调查问卷的设计与发布

1. 网络调查问卷的设计

一个完整的网络调查问卷包括三个组成部分：关于调查的说明、调查内容、被调查者个人信息。采用网络问卷调查时，问卷设计的质量直接影响到调查效果。网络问卷通常要有趣、简洁、明了，还要给予一定的奖励。对设计不合理的网络调查问卷，网民可能拒绝参与调查，更谈不上调查效果了。因此，在设计问卷时除了遵循一般问卷设计中的一些要求外，还应该注意下面几点。

（1）网络调查问卷的设计主题明确，重点突出，并附加多媒体背景资料。

（2）注意问卷的合理性。在问卷中设置合理数量的问题，最好在 10 个以内，最多不要超过 12 个。询问内容要求简明、易懂，回复问题的内容的设计可以采用二项选择、多项选择、填空式、矩阵式、顺位式、开放式等多种方式，但最好设计为单选项或多选项，以控制填写问卷时间，有助于提高问卷的完整性和有效性。

（3）问卷要对调查的目的、时间及组织者做简单的介绍，为提高受众参与的积极性，可提供免费礼品、调查报告等。另外，必须向被调查者承诺并且做到有关个人隐私的任何信息不会被泄露和传播。

（4）问卷的页面设计一个结束语，对参与者表示感谢并留下联系方式，清除按钮和提交按钮不要设计放在一起，以免引起误操作。

例如，设计一份 MP3 网络市场调查问卷，调查的目的主要是为了了解行业状态及市场环境特征和了解消费者的需求以及消费心理与消费行为。虽然中国 MP3 市场已经开始由市场推广型阶段步入消费成熟阶段，MP3 的需求不断上升，而消费者年龄结构的区分也不再那么明显，但主要还是以年轻一代为主，所以这次调查的对象定位在 18～30 岁的人群。

在设计调查问卷时，针对消费者，主要调查：消费者的基本资料（如年龄、性别、收入、家庭构成等）；消费者对 MP3 购买形态要求（如购买过什么 MP3、购买地点、选购标准、付款方式等)；消费者理想的MP3描述；消费者对MP3产品广告的反映等。针对市场，主要调查：各地区MP3的种类、品牌、销售状况；消费者需求及购买力状况等。针对竞争者，主要调查：市场上现有哪几类MP3品牌、产区、价格；市场上现有产品销售状况；竞争对手的广告策略及销售策略等。这些问题要通过网页设计技术和理念相结合，在网络调查问卷中得到体现，同时注意以上提到的问题，才能使调查问卷的结果对企业有指导性作用。MP3调查问卷参见图3-2。

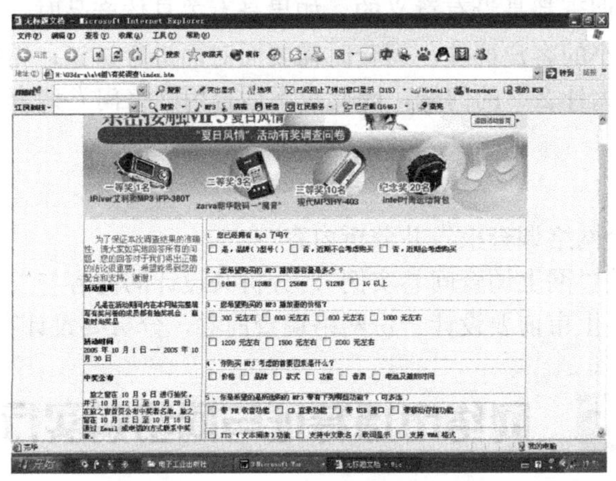

图 3-2　MP3 网络调查问卷

此外，“预期结果导向法”是设计网络调查问卷的一种经验方法，就是从期望的调查结果倒推出应该调查的问题，并将这些问题用合理的方式设计为网络调查问卷。海尔商城调查问卷参见图3-3。

图 3-3　海尔商城调查问卷

2．网络调查问卷的发布

设计好的问卷需要通过一定的方式让被调查者看到并参与调查。问卷可以根据企业的情况选择放在自己的网站上，或者借用知名度的网站发布，也可以通过许可电子邮件把问卷发送给被调查者。

调查问卷发布在网站上后，并不一定会立刻受到关注，特别是访问量较小的网站。为了保证调查样本的代表性就要使尽可能多的用户参与调查，所以有必要对调查进行广告宣传。如在网站公告栏发布消息，在搜索引擎中注册调查网页，在访问量大的网站上建立链接或发布广告，还可以与传统媒体广告相结合。

网络问卷调查一般需要一段时间。在这个过程中，需要对获得的调查资料及时备份，以免发生意外出现数据丢失；通过后台管理系统跟踪分析调查进展，及时处理无效问卷。

另外，网络问卷调查有它的局限性，如果选择的调查群体大部分不是网民的话，无论采取什么措施，网络调查都是没有意义的。如果是有关具体产品时，往往采用详细调查的方式，详细调查针对小的客户群体，调查时需要面对面进行访谈，得到的信息更准确，调查结果包含的多是“为什么”的问题，因此也不适合用网络问卷调查方法。

任务实施

1. 上网下载一个网络调查报告并分析内容。
2. 上网搜索一些“网上调查问卷实例”，分析其设计的内容与发布的方法。
3. 某企业新产品上市前要设计一份网络调查问卷，分析要设计哪些有效问题。

任务三　网络市场特征与网络购买行为分析

任务概要

市场是企业营销的主战场。研究网上市场的基本特征以及网上消费者的购买行为规律，成为网络营销的基础工作之一。准确地分析网上市场特征和网上购买行为有利于企业有效地开展网络营销活动，使企业网络营销的实施具有针对性和高效性。

任务知识

一、网络市场的概述

企业开展网络营销活动的空间是电子虚拟市场（Electronic Marketplace），有的称为网络虚拟市场（Cyber-market），统一简称为网络市场，网络市场是由互联网上的企业、政府组织和网民组成的市场，网络市场的扩张速度和发展直接影响着电子商务的发展速度和前景。

网络市场的商务应用与发展起源于20世纪70年代的EDI应用，我国海关最早引入EDI进行报关，经过几年的发展和完善，目前企业可以在企业内部通过上网申请报关。这种先进高效的贸易方式很快吸引了许多大中型企业的加入，但由于是专用网，成本高，还有很多中小企业无力承担。随着互联网的普及，电子商务得到迅速发展，目前电子商务活动发展较快的是网络销售、网络广告、网络服务。我国的网络市场逐渐在壮大，目前主要的网络交易方式是在线浏览，网络支付或网下支付。根据CNNIC的第32次调查报告数据分析，截至2013年6月底，我国网络购物网民规模达到2.71亿人，网络购物使用率提升至45.9%。与2012年12月底相比，2013年上半年网民增长2889万人，半年度增长率为11.9%。我国的5.91亿多网民背后蕴涵着一个巨大的市场，能满足网民需求的网络市场，就能产生非常可观的经济效益。

传统实物市场进行商务活动是依赖于商务环境的（如银行提供支付服务、媒体提供宣传服务、法律配套服务等），网络市场进行商务活动要依靠网络商务环境。最基本的网络营销交易系统包括企业的网络营销站点、电子支付系统、实物配送系统三部分。为了大力推动电子商务发展，完善网络市场，在中国人民银行牵头下，成立了联合认证（Certified Access）委员会为网络交易提供认证服务，以保证交易的合法性和可识别性。我国的一些商业银行也纷纷开通网络支付服务，为推动我国企业实施网络营销和发展完善网络市场提供了有利条件。

网络市场是最具发展潜力的新兴市场，它具有以下的基本特征：

（1）低成本。网络市场的虚拟商店和无纸贸易使企业节省了许多传统市场运作所需的费用。

（2）零库存。虚拟商店可以接到顾客订单后，再向制造的厂家订货，无须预先存放仓库。

（3）无限时。虚拟商店实现了7×24服务，全年无休，顾客任何时候都可以方便地购物。

（4）全球化。网络市场的经营范围是面向全球的，不受国界、地域的限制。

（5）精简化。网络市场充分利用网络的互动性，鼓励顾客参与产品的营销活动，使得企业的营销环节简练了。

网络市场具有的这些特点正是网络市场的优势所在，能为企业创造更大的利润。

二、网络市场特征分析

根据中国互联网络中心CNNIC最近一次（2013年7月）统计报告表明，截至2013年6月底，我国上网用户人数达到5.91亿人，我国手机网民规模达4.64亿，较2012年底增加4379万人，网民中使用手机上网的人群占比提升至78.5%。手机端电子商务类应用使用率整体上升，手机支付涨幅最大。我国网络购物网民规模达到2.71亿人，网络购物使用率提升至45.9%。与2012年12月底相比，2013年上半年网民增长2889万，半年度增长率为11.9%。

最近的统计报告显示，近年来中国网民性别比例保持稳定，中国网民的性别比例为55.6∶44.4。中国网民中30岁以上各年龄段人群占比均有不同程度的提升，总占比为46.0%，相比2012年底提升了2.1个百分点，说明我国互联网的普及逐渐从青年向中老年扩散，中老年群体是中国网民增长的主要来源，说明潜在市场很大。在用户中本科以下文化程度的网民比例达到了81.1%，占网民的大多数，初中及以下学历人群是中国网民的主要增长点。高中和大学及以上学历人群中互联网普及率已达到较高水平，未来增长空间有限。我国网民中农村人口占比为27.9%，而我国农村人口占人口总数的大多数，解决他们的信息化问题和上网问题任重道远。上网用户多为年轻人，其中20～39岁之间的用户占到55.6%。

我国用户上网的主要目的是通过互联网即时沟通和获取信息，有84.2%的网民利用互联网即时通信，79.6%的网民使用搜索引擎，45.9%的网民使用网络购物。随着互联网的商用发展，许多用户会逐步将互联网作为一种购物途径或者进行其他商业活动的渠道。

网络购物网民增长的驱动力量主要来自以下四个方面：首先，网民数量的持续增长，网民购买力的提升，消费者线上消费习惯的养成，为网络购物奠定了良好的用户基础，成为促进网络购物市场繁荣的重要基础。其次，传统企业纷纷向电子商务的转型，拓展了网络购物的品类和渠道。线上产品的丰富、线上和线下的互动，提升了用户的购买体验。再次，网络促销的常态化，激发了消费者的购买欲望。网购市场的激烈竞争导致电商之间频繁的价格战。店庆促销、节假日促销、特卖会、1 元秒杀等营销手段的使用频率越来越高，极大地刺激了消费者的购买欲望。最后，移动互联网的发展和智能手机的普及，促使移动支付、移动购物快速增长，手机端和 PC 端的应用互补，促进了网络购物市场的发展。

三、网络购买行为分析

电子商务和网络营销的蓬勃发展使得人们的消费观念、消费方式发生了很大的变化，而消费者的主动性增强，这对企业的生产和销售起着举足轻重的作用。网络购买这种新型的消费形式与传统的消费形式相比，既有类似的地方，也有其独有的特点。

1. 个性化消费的回归

网上购物能满足消费者个性化的需求。在相当长的一个历史时期内，工商业都是将消费者作为单独个体进行服务的。在这一时期内，个性消费是主流。只是到了近代，工业化和标准化的生产方式才使消费者的个性被淹没于大量低成本、单一化的产品洪流之中。然而，没有一个消费者的心理是完全一样的，每一个消费者都是一个细分市场。心理上的认同感已成为消费者做出购买品牌和产品决策的先决条件，个性化消费正在也必将再度成为消费的主流。

2. 消费需求的差异性

不仅消费者的个性化消费使网络消费需求呈现出差异性，而且不同的网络消费者因所处的时代、环境不同而产生不同的需求，不同的网络消费者在同一需求层次上的需求也会有所不同。所以，从事网络营销的厂商要想取得成功，必须在整个生产过程中，从产品的构思、设计、制造，到产品的包装、运输、销售，认真思考这种差异性，并针对不同消费者的特点，采取有针对性的方法和措施。

3. 消费主动性增强

消费主动性的增强来源于现代社会不确定性的增加和人类追求心理稳定和平衡的欲望。网上消费者主要是有文化、有较高经济收入的年轻群体，他们是有理智的主动消费者。

4. 网络消费的层次性

网络消费本身是一种高级的消费形式，但就其消费内容来说，仍然可以分为由低级到高级的不同层次。在网络消费的初级阶段，消费者一般侧重于精神产品的消费，到了网络消费的成熟阶段，消费者在完全掌握了网络消费的规律和操作，并且对网络购物有了一定的信任感后，消费者才会从侧重于精神消费品的购买转向日用消费品的购买。但在网络消费中，各个层次的消费不是相互排斥的，而是具有紧密的联系，需求之间广泛存在着交叉的现象。

5. 网络消费的方便性、低价性和趣味性

网上购物不受时间地点的限制，与传统购物相比消费者可以节省大量的时间和精力。网上销售模式使商家可以降低成本，为消费者提供价廉物美的商品。消费者在网上购物的同时还能了解一些新奇和超前的商品信息，并从网上获得很多增值性服务，得到与众不同的乐趣。

网络购买行为既与网络消费特点相关，又受到消费者个人消费水平、商品价格等经济因素以及消费者个性心理、需求与动机的影响，以及社会文化、职业环境和相关群体的影

响。影响网络购买行为的主要因素包括网络商品的特征、网络商品的价格、网络购物的便捷性、网络购物的安全可靠性。

四、网络购买行为的五个阶段

网络购买行为，也就是网络消费者购买行为形成和实现的过程。网络消费者的购买过程可以粗略地分为五个阶段：购买动机产生、收集信息、比较选择、购买决策和购后评价。

1．购买动机产生

网络购买行为的起点是诱发需求，产生购买动机。对于网络购物诱发需求的动因只能局限于视觉和听觉。文字的表述、图片的设计、声音的配置是网络营销诱发消费者购买的直接动因。从这方面讲，网络营销对消费者的吸引具有相当的难度。这要求从事网络营销的企业或中介商注意了解与自己产品有关的实际需求和潜在需求，了解这些需求在不同时间的不同程度，了解这些需求是由哪些刺激因素诱发的，进而巧妙地设计促销手段去吸引更多的消费者浏览网页，诱导他们的需求欲望。

2．收集信息

收集信息的渠道主要有两个：内部渠道和外部渠道。内部渠道是指消费者个人所储存、保留的市场信息，包括购买商品的实际经验、对市场的观察以及个人购买活动的记忆等；外部渠道则是指消费者可以从外界收集信息的通道，包括个人渠道、商业渠道和公共渠道等。网络购买的信息收集带有较大主动性。在网络购买过程中，商品信息的收集主要是通过互联网进行的，有广泛的、有限的和经常性的信息搜索等方式。一方面，上网消费者可以根据已经了解的信息，通过互联网跟踪查询；另一方面，上网消费者又不断地在网上浏览，寻找新的购买机会。

3．比较选择

为了使消费需求与自己的购买能力相匹配，比较选择是购买过程中必不可少的环节。消费者对各条渠道汇集而来的资料进行比较、分析、研究，了解各种商品的特点和性能，从中选择最为满意的一种。一般说来，消费者的综合评价主要考虑产品的功能、可靠性、性能、样式、价格和售后服务等。

4．购买决策

网络消费者在完成了对商品的比较选择之后，便进入购买决策阶段。网络消费者在决策购买某种商品时，一般必须具备三个条件：第一，对厂商有信任感；第二，对支付有安全感；第三，对产品有好感。所以，树立企业形象，改进货款支付办法和商品邮寄办法，全面提高产品质量，是每一个参与网络营销的厂商必须重点抓好的三项工作。这样三项工作抓好了，才能促使消费者毫不犹豫地做出购买决策。

5．购后评价

网络消费者购买商品后，往往通过使用，根据自己的感受和期望，对自己的购买选择进行检验和反省，重新考虑这种购买是否正确，效用是否理想，以及物流服务是否周到等。这种购后评价还可以通过网上商城的平台发布，供其他网络购买者参考。购后评价不仅决定了网络消费者本人今后的购买行为，而且会直接影响其他潜在客户的网络购买行为。

任务实施

1．浏览中国互联网络信息中心（CNNIC）网站，下载近三次 CNNIC 发布的互联网报告。
2．根据 CNNIC 发布的互联网报告内容分析我国网络市场特征和网络购买行为。
3．结合自己的网上购物体验写一篇 500 字的分析报告。

知识框架图

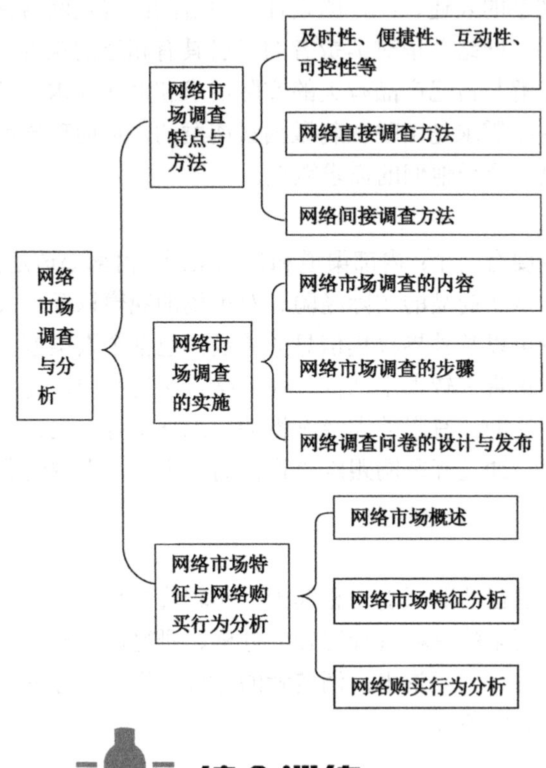

综合训练

基础训练

一、名词解释

1．网络直接调查
2．网络间接调查
3．网络市场
4．预期结果导向法

二、填空题

1．网络市场调查的特点是__________、__________、__________、__________。
2．网络市场调查的主要方法有______________、______________。
3．网络市场调查的内容包括___________、___________、___________、__________、

__________。

4．一个完整的网络调查问卷包括__________、__________、__________。

5．网络消费者的购买过程可以分为_________、_________、_________、_________、__________五个阶段。

三、简答题

1．网络直接调查的方式有哪些？

2．网络间接调查的方式有哪些？

3．请写出网络市场调查的步骤。

4．网络调查问卷的设计中要注意哪些问题？

5．请分析目前我国网络市场的特征。

6．影响网络购买行为的主要因素有哪些？

技能训练

一、实训目的

通过网上调查问卷的设计和对网络市场特征与网络购买行为的分析，学会网上调查问卷设计、网络市场特征和网络购买行为分析的方法与技巧，为企业网络营销策划提供依据。

二、实训要求

1．了解网络市场调查的各种类型。

2．掌握网络问卷设计的方法和过程。

3．学会通过互联网分析网络市场特征和网络购买行为。

三、实训内容

1．比较分析相关的资料。

2．分小组制作一个网络问卷调查表。例如，某人想在网上开一家网店，请你帮他做一个网上问卷调查表并发布。

3．根据问卷调查报告分析网络市场特征和网络购买行为。

四、实训步骤

1．准备工作

小组讨论后确定网络问卷调查的主题，并收集、分析、整理和统计相关信息和资料。

2．问卷制作

根据主题制作网络调查问卷，按问卷设计的方法和步骤进行，注意问卷设计的内容和篇幅，并测试和修改问卷。

3．问卷发布与回收

通过电子邮件发布和免费的在线调查系统（如“中国在线调查系统”或“爱调研”）等方法发布问卷和回收问卷。

4．问卷调查结果与分析

利用表格、图表来统计分析问卷调查结果，分析网络市场特征和网络购买行为，并形成调查分析报告。

五、实训考核

1．每个小组设计一份网络调查问卷，撰写一份调查分析报告。

2．小组成员填写技能实训考核表（附表如下），自评和互评，并进行班级交流。

技能实训考核表

项目名称：网络市场调查与分析

<table>
<tr><th rowspan="2">评估指标</th><th rowspan="2">评估标准</th><th colspan="2">分项成绩</th></tr>
<tr><th>个 人</th><th>小 组</th></tr>
<tr><td>网络调查问卷的主题、制作与发布 （40%）</td><td>1）网络调查目的和调查对象
2）网络调查问卷的内容和形式</td><td></td><td></td></tr>
<tr><td>“网络问卷调查结果与分析”质量（40%）</td><td>1）分析报告的格式与语言
2）分析报告内容是否简明、清晰</td><td></td><td></td></tr>
<tr><td>班级交流（20%）</td><td>1）现场发言准备是否充分
2）方案阐述是否清晰流利
3）小组成员的合作质量</td><td></td><td></td></tr>
<tr><td colspan="2">自评总成绩</td><td colspan="2"></td></tr>
<tr><td>小组
评语</td><td colspan="3">签名：
年　月　日</td></tr>
<tr><td>教师
评分</td><td colspan="3">签名：
年　月　日</td></tr>
</table>

项目四 网络营销策划

学习目标

知识目标

- 了解网络营销策划概述和作用
- 了解网络营销策划的步骤及策划书的撰写

技能目标

- 掌握网络营销策划的具体步骤
- 掌握撰写网络营销策划书的方法

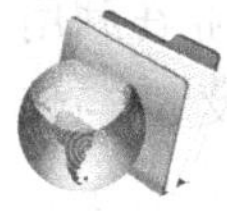

案例导读

上海圆通速递有限公司创建于 2000 年 5 月 28 日，2010 年底，成立上海圆通蛟龙投资发展（集团）有限公司，标志着圆通向集团化迈出了更加坚实的一步. 圆通速递历经 13 载艰苦创业，现已经跨越式发展成为中国快递行业领导品牌之一。

为了迎接奥运会，上海青年捐赠了 2700 面五星红旗，准备分发给奥运圣火所经过城市的华人。圆通速递公司得知这个消息后，立即表示支持爱国行动，愿意无偿把这些国旗快递到韩国、日本、澳大利亚、马来西亚等地。圆通公司派专车到天涯社区网站包装、拉运国旗，将国旗转运到深圳国际快递部。三日后，澳大利亚、韩国、日本的华人组织就接到了第一批国旗。随着各地网友的热烈响应，捐赠越来越多。为了做好快递工作，圆通公司与天涯社区网站制定了合作方案。之后又有 500 面国旗及 1000 面国旗不干胶贴面运往吉隆坡、雅加达、堪培拉、长野、首尔等地。

针对这次活动，天涯论坛的典型回帖有：

回帖 1：圆通，最可爱的快递！

回帖 2：啥也不说了，回去就把快递换成圆通！

回帖 3：让五星红旗插遍全世界！

在这组帖子中，圆通并没有直白地阐述自己的服务优势，也没有过多地对企业特点进行描述，仅仅是对无偿送国旗的行为进行了说明，达到了非常好的营销效果。从帖子内容看，主帖直击社会热点，迎合了网民的爱国情绪，吸引了网民的目光，增强了网民对圆通快递的好感。回帖巧妙跟进，营造舆论导向，影响目标受众的选择。短短几天内，此帖单击率就突破1万人次，回帖则高达上百人，大大提高了企业的知名度。

案例思考：圆通速递公司进行这次网络营销策划的步骤是什么？圆通速递公司的策划活动为什么能取得成功？

任务一 网络营销策划概述

任务概要

全球经济增长的同时，互联网人口在稳步增加。巨大的上网人数，带来了巨大的商机。在欧美国家，90%以上的企业都建立了自己的网站，通过网络寻找自己的客户、推销自己的产品，这已经成为了习惯。网上巨大的消费群体特别是企业的商务习惯变化，给网络营销提供了广阔的空间。网络营销的跨时空性无疑将对整个营销方式产生巨大的推动力。网络营销相对于传统的市场营销，在许多方面存在着明显的优势，带来了一场营销观念的革命，更重要的是它对企业改善销售环境、提高产品竞争能力和市场占有率具有非常重要的现实意义。因此，新形势下研究网络营销策划及其作用就显得非常必要。

任务知识

网络营销策划是个人和组织借助国际互联网络作为信息传递手段，通过创造令顾客满意的产品和价值，并同人们进行交换以获取预期利益的社会及管理活动。很多企业在利用网站做推广时并没有达到预期的好效果，这是为什么呢？“凡事预则立，不预则废”，与传统的线下营销模式不同，网络营销策划涉及事件炒作、商城销售、竞技排名、搜索引擎、博客营销、软文营销等相关内容，需要很多专业的知识。

一、网络营销策划的作用

网络营销策划是一种很注重实际操作技能的职业，同时其又注重逻辑分析能力和创新能力。网络营销策划也是一个交叉性很强的职业，它要求就职者既有WEB方面的技术如网站维护、网站优化等，又要求就职者有市场营销方面的知识，分析用户需求、并制定市场策略。一般来说，网络营销策划有以下的主要作用：

（1）对企业网络营销现状进行分析和总结，以确定企业网络营销过程中所存在的问题。

（2）了解企业的投入和期望回报，确认网络营销的目标。

（3）分析企业的竞争对手，以实施行之有效的竞争策略。分析竞争对手的网站，包括网站功能、网站界面、网站内容、用户体验、业务流程等，得出其竞争优势以及其不足。企业在实施网络营销的过程中就应该扬长避短。

（4）分析企业的网站，总结网站的优势和劣势。分析企业网站主要包括网站功能、网站界面、网站内容、用户体验、业务流程等。

（5）制定网络营销战略步骤、实施流程、具体操作，让网络营销实施有序。

（6）对网站不足的地方进行优化。包括用户界面的优化、业务流程的优化、功能优化、搜索引擎优化。用户界面优化跟功能优化的目的是为了有更好的用户体验，业务流程优化的目的是为了简化用户的操作，搜索引擎优化的目的是为了让企业在搜索引擎中获得好的排名。

（7）网站运营，让网站健康发展。网站运营的主要工作包括网站日常维护、网站流量分析、网站故障的排除等。网站运营的目标是为企业网络营销提供一个安全、稳定、方便的平台。

（8）网站推广，让更多的潜在客户到访网站。网站推广的主要工作包括搜索引擎竞价排名的实施、网络广告的投放、企业黄页推广、门户网站推广、软文推广、Blog推广、E-mail推广等。

（9）对网络营销实施进行跟踪和营销效果的评估。分析企业的广告投放效果、网站推广效果，分析网站客户，发掘新需求。

（10）指导和培训企业员工。从实际出发，对企业员工进行网络营销专业培训，以提高员工的工作效率。

二、网络营销策划的原则

要想成功地进行网络营销策划活动一般应该遵循以下基本原则。

1．系统性原则

网络营销是以网络为工具的系统性的企业经营活动，它是在网络环境下对市场营销的信息流、商流、制造流、物流、资金流和服务流进行管理的。策划人员必须以系统论为指导，对企业网络营销活动的各种要素进行整合和优化。

2．创新性原则

网络为顾客对不同企业的产品和服务所带来的效用和价值进行比较带来了极大的便利。在个性化消费需求日益明显的网络营销环境中，在深入了解网络营销环境尤其是顾客需求和竞争者动向的基础上，通过创新，创造和顾客的个性化需求相适应的产品特色和服务特色，是提高效用和价值的关键。创新带来特色，特色不仅意味着与众不同，而且意味着额外的价值。

3．操作性原则

网络营销策划的第一个结果是形成网络营销方案。网络营销方案必须具有可操作性，否则毫无价值可言。网络营销方案是一系列具体的、明确的、直接的、相互联系的行动计划的指令，一旦付诸实施，企业的每一个部门、每一个员工都能明确自己的目标、任务、责任以及完成任务的途径和方法，并懂得如何与其他部门或员工相互协作。

4．经济性原则

网络营销策划必须以经济效益为核心。成功的网络营销策划，应当是在策划和方案实施成本既定的情况下取得最大的经济收益，或花费最小的策划和方案实施成本取得目标经济收益。

5．协同性原则

网络营销策划应该是各种营销手段的应用，而不某种是方法的孤立使用。诸如论坛、博客、社区、网媒等资源要协同应用才能真正达到网络营销的效果。

三、网络营销策划的内容

网络营销策划是包含多个系统的一个体系，它的内容是可以分成下述几大类。

1．网络营销盈利模式策划

盈利模式就是企业或商业机构向顾客提供价值并据以获得利益的方式和方法。网络营销盈利模式策划主要解决企业通过哪些网络途径来盈利的问题，根据企业开展网络营销的情况有整合模式、多元模式和平台模式。

2．网络营销项目策划

网络营销项目策划主要解决企业宏观层面的一些问题并将具体的行动制订成计划书。例如，企业的目标是什么，企业的核心优势是什么，企业应该如何实现目标等。

3．网络营销平台策划

网络营销平台策划主要解决企业怎样建设网站的问题，例如，是企业自建网站还是借助第三方平台，网站的结构逻辑、视觉、功能、内容、技术等方面如何规划等。

4．网络推广策划

网络推广策划主要解决企业网站如何推广、品牌产品如何推广、如何吸引目标客户、如何利用网络广告、推广的技巧和执行等问题，有博客营销策划、软文策划、网络广告策划、SEO 策划、论坛推广策划等。

5．网络营销运营系统策划

网络营销运营系统策划主要解决在具体网络营销运营过程中业务流程的划分、根据业务流程来规划部门编制、团队岗位、数据分析、薪酬、管理考核、培训等。

网络营销策划取得成功的因素有很多方面，但主要是明确策划的作用和内容，遵循策划的原则。例如，“康师傅冰糖雪梨”在网络营销方面就取得了成功，其运营系统策划内容如下：

“康师傅冰糖雪梨”网络营销策划将传统的妙方工艺与现代的浪漫爱情相结合的主题，更能吸引目标受众，获取关注度，从而取得更好的预期宣传效果，树立品牌形象和扩大产品知名度。策划活动平台选取腾讯 QQ 和各大高校网站，活动受众主要是 15～25 岁的青少年，他们年轻、充满活力，善于接受新事物，渴望更多地展示自己，更重要的是网络已经成为他们生活中不可缺少的元素。而爱情又是青少年中永恒的话题，这一群体都有着一个共同的特性即守望和纺织自己的爱情故事。而 QQ 平台已经渐渐取代了信笺和日记，成为他们表达自己的感情世界和内心想法的第一选择空间。因此，在 QQ 上展示产品具有很强的针对性，更能取得好的效果。

策划活动通过线上与网友的互动和线下活动的紧密跟进，线上、线下的完美配合，鼓动消费者去说、去做、去感受，实现与消费群体的真正互动，从而获取消费者的青睐和信任，提高消费，扩大知名度，提升品牌价值。

活动前期通过线上与网友的互动，聚集人气为后期的线下活动作准备。例如，建立康师傅官方 QQ 空间作为活动基地，然后开展“浪漫爱情天地”活动，聚集网友，分享心动故事、暗恋经历、爱情观点，使得 QQ 空间成为一个与用户自己紧密接触的平台。每个参与者可获取“甜蜜爱情雪梨树种子”一颗，并在自己的爱情小天地上面种植，在“冰糖雪梨汁”的浇灌以及网友的照料下成长，雪梨汁需要购买康师傅冰糖雪梨，用饮料包装上的条形码兑换，可自己浇灌，也可邀请好友参与，与网友互相浇灌。等果子成熟后，可以自己保留，也可互送好友。用户可以摘取果实送给自己喜欢的故事的作者，或是自己的好友，由此获得积分，得到别人赠送的果实也可获得积分。根据用户获取积分的等级，为QQ空间授予不同等级的爱情使者称号，积分高的，可获得Q币和QQ会员使用权的优惠。让用户真正得到参与的乐趣，争取用户更大的动力，充分调动参与者的积极性。在QQ消息、QQ微博、QQ邮箱、QQ农场和牧场中，同时进行活动的宣传。邀请更多的用户参与，形成庞大的用户群，实现更大范围内的互动。

活动后期通过线下的及时跟进，与QQ网上用户和网上消费群紧密结合，网上虚拟消费拉动网下真实消费。例如，在各大高校设立促销点，举办校园“冰糖+雪梨甜蜜爱情使者”选举活动，参赛者可以是情侣，也可是普通朋友，为双方提供爱情小游戏，过关者可获得礼品，最小礼品为“康师傅冰糖雪梨”两瓶，最大奖即“爱情使者”获得者可得到精美浪漫的爱情花篮及“康师傅冰糖雪梨”两瓶。同时，参赛可提供双方浪漫爱情照片，由工作人员制作精美浪漫的网络爱情专属相册，附加自己的爱情经历、生活中的小感动，上传至网络，与大家分享浪漫爱情故事，体验网络与真实一体化的浪漫感受。促销点提供可上网笔记本一台，用户可当时根据自己在QQ空间中所得的积分，当场获得实物礼品的赠送。并可当时拍照，上传到空间，与好友分享。没有参与网上活动的用户，只要当场购买饮料，均可免费获得积分以及空间小挂件，让用户真正体验自己是真实的参与者，调动积极性，提高对产品的喜爱和忠实度。各大超市卖场，设立促销专柜，参与者均有小礼品赠送。同时，在专柜前拍照留影，上传至空间，可获得积分与康师傅精美爱情小挂件。

活动预算包括QQ空间广告费200万元、免费赠送饮料与小礼品45万元和电脑使用费用支出50万元。康师傅公司通过此次网络营销策划取得了很好的效果，扩大了产品知名度，树立了品牌信誉，促进了产品消费。

任务实施

1. 上网搜索企业网络营销策划成功的案例进行学习。
2. 选择一个成功案例分析其网络营销策划的作用和内容。

任务二 网络营销策划的步骤

任务概要

网络营销策划的目标是制订一个网络营销计划来指导网络营销的顺利开展并获得成功。策划之前就得做全面的市场分析，竞争对手分析，并确立企业产品的宣传优势，结合好的创意，这样的策划才能取得好的效果。网络营销策划最重要的一步是制订网络营销计划，按策划步骤制订完善的网络营销计划是决定企业能否有效开展网络营销的关键一步。

任务知识

一般营销策划包括六个步骤：情景分析、目标、战略、战术、预算和控制。网络营销时代的营销方法不断地创新，网络营销策划对电子商务企业的作用非常大，网络营销策划的步骤有以下四步。

一、明确网络营销目标

策划是为了实现营销目标的计划，其目的性是非常强的，明确目标是第一步。面对复杂的问题进行深入透彻的分析，找出问题的关键点，从未明确营销目标和方向，做到有的放矢，并且按照这个目标去设计出具体明确的行动方案，从而帮助企业做好网络营销工作。

例如，明确企业产品定位是最重要的。产品定位是指企业对用什么样的产品来满足目标消费者或目标消费市场的需求，这有别于市场定位，市场定位是指企业对目标消费者或者目标消费市场的选择，从理论上来讲，我们应该先进行市场定位，然后再进行产品定位。产品定位的内容包括产品的功能属性定位、产品的产品线定位、产品的外观及包装定位、产品的卖点定位、产品基本的营销策略定位、产品的品牌属性定位等。

二、进行信息收集和分析

网络信息是策划的基础，没有信息就不能策划。通过网络收集高质量、有价值的信息，并进行分析整理统计是网络营销策划成功的依据。信息的质量决定了策划方案的可行性和正确性，信息的反馈能及时地修正策划的目标和方案。因此策划过程中必须把信息情报放在首要位置，做好信息收集、分析和反馈的工作。

对收集的信息进行分析主要包括市场环境分析、消费者心理分析、产品优势分析、营销方式选择分析等方面。对市场环境进行分析可以了解产品的潜在市场和销售量，以及竞争对手的产品信息。只有掌握了市场需求，才能做到有的放矢，减少失误，从而将风险降到最低。对消费者心理分析进行可以了解消费者的购买原因和目的，以消费者为导向，根据消费者的需求来制定产品，并对消费能力、消费环境进行分析，从而制定出针对性的营销创意。产品优势分析则包括品牌分析和竞争分析，充分了解自身产品和竞争对手产品各自的优势和劣势，让消费者了解到产品的优势，进而产生购买欲望。营销方式和平台的选择既要考虑企业的自身情况和战略，也要兼顾目标群体的喜好来进行。

三、制订推出网络营销策划方案

制定推出网络营销策划方案是网络营销策划的重要步骤，策划方案编写完成后要提交给上级主管或委托客户，并向他们讲解、演示和推介策划方案，然后由其审议通过。网站策划方案的创新性是方案是否行之有效的关键。策划方案的主要内容包括公司的主要政策、销售目标、推广计划、市场调研计划、销售管理计划、损益预估。

公司的主要政策包括确定目标市场与产品定位、制定价格政策、确定销售方式、广告表现与广告预算、促销活动的重点与原则、公关活动的重点与原则。销售目标是指公司的各种产品在一定期间内（通常为一年）必须实现的营业目标。推广计划包括目标、策略、细部计划等三大部分，企划者拟订推广计划的目的是要协助实现销售目标。市场调研计划在营销策划中是非常重要的内容，因为从市场调查所获得的市场资料与情报，是拟订营销企划案的重要依据。销售管理计划包括销售主管和职员、销售计划、推销员的挑选与训练、激励推销员、推销员的薪酬制度（工资与奖金）等。损益预估就是要在事前预估该产品的税前利润。只要把该产品的预期销售总额减去销售成本、营销费用（经销费用加管理费用）、推广费用后，即可获得该产品的税前利润。

四、网络营销策划方案的实施和效果测评

好的方案推出后一定要贯彻到位，网络营销方案一经确定就要全面实施，不得任意更改。当然，任何方案在实施过程中都可能出现与现实情况不适应的根据，必须不断地向决策者进行反馈，并根据情况对方案不足之处进行调整，做好相应的预案。在方案实施后，运用特定的标准及方法对其效果进行检测和评估，适时充实策划方案或调整策略可以使网络营销策划活动不断完善，达到最佳效果。

网络营销效果测评一般使用网站流量信息分析方法，评估指标主要有以下十几项。

1．访问量与综合浏览指标

访问量是指一段时间内网站被访问的总人次，这是网站流量最重要的指标之一，它体现了网站推广的总体效果。

2．综合浏览量

综合浏览量是指网站各网页被浏览的总次数通过综合浏览量可以初步评估网站网页设计指标的高低。同时，综合浏览量也是目前判断网站访问量最常用的计算方式，也是反映一个网站受欢迎程度的重要指标之一。

3．平均访问浏览量

平均访问浏览量就是指一天之内，每个访客平均浏览的页数，平均访问量越大，那么有效的流量就越多。

4．绝对唯一访问者数

绝对唯一访问者数是指在某段时间内访问网站的实际人数，这个数字通常低于访问数，因为有些人会多次访问同一个网站，虽然访问数被计算为两次或者多次，但只计算为一个绝对唯一访问者。

5．营销摘要

营销摘要是记录网络营销效率是提高了还是降低了。

6．内容摘要

我们可以通过内容摘要查看到访问者曾经访问过哪些页面，他们比较关注哪些内容，还可以查看到访问者进入网站的次数、退出网站的次数以及访问次数等。

7．访问者忠诚度

访问者忠诚度是考察和跟踪访问者是否属于忠诚用户的关键指标。一般情况下，同一访问者的访问次数越高，忠诚度也就越高，相反，如果只有一次的访问，那么就属于没有忠诚度的访问者。

8．访问者新近度

访问者新近度就是统计在指定时间段内访问者上次访问网站的时间。

9．访问时长

访问时长指的是用户访问网站时逗留的时间，一般情况下，访问的时间越长，那么该用户的单击量也就越真实，还可以通过访问时长来对网站的内容进行评估。

10．用户地理位置

用户地理位置指的是利用网站流量分析软件，根据用户访问时的 IP 地址判断出用户的所在地的地理位置，这样就可以知道这些用户都是来自于哪些地方。

11．广告系列转换

通过广告系列转换可以帮助网站主分析出哪些广告系列可以带来高质量的单击量。

12．媒介转换

通过媒介转换可以了解哪些类型的网络营销活动带来的单击最多，以此来确定各媒介直接的访问量、每次访问综合浏览量、转化率和平均访问价值。

13．广告系列投资回报率

通过广告系列投资回报率可以了解哪些广告系列可以以最低的费用获得最大的收益，可以方便网站主选择哪种广告系列进行投放最为有效。

14．所有每次单击费用分析

通过所有每次单击费用分析可以得知每次单击费用计划和关键词带来的最优化的单击量。

15．关键词排名

关键词排名是用来解决关键词广告会展示在搜索引擎页面的什么位置。这项的内容包括访问的次数、平均每次访问的综合浏览量、平均每次访问带来的交易数等内容。

16．最热门着陆页面

最热门着陆页面指的是用户来网站的时候第一个访问的是哪个页面。

17．所有导航

所有导航是用来帮助解决和分析访问者是如何到达网站的每一页，之后他们又去了哪里，选择了哪一页，通过对每一个“单击自”和“单击到”进行计算从而得出显示单击的次数以及转化率和平均分值。

18．最常访问内容

通过最常访问内容可以帮助解决企业网站的哪些页面是最热门的，这些网页对用户有多大的吸引力以及它对网站有多少价值等问题。

任务实施

1．上网搜索一个网络营销策划成功的案例，分析其策划步骤。

2．若想在学校周围开一家饮食店，请你思考网络营销策划方案并写出步骤。

任务概要

企业开展有效的网络营销活动要按照网络营销策划书来执行，撰写一份优秀的营销策划书要遵循内容完整、结构清晰、可操作性强、创意新颖等原则。掌握规范的网络营销策划书的撰写是一个网络营销策划人必备的能力。

任务知识

网络营销策划书的撰写是有效执行网络营销策划活动的关键一步。策划书的撰写要按步骤进行，并有完整的网络营销策划书的结构和内容。

一、网络营销策划书撰写步骤

网络营销策划书撰写的步骤主要有以下四步。

1．确定网络营销策划书的框架

在书写策划书之前，先用因果关系图（也称树状图）将有关概念和框架汇集于一张纸上，以描述策划整体构想，其目的在于将核心问题、内外环境因素以及解决问题的思路清晰地展示出来。

2．整理分类资料

在汇集资料时，应先对资料加以整理、分类，再按照营销策划书的框架顺序一一列入，绝对不允许将无关紧要的资料硬塞进策划书中。在进行资料整理前要进行充分的市场调研，把握好市场最新消息，并做到资料的属实性，那样更具说服力。

3．设计版面

确定版面的大小，每页标题的位置，在版面中的哪个位置放置文本，哪个位置安放图片等。目录的设计排列不应该一成不变，防止刻板老套。多运用图表、图片、插图、曲线图以及统计图表等，并辅之以文字说明，增加可读性。版面设计尽量做到形象具体，也要有所创新，有自己的特色。在标题前加上统一的识别符号或图案来作为策划内容的视觉识别，自行设计的文字符号将会产生意想不到的效果，应该适当加以应用。标题可以分为主标题、副标题、标题解说等，通过这种简练的文字，使策划书的内容与层次一目了然。

4．书写

前言的撰写最好采用概括力强的方法，如采用流程图或系统图等；在书写之前，先在一张图纸上反映出计划的全貌；巧妙利用各种图表；策划书的体系要井然有序，局部也可以用比较轻松的方式来表述；在策划书的各部分之间要做到承上启下；要注意版面的吸引力。

二、网络营销策划书的结构

网络营销策划书的结构主要包括以下部分。

1．封面

呈报对象、策划名称（策划主题和副标题）、策划者姓名及简介（小组名称、成员名称：单位、职称和姓名）、策划制作完成日期、策划适用的时间段、编号及总页数等。

2．目录

涵盖了全书的主体内容和要点，读过后应能使人对策划的全貌、策划人的思路、策划书的整体结构有一个大体的了解，并且为使用者查找相关内容提供方便。

3．策划摘要（前言）

对策划的项目进行概要说明，包括策划的目的、意义，创意形成的过程，相关策划的介绍，以及策划书包括的内容等。

4．策划内容的详细说明

策划书内容的正文部分，说明策划的背景、动机、环境分析、市场分析、战略目标、网络营销整合策略等，表现形式可以为文字、照片、图片、统计图或表格等。

5. 策划实施时的步骤说明

实施营销策划要将各项营销策划转化为具体的活动程序和步骤。比如实施开始和完成的时间、需要配备的人员和资源、实施怎样的奖惩制度、如何进行网络营销的效果跟踪和评价等。

6. 财务分析

对策划方案各项费用的预算，包括总费用、阶段费用、项目费用等，其原则是以较少的投入获得最优效果。

7. 结束语

与前言呼应，使策划书有一个圆满的结束，主要是再重复一下主要观点并突出要点。

8. 附录

附录是策划书的附件，附录的内容对策划书起着补充说明作用，便于策划书的实施者了解有关问题的来源，为营销策划提供有力的依据。

另外，如果有第二、第三备选方案时要列出其概要，如果实施中有注意的事项要说明。以上内容根据企业策划方案的实际情况可做删减。

三、网络营销策划书的主要内容

1. 企业网络营销策划的目的

策划书首先要说明企业进行网络营销策划的目的，可以根据企业实际情况选择销售型、服务型、品牌型、提升型或混合型之一。

2. 企业背景状况分析

企业背景状况分析包括：企业发展的历史和现状分析、企业面临的国内外环境分析、企业品牌的状况分析、企业竞争对手和合作伙伴分析、市场调查与分析等。

3. 企业网络营销环境分析

对当前市场状况及市场前景的分析，包括产品的市场性、现实市场及潜在市场状况；市场成长状况；对于不同市场阶段上的产品公司营销侧重点如何；相应营销策略效果怎样；需求变化对产品市场的影响；消费者的接受性等。

对产品市场影响因素进行分析，主要是对影响产品的不可控因素进行分析，如宏观环境、政治环境、居民经济条件、消费者收入水平、消费结构的变化、消费心理等。对一些受科技发展影响较大的产品如计算机、家用电器等，在其营销策划中还需要考虑技术发展趋势方向的影响。

4. 市场机会与问题分析

营销方案是对市场机会的把握和策略的运用，因此分析市场机会，就成了营销策划的关键。

（1）针对产品营销现状进行问题分析。营销中存在的具体问题有：企业知名度不高，形象不佳影响产品销售；产品质量不过关，功能不全，被消费者冷落；产品包装太差，提不起消费者的购买兴趣；产品价格定位不当；销售渠道不畅，或渠道选择有误，使销售受阻；促销方式不当，消费者不了解企业产品；服务质量太差，令消费者不满；售后保证缺乏，消费者购后顾虑多等。

（2）针对产品特点分析优势和劣势。从问题中找劣势予以克服，从优势中找机会，发掘其市场潜力。分析各目标市场或消费群特点进行市场细分，对不同的消费需求尽量予以满足，抓住主要消费群作为营销重点，找出与竞争对手的差距，把握利用好市场机会。

5. 营销目标

营销目标是企业所要实现的具体目标，即营销策划方案执行期间，企业经济效益要达到的具体目标，可以是销售量、销售额、利润或市场占有率等指标。

6. 营销战略（具体行销方案）

营销战略是指营销活动的具体方案，这是策划书的核心部分，包含的内容有：

（1）营销宗旨。以强有力的广告宣传攻势顺利拓展市场，为产品准确定位，突出产品特色，采取差异化营销策略；以产品主要消费群体为产品的营销重点；建立起点广面宽的销售渠道，不断拓宽销售区域等。

（2）产品策略。通过前面的产品市场机会与问题分析，提出合理的产品策略建议，形成有效的4P组合，达到最佳效果。通过产品市场定位在顾客心目中寻找一个空位，使产品迅速启动市场；产品质量功能方案是企业对产品应有完善的质量保证体系；产品品牌要形成一定知名度、美誉度，树立消费者心目中的知名品牌，必须有强烈的创牌意识；产品包装作为产品给消费者的第一印象，需要实行能迎合消费者并使其满意的包装策略；策划中要注意产品服务方式、服务质量的改善和提高。

（3）价格策略。借助网络销售优势降低产品定价；以成本为基础，以同类产品价格为参考，使产品价格更具竞争力。若企业以产品价格为营销优势，则更应注重价格策略的制订。

（4）销售渠道。产品销售渠道状况，对销售渠道的拓展有何计划，采取一些实惠政策鼓励网络中间商、代理商的销售积极性或制定适当的奖励政策。

（5）广告宣传。通过企业网站推广宣传，树立产品形象，同时注重树立公司形象；在一定时段在网上推出一致的网络广告宣传；不定期地配合阶段性的促销活动，把握时机，及时、灵活地进行，如在重大节假日、公司有纪念意义的活动时适时推出促销广告等；把握时机进行公关活动，接触消费者；积极利用各种网络新闻媒介，善于创造利用新闻事件提高企业产品知名度。

（6）具体行动方案。根据策划期内各时间段特点，推出各项具体行动方案。行动方案要细致、周密，操作性强又不乏灵活性。还要考虑费用支出，一切量力而行，尽量把握好以较低费用取得良好效果的原则。尤其应该注意季节性产品淡、旺季营销侧重点，抓住旺季营销优势。

7. 策划方案各项费用预算

策划方案各项费用预算是整个营销方案推进过程中的费用投入，包括营销过程中的总费用、阶段费用、项目费用等，其原则是以较少投入获得最优效果。企业可根据自身情况，凭借经验，具体分析制定。

8. 方案调整

方案调整是作为策划方案的补充部分。在方案执行中都可能出现与现实情况不相适应的地方，因此方案贯彻必须随时根据市场的反馈及时对方案进行调整以达到最佳效果。

根据企业的不同情况网络营销策划书的撰写内容会不同。例如，云南白药网站推广策划中侧重网络广告策划，其策划书内容如下。

知识链接

云南白药网络广告策划书

一、背景

云南白药集团前身为成立于 1971 年 6 月的云南白药厂，经过不断发展，云南白药集团公司成为云南大型工商医药企业，成为中国中成药企业五十强之一。20 世纪中成药中最神秘的莫过于云南白药，发明人曲折而坎坷的经历以及药物本身神奇的疗效，一直是人们津津乐道的话题。云南白药通过不断地创新、发展，取得了很多成就，2002 年，云南白药荣获“中国驰名商标”称号，百年老字号再次让世人瞩目。在天然药物逐渐成为世界潮流的今天，我们欣喜地看到，云南白药这个百年品牌与时俱进，不断焕发出新的生机与活力。

二、广告目标

云南白药作为中国百年老字号品牌，却极少受到年青一代的关注，用云南白药的都是 30 岁以上的人，而 30 岁以下的人很少使用，这部分本应作为云南白药主要消费者的群体没有抓住，这对于云南白药以后的发展，有很大影响。如何去吸引这部分群体认识云南白药、关注云南白药、选择云南白药是十分重要的，因此本次广告旨在吸引 30 岁以下群体，通过本次对云南白药品牌文化的广告宣传，在目标全体中树立深刻的品牌形象，通过其特有的神秘感，吸引更多的人关注云南白药。

三、广告信息决策

在互联网高速发展的 21 世纪，网络信息传播的广度和深度都是其他传统媒体无法比拟的，作为网民中居多的中青年，传统媒体已不再是他们获取信息的主要方式，他们在浏览网页、观看视频、玩游戏时都能广泛接触网络广告，因此投放网络广告，对于吸引目标群体十分重要，且效果必定明显。同时，随着网络的快速发展，消费者的购买习惯也在悄然发生改变，如从原来的看到实物后购买到现在的先在互联网上查询后购买，这正是购买决策方式改变的体现，也是购买决策前移的体现。这也就要求企业采取适应消费者购买习惯的决策，而网络广告正是解决网络购买前移的有效解决方式。

四、网络广告媒体资源选择

（1）乐视 TV、爱奇艺、优酷、土豆等网站，这一类网站属于娱乐、交流性网站，且各具特色，吸引了很多年轻人的光柱，其用户基数可观，适于投放网络广告。

（2）在企业的官方网站、博客、微博、空间中，详细具体地介绍企业文化和企业的产品服务，全面具体细致地解决用户的疑问，帮助用户选择适合自己的产品，多与用户交流。

（3）在新浪、搜狐等综合门户网站的焦点板块播报云南白药的宣传广告，传播企业文化，让更多的人了解白药、透过其本身的神秘而看到白药的神奇药效，关注其越来越多的新产品。

五、确定网络广告预算

此次广告投放主要目的是互联网宣传，主要阵地是综合门户网站、视频类网站，即在这些网站上播放视频、展示图片以及软文编写等，所以广告预算占份额最大的是各网站的广

告投放费用，其次是与各家网络媒体合作的公关费用，然后是视频等有声媒体的制作成本。

六、网络广告实施

（1）在乐视TV、爱奇艺、优酷、土豆等网站播放视频贴片广告，尤其是体育类视频。

（2）在企业的官方网站、博客、微博、空间的信息发布，广告活动信息的播放，特别是企业的社会公益活动新闻报道，企业文化信息的传播，采用图片加文字以及视频等方式，具体形象地向消费者介绍白药产品，通过丰富的事例、图片、视频向消费者宣传白药文化。

（3）积极在新浪、搜狐等知名综合性门户型网站做市场推广，让消费者通过视频、图片等媒介了解公司文化和公司的产品，宣传企业品牌、拓展市场。

（4）邀请体育明星并让其根据自己的使用体验，向消费者宣传云南白药的神奇效果，让白药形象深入人心。

七、网络效果监测和评价

（1）通过云南白药的文字及视频广告的单击量和其官方网站的网页浏览量，来推测此次网络广告的投放效果，具体采用相关技术统计出CPM （Cost Per Thousand;Cost Per Impressions）、CPC（Cost Per Click;Cost Per Thousand Click-Through） 、CPA （Cost Per Action）三个参考指标来估算网络广告的投放价值。

（2）网络广告计划的实施不仅能够有效地帮助企业宣传品牌形象，吸引年轻人的关注，而且能够提高消费者对云南白药的认知度和美誉度，培养品牌忠诚度和潜在消费群。

任务实施

1．试拟订一企业网站推广策划书，并设计一企业网站架构。

2．选取某一企业或品牌，撰写其网络营销策划书的营销战略。

知识框架图

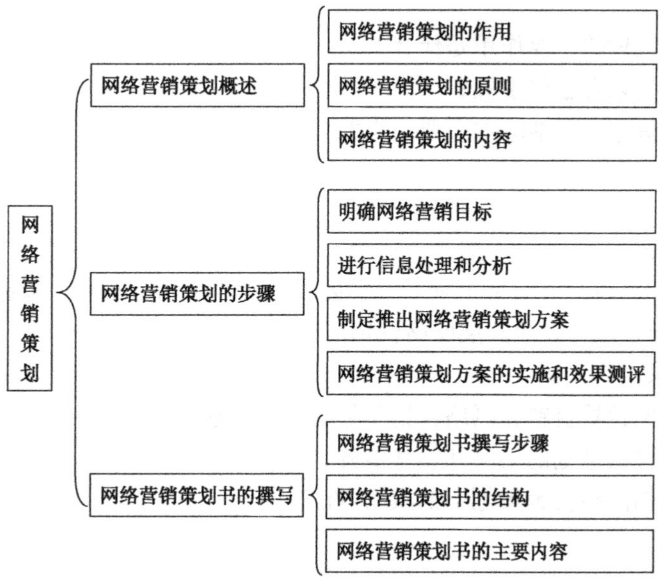

综合训练

基础训练

一、单选题

1．开展网络营销目标实现情况的评估，并进行有用信息反馈的环节是（　　）。

A．战略规划　　B．战略控制与反馈

C．战略执行　　D．战略制定

2．有些服装商制造商为“朴素的妇女”、“时髦的妇女”和“有男子气的妇女”分别设计不同样式的服装，其市场细分依据是（　　）。

A．心理细分　　B．人口细分

C．收益细分　　D．地理细分

3．网络市场中买卖双方签订合同是在（　　）阶段。

A．售后维修　　B．查询信息

C．交易中　　D．交易后

4．以下为网络营销战略内部影响因素的是（　　）。

A．公司目标　　B．新兴的市场机会

C．竞争者的战略　　D．市场结构与需求

5．以满足消费者需要的价值为取向，确定企业统一的促销策略，协调使用各种不同的传播手段，发挥不同传播工具的优势，从而使企业的促销直接实现低成本策略化与高清冲击力，形成促销高潮，这一营销方式称作（　　）。

A．搜索引擎营销　　B．博客营销

C．电子邮件营销　　D．整合营销

二、简答题

1．网络营销策划的主要作用是什么？

2．网络营销策划有哪些步骤？

3．网络营销策划书包括哪些主要内容？

技能训练

一、实训目的

通过为某企业撰写网络营销策划书，学会网络营销策划的基本步骤和网络营销策划书的撰写方法，指导企业有效地开展网络营销活动。

二、实训要求

1．了解企业的背景资料和网络营销策划的具体需求。

2．掌握网络营销策划的主题和具体步骤。

3．学会规范的网络营销策划书的撰写方法。

三、实训内容

1．上网查找分析与企业相关的资料，确定主题。

2．分小组确定企业网络营销策划的步骤。

3．撰写一份网络营销策划书。

四、实训步骤

1．准备工作

小组讨论后确定企业网络营销策划的具体需求，并收集、分析、整理相关信息和资料。

2．确定网络营销策划的步骤

根据企业网络营销策划的具体需求，确定策划的主题和具体步骤。

3．撰写网络营销策划书

根据策划的具体步骤，撰写网络营销策划书并说明实施方法。

五、实训考核

1．每个小组撰写一份网络营销策划书。

2．小组成员填写技能实训考核表（附表如下），自评和互评，并进行班级交流。

技能实训考核表

项目名称：网络营销策划

<table>
<tr><th rowspan="2">评估指标</th><th rowspan="2">评估标准</th><th colspan="2">分项成绩</th></tr>
<tr><th>个 人</th><th>小 组</th></tr>
<tr><td>网络营销策划的主题和步骤（30%）</td><td>1）网络营销策划的主题
2）网络营销策划的步骤</td><td></td><td></td></tr>
<tr><td>“网络营销策划书”质量（50%）</td><td>1）策划书的格式是否规范，内容是否完整
2）策划书的条理性和可操作性</td><td></td><td></td></tr>
<tr><td>班级交流（20%）</td><td>1）现场发言准备是否充分
2）方案阐述是否清晰流利
3）小组成员的合作质量</td><td></td><td></td></tr>
<tr><td colspan="2">自评总成绩</td><td colspan="2"></td></tr>
<tr><td>小组评语</td><td colspan="3">签名：
年 月 日</td></tr>
<tr><td>教师评分</td><td colspan="3">签名：
年 月 日</td></tr>
</table>

项目五 网络营销组合策略

学习目标

知识目标

- 了解网络营销产品、网络品牌的概念
- 了解网络营销定价的特点和目标
- 了解网络营销渠道的特点与功能
- 了解网络营销促销的特点与实施程序

技能目标

- 掌握网络营销产品策略
- 掌握网络营销定价策略
- 掌握网络营销直接销售渠道、间接销售渠道及网络营销渠道的整合策略
- 掌握网络营销促销策略

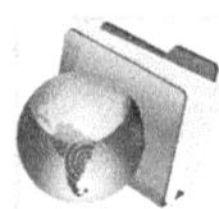

案例导读

当当网是目前最大的中文网上图书音像商场，每天为成千上万的消费者提供方便、快捷的服务，并为之带来极大的优惠。当当书店的商业活动主要表现在网络营销上。它工作的中心就是利用互联网吸引消费者购买它的商品。下面以当当网网上书店为例对其网络营销策略进行简单的分析。

1. 产品策略

人们上网购书，就是为了方便快捷，而当当网网上书店繁多的商品，一站式的服务，不仅满足了读者的购书需求，同时还可以顺便买一些不愿出门逛街买的数码用品、家居用品和化妆品。另外当当网网上书店还与很多出版社有良好的合作，成为很多新书的首发网站，这也在很大程度上吸引了读者。

2. 价格策略

当当网上书城的使命是坚持“更多选择、更多低价”,它标榜的是全网最低价，从这里我们可以看出，当当网网上书店打出的价格策略最明显的是薄利多销。当当网上商品的平均售价一直是地面店的 7.5 折左右，并且首创了“智能比价”系统，这个系统通过互联网每天实时查询所有网上销售的图书音像商品信息，一旦发现其他网站商品价格比当当网的价格还低，将自动调低当当网同类商品的价格，保持与竞争对手的价格优势。通过网上的比价网站比较发现，虽然在定价上，淘宝和蔚蓝网上书店的标价比当当网网上书店低，但是蔚蓝网上书店的图书是满一定金额才免运费，而淘宝网一般都是要加运费的，所以这样算来，加上运费，当当的价格明显就比较低了。

3. 渠道策略

当当网网上书店的营销主要是通过简化销售渠道、降低销售成本，最终达到减少管理费用的目的。对顾客而言必须方便购买，使顾客减少购物的时间、精力和体力上的支出与消耗。对企业而言达到实现简化销售渠道，降低销售成本、减少管理费用的目的。当当网网上书店在全国很多城市都有自己的仓库，在全国 192 个城市里，大量本地的快递公司为当当网的顾客提供“送货上门，当面收款”的服务，对上网购书的顾客提供了多种快速和方便的途径，吸引了很多顾客。

4. 促销策略

（1）广告营销：当当网在很多网站上发放广告，每次打开网页，经常可以看到当当网网上书店的标志以及它的打折或者优惠信息，这使当当网网上书店被更多的人所熟知，从而成为一个知名的品牌网站。

（2）E-mail 营销：每次节日，当当网网上书店都会打折或者推出一些优惠促销、送优惠券、返利等活动，它就会通过 E-mail 的方式将信息发给读者，除此之外，当当网还根据读者的购买记录给读者推荐可能会喜欢的书目，或者有新书首发，读者收藏的图书降价等信息，都会以 E-mail 的形式告知读者。

（3）手机营销，当当网网上书店通过读者注册或买书时留下的联系方式，每当当当网网上书店有优惠促销活动、优惠券或者新书首发，都会发短信通知。

（4）网络会员制营销：目前很多网站都实行会员制来吸引和挽留浏览者，当当网也不例外，虽然不像有的网站非会员不能进入，当当网网上书店非会员可以浏览商品，但是要购买商品必须要注册会员。

（5）实行类似手机购买赠话费的方法来进行促销，这样一方面可以增加读者手机买书的积极性，同时还为手机当当网做宣传。

（6）免费发放网上购物优惠券和不间断的打折优惠，尤其是节日期间，打折和一些优惠措施会更多。

（7）开设社区讨论的板块，通过读者与读者之间的交流对话，来进行图书的促销和引导。

（案例来源：百度文库，当当网网上书店网络营销策略，有删改）

案例思考：当当网的网络营销产品策略、价格策略、渠道策略、促销策略分别是什么？

任务一 网络营销产品策略

任务概要

产品是市场营销活动的轴心，也是市场营销组合中的首要因素。企业的营销活动是以产品为基础展开的，网络营销作为现代市场营销体系的有机组成部分，离开产品也就无从谈起。

任务知识

一、网络营销产品概述

1. 网络营销产品的概念

市场营销研究的产品是一个整体的概念，由核心产品、形式产品、延伸产品三个层次构成，是传统市场营销的产品概念在互联网环境下的延伸。在网络营销中，产品的整体概念可分为五个层次，如图 5-1 所示。

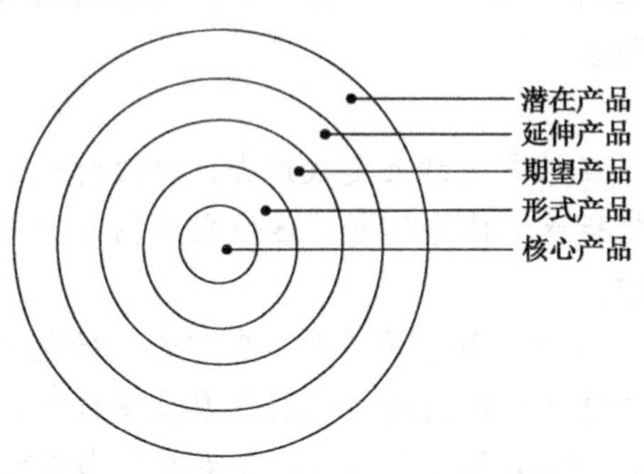

图 5-1　网络营销产品整体概念示意图

（1）核心产品。核心产品是指整体产品提供给顾客的实际利益和效用，是满足顾客需求的基本所在。顾客购买产品的目的是为满足其未被满足的需求，通过产品或服务的消费获得实际利益和效用。因此，顾客购买的并不是产品的本身，而是产品所带来的利益和效用，产品只是传递核心利益的载体。

（2）形式产品。形式产品是指产品在市场上出现时所呈现的实体外形，包括产品的造型、包装、品质、特色、品牌商标等。形式产品是核心产品的表现形式，核心产品借助形式产品展现给顾客。随着社会经济的发展，顾客对形式产品的需求也在不断变化。包装精美、造型时尚的产品越来越受到顾客的欢迎。

（3）期望产品。期望产品是指在网络目标市场上，消费者希望得到的、除核心利益之外的、能满足自己个性化需求的利益总称。顾客在购买产品之前，对所购产品的质量、款式、功能等已经有所预期，从而形成顾客的期望产品。在网络营销中，营销主体应借助网络信息系统，根据顾客对产品的不同需求，设计出满足顾客个性化需求的产品或服务，从而满足甚至超越顾客对产品的期望。

（4）延伸产品。延伸产品是指提供给顾客的、与产品消费有关的一系列附加利益，包括产品的储运、安装、维修服务和保证等。延伸产品虽然不会增加产品的核心利益，却有助于产品核心利益的实现，促进产品的销售。延伸产品是网络营销产品的重要组成部分，为顾客提供满意的售后服务和保证是提高营销效果的重要手段。

（5）潜在产品。潜在产品是指由企业提供的、延伸产品之外的、能满足顾客潜在需求的产品层次，主要指产品的超值利益。与延伸产品不同，潜在产品的存在与否并不影响产品的核心利益和效用的实现。目前，许多产品的潜在利益和需求还没有被顾客认识和发现，需要企业的积极引导和支持。

2. 网络营销产品的分类

在网络营销中，按照产品所呈现的形态不同，网络营销产品可以分为两大类，即实体产品和虚体产品，如表5-1所示。

表5-1　网络营销产品类型

产品形态	产品种类	产品品种
实体产品	普通产品	一般为有形产品，如电脑、服装、家电等
虚体产品	数字化产品	主要包括系统软件、应用软件、电子游戏视听产品、电子书籍、新闻信息等
	服务	普通服务，如远程医疗、法律救助、航空订票、入场券预定、饭店旅游服务预约、网络交友等
		信息咨询服务，如市场调查、投资咨询、法律咨询、医药咨询、金融咨询、资料库检索等
		网络营销服务，如网站建设、维护和推广服务、网上搜索引擎、电子信箱和网上商店平台等

（1）实体产品。实体产品是指以一定的实物形态呈现出来、有具体物理形状的物质产品。在网络上购买实体产品的过程与传统的购物方式有所不同，没有传统的面对面的买卖方式，网络上的交互式交流成为买卖双方交流的主要形式。消费者或客户通过卖方的主页考察其产品，通过填写表格表达自己对品种、质量、价格、数量的选择；而卖方则将面对面的交货改为邮寄产品或送货上门。最近几年，互联网上出现了越来越多的实体产品销售成功的实例，甚至一些以线下销售为主的商家也纷纷考虑线上销售实体产品，开拓网络销售渠道。

（2）虚体产品。虚体产品的功效和核心利益通过满足顾客的心理需求得到体现。网络营销的虚体产品可以分为两大类：数字化产品和服务。数字化产品主要包括系统软件、应用软件、电子游戏、视听产品、电子书籍、新闻信息等。服务则分为普通服务、信息咨询服务及网络营销服务三大类。

3. 影响网络营销产品选择的因素

由于网络的虚拟性，顾客在网上无法直接接触和感受产品，限制了产品的网上营销，影响网络营销产品选择的因素主要包括以下几个方面。

（1）产品形式。通过互联网可以销售各种形式的产品，但最适合网络营销的产品大多属于数字化、信息化的产品，如音像制品和电脑软件等。这类产品可以直接通过网络进行传输，采用试用等方式吸引消费者，试用后就可以决定是否购买。

（2）产品式样。产品式样是影响消费者选择的重要因素。适合网络营销的产品式样应能够根据顾客的需求特点进行个性化设计，用以满足顾客的个性化需求。例如，信息是许多网络服务公司的核心产品，这些公司将客户指定的、具有不同属性和特色的信息设计到他们提供的产品中去，客户可以决定自己需要哪些信息以及如何收到这些信息。

（3）产品品牌。网络营销产品的品牌不仅包括生产商的产品品牌，还包括网络经营商的品牌。网上购物活动中的实体产品销售不能支持购物体验，网络消费者只能通过认牌购物，来降低购买风险。

（4）产品质量。一般在购买前消费者就可以确定或评价其质量的产品更适合在网上销售，这类产品的标准化很高，如书籍、电脑、数码产品等，顾客可以通过网上收集信息就能确定和评价产品的质量，但衣服、首饰则需要反复试穿、试用才决定购买。

（5）目标市场。企业根据用户特点和自身情况选择目标市场。尽管互联网可以覆盖全球，但企业应谨慎利用网络营销全球性的特点，不要忽视企业自身营销的区域范围，当有远距离消费者订货时，应避免出现无法配送或配送时物流费用过高的情况。

（6）产品定价。网上用户一般都期望网上产品价格低廉。通过网络进行销售的成本若低于其他渠道，企业应采用低价策略，以吸引和稳定顾客。

二、网络营销的产品策略

产品市场生命周期是指产品从研制成功投入市场开始，经过成长、成熟阶段，最终到衰退、被淘汰为止所延续的全部时间（全过程）。产品市场生命周期是一个非常重要的概念，是企业制定市场营销策略的基础。在网络营销环境下，由于能在网上及时了解消费者的意见，从产品一问世，企业就知道了应改进和提高的方向。于是，当老产品还处在成熟期时企业就开始了下一代系列产品的研制，使产品永远朝气蓬勃，保持旺盛的生命力。不断开发新市场、新产品是现代企业竞争的焦点与核心。

在网络营销环境下，开发环境和操作技术都发生了很大变化，产品市场生命周期大为缩短。一个典型的产品生命周期一般分为四个阶段，即导入期、成长期、成熟期与衰退期。在产品进入市场之前，一般还有一个产品开发期，如图 5-2 所示。

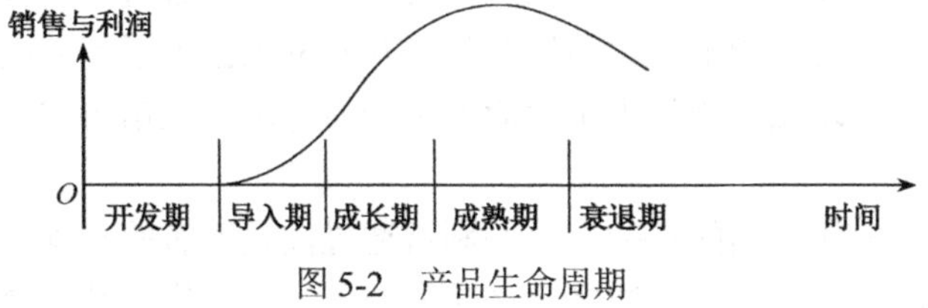

图 5-2　产品生命周期

1. 导入期的网络营销产品策略

处于导入期的产品销量小且销售增长缓慢，利润低甚至亏损。在该阶段，顾客对新产品比较陌生，多数顾客对新产品持观望态度，只有极少数猎奇者才会购买。

导入期的营销策略重点是提高新产品的知名度和产品质量。具体策略包括：控制投资规模，保证新产品的质量，待销量有明显增加时才逐步扩大投资；广告宣传的重点是让顾客了解新产品的存在、新产品的核心利益和功效，努力让顾客产生兴趣并试用新产品；考虑网络营销产品的特点，产品的定价应采用低价或免费策略；产品的上市范围要根据企业物流体系和潜在市场对新产品的需求程度来确定；虚体产品可全面铺开，推向整体市场，而实体产品应优先考虑在区域市场推出，然后逐步扩大市场范围。新产品存在夭折的风险，不一定都能走完所有的生命周期阶段。

2. 成长期的网络营销产品策略

经过导入期的营销努力，新产品逐渐为顾客所接受，产品进入成长期。在该阶段，产品销售量迅速上升，销售增长率达到最高；市场规模的扩大导致竞争者不断加入，市场竞争日渐加剧。

成长期的营销策略重点是创造名牌产品，提高产品偏爱度。具体策略包括：提高产品的质量，赋予产品更多的差异化内容，使整体产品优于同类产品；进入新的细分市场，拓

展物流渠道和范围，扩大产品销售；突出品牌形象宣传，树立良好的品牌形象，提高品牌的知名度，促使潜在顾客认牌购买；根据竞争的需要和形势变化，降低产品价格，争夺低收入、对价格敏感的潜在顾客；着手为顾客提供整体解决方案和产品升级，提高顾客的忠诚度。

3．成熟期的网络营销产品策略

随着市场日趋饱和，产品销售增长逐渐放慢，产品进入成熟期。成熟期产品的销售额达到整个产品生命周期的最高峰，市场处于饱和状态；成熟期产品利润最高，对企业贡献最大；成熟期存在行业内生产能力过剩的威胁，市场竞争进一步加剧；成熟期产品的替代新产品开始出现，产品升级成为竞争的重要手段。

成熟期产品的营销管理对企业来讲最为重要，营销策略主要包括三个方面：一是改进市场策略，即在使用者的人数和使用量上采取有效策略，包括提高使用频率、增加每次用量、增加新的更广泛的用途；二是改进产品策略，包括提高质量、增加产品特性、更新款式、为顾客提供增值服务；三是改进营销组合策略，即对原有的营销组合策略进行调整，以适应激烈的市场竞争形势。

4．衰退期的网络营销产品策略

随着市场的饱和，原有产品的销售额明显下降或急剧下降，利润下降甚至出现亏损，产品进入衰退期。在衰退期，企业开始寻求新的增长点；替代产品不断涌现，越来越多的消费者放弃旧产品，对替代品产生兴趣。

衰退期的营销策略重点是把握退出市场的时机，减少退出损失。具体策略包括以下两个方面：一是准确判断产品是否处于衰退期，这是处理衰退期产品必须首先解决的问题；二是决定退出市场的方式和时机。退出市场的方式一般有两种，一是立即放弃，即立即停止生产该产品，或把品牌使用权转让给其他公司；二是缓慢放弃，即逐步地减少投资和产品产量，放弃较小的细分市场和无利可图的渠道，减少促销预算等，直至该产品完全衰竭为止。退出市场的时机要根据产品的销售和利润情况，考虑产品品牌或技术是否对其他企业有吸引力来决定。

三、网络营销产品的服务策略

在网络营销环境下，企业间的竞争已从实物产品延伸至服务，传统产品策略已转化为实物产品策略、服务策略和信息策略三位一体的网络营销产品策略。互联网与其他媒体的截然不同之处在于网络的互动性，最能发挥这种特性的是服务。而通过实施交互式的网络营销服务策略，提供满意的顾客服务正是许多企业网络营销成功的关键所在。

1．网络营销服务的含义

网络营销服务是指通过使用各种网络工具与顾客建立一对一的关系，并为其提供个性化的服务。服务是指除了所提供或销售的产品之外的、所有能促进企业与顾客关系的交流与互动。只有更好地满足顾客需求，才能在激烈的市场竞争中立于不败。网络营销服务借助互联网，可以加强企业与消费者在各方面的沟通，并随时收集、整理、分析消费者反馈的信息，以更好地满足顾客的个性化需求，提高顾客的满意度和忠诚度。

2．网络营销服务的内容

在传统营销中，企业向消费者提供的服务主要集中在产品销售过程中的服务和售后服务上，如营销人员现场为消费者介绍产品特点、使用方法，为消费者包装产品，免费送货，上门安装、上门维修等。在网络营销中，由于消费者的选购活动是在网络虚拟环境中进行的，消费者无法通过眼看、手摸、耳闻等感觉器官来感受商品，因此，企业必须向消费者提供更为周到细致的服务，包括售前、售中、售后服务及消费者要求的其他个性化服务。

（1）售前服务。售前服务是在产品销售前，企业利用互联网为顾客提供的信息服务。售前信息服务的方式有两种：一种是企业利用自己的网站宣传和介绍产品信息，这要求企业的网站具有一定的知名度；另一种方式是利用网上专业商城或网上虚拟市场向顾客提供产品信息。在网上虚拟市场中，企业可以免费发布产品信息，提供产品样品，介绍产品订购的信息。

（2）售中服务。售中服务主要是指买卖关系已确定，在产品送达指定地点的过程中的服务，包括查询、支付银行款项、了解订单执行情况和产品运输状况等。让顾客充分了解销售的执行情况是售中服务的重要内容。在网络交易市场中，市场的虚拟性使部分顾客会对销售的执行情况产生不信任感，为此，企业必须在提供网上订货服务的同时，提供订单执行情况的在线查询，方便顾客随时随地了解销售的最新执行情况，提高顾客对购买的安全感。

（3）售后服务。售后服务是企业利用互联网直接沟通的优势，满足顾客对产品的使用帮助、技术支持及产品维护等方面的需求。网上售后服务主要有两类，即基本的网上产品支持和技术服务与增值服务。

① 网上产品支持和技术服务。在产品构造和生产日益复杂和精确的今天，提供产品支持和技术服务变得越来越重要。借助网络平台，企业可以使顾客得到最直接、最快捷、最方便的服务，减少了传统服务方式中的大量中间环节，提高了服务效率。网上服务是 24 小时不间断的，用户可以随时随地上网寻求帮助；同时，网上服务的自助化和开放性，降低了企业在服务上的开支。

② 增值服务。增值服务是企业为满足顾客的附加需求而提供的服务。如软件供应商为其用户提供软件网上免费升级或免费补丁服务。定期给顾客发送邮件，主动询问顾客使用情况，发送最新产品信息，与顾客保持密切联系，有利于减少顾客对网上服务的陌生感和不信任感。

（4）网上个性化服务。个性化服务建立在客户资料数据库化的基础上。网上个性化服务要求企业必须把每个顾客视作独立的单一个体，随时整理更新顾客自愿提供的个人信息、订单记录、历史交易等资料，同时，要使顾客感到受尊重、安全、愉快和方便。

企业通过对客户资料的收集、统计、分析和追踪，发现客户个性化需求的统计特征，通过了解顾客偏好和专业化的经营管理，使顾客获得高度个性化的服务。企业在开展个性化服务时，要特别注意保护顾客的隐私。

3．网络营销服务策略

良好的网络营销服务能够提高顾客的满意度。目前，网络营销服务的主要形式有常见问题解答、电子邮件及在线表单（E-mail）、网络社区、消费者自我设计区、即时信息和跟踪服务系统等。

（1）常见问题解答。常见问题解答（Frequently Asked Questions，简称 FAQ）旨在引发那些随意浏览者的兴趣，帮助有目的的顾客迅速找到他们所需要的信息，获得常见问题的现成答案。通过 FAQ，一方面可使消费者就遇到的问题直接在网上得到解答，无须专门写信或发电子邮件咨询；另一方面可以帮助企业节省大量的人力、物力。

网站的 FAQ 内容一般分为两部分：一是在网站正式发布前已准备好的内容，通常是用户常遇到的问题的解答，这要求企业站在用户的角度，对于在不同的场合中用户可能遇到的问题给出解答；二是在网站运营过程中用户不断提出的问题。

（2）电子邮件及在线表单。电子邮件和在线表单都是在线联系工具。利用电子邮件和在线表单，顾客可将咨询的信息发送给企业相关人员。两者发送信息的方式不同，其效果也存在一定的差异。

电子邮件具有在线顾客服务功能，作为一种主要的在线交流工具，不仅表现在一对一的顾客咨询中，更多情况下是作为长期维持顾客关系来使用的。对顾客发给企业的电子邮件，企业应该尽快回复，帮助顾客及时解决问题，从而提高服务质量和顾客满意度。

在线表单的作用与 E-mail 类似，但使用上存在区别。顾客通过浏览器界面上的表单填写咨询内容，提交到网站，再由相应的顾客服务人员处理。在线表单事先设定一些格式化的内容，如顾客姓名、单位、地址、问题类别等，因此，通过在线表单提交的信息比一般的电子邮件更容易处理，许多网站采用这种方式了解顾客需求。

（3）网络社区。网络社区与现实的社区类似，是随着网络和人们网络社会行为的扩展而出现的人类社会活动的新型空间。网络社区在商业活动中不但是一种前所未有的顾客服务工具，也是一种有效的公共关系手段。网络社区的主要形式有在线论坛和新闻组两种。通过在线论坛，顾客可以发表自己的观点和意见，网站服务人员和其他顾客可以通过论坛对问题进行回答。在建立新闻组时，最好预先设计好议题，顾客在反馈意见和评论时可按不同的议题归类；同时要保证每个议题有足够大的空间让顾客发表意见。对于企业的新闻组，必须安排专门的人员负责管理，对问题进行分类、派送及紧急情况处理。

（4）消费者自我设计区。网络良好的开放性和互动性，使消费者与企业间直接对话成为现实。借助于互联网沟通平台，企业把消费者当做伙伴，利用网络经常与消费者沟通，让消费者参与产品的设计和改进，为消费者提供符合其要求的、个性化的产品和服务。

（5）即时信息服务。以聊天工具（如 QQ、MSN、微信等）为代表的即时信息（lnstant Messaging，IM）服务已经成为继 E-mail 和 FAQ 之后常用的网络营销服务工具。与 E-mail 和 FAQ 相比，聊天工具的使用受到一定制约。首先，对服务人员要求高，占用人工较多；其次，主要为个人之间的沟通，且只有顾客与在线服务人员同时使用相同的聊天软件时，才能相互交流信息。

（6）跟踪服务系统。消费者所下订单确认后，应有一套允许消费者查询订单处理过程的软件系统，使消费者可以跟踪监督订单的执行情况；对于某些仓促做出决定的消费者，应当允许他们在一段时间内修改订单；当产品发运之后，要经常与消费者保持联系，直到客户收到产品并已开始使用。

尽管网络营销服务的形式多种多样，即时性很强，但并不能满足所有顾客的需求，因此，企业不应忽视传统服务，如电话和普通邮件等，在增进网下顾客关系、满足网下顾客服务要求方面的重要作用。正如网络营销和传统营销密不可分一样，选择顾客服务手段最重要的不是区分网上还是网下，而是服务效率和顾客满意度，最好是根据顾客需求的特点，采取网上与网下服务手段相结合的方式。

四、网络域名品牌策略

绝大多数企业都在为自己的产品和服务打造品牌（Drand），品牌是一种名称、属性、标记、符号或设计，或是它们的组合运用，其目的是借以辨认企业的产品或服务，并使其与竞争对手的产品和服务区别开来。品牌是整体产品的重要组成部分。在网络营销中，品牌及品牌价值在企业营销中的地位和作用已显得非常重要，并成为企业竞争的重要手段。网络品牌是消费者选择产品和服务的重要依据。

1. 网络品牌的概念

企业开展网络营销活动，首先要为企业的网站设计域名，以便消费者访问和浏览，然后在知名门户网站进行注册，以便用户查找，这构成了企业网络品牌的主要内容。概括来讲，网络品牌包括企业域名（中英文）、域名标识、网站名称、图案等。

与普通品牌一样，网络品牌在市场竞争中也具有识别、宣传、质量承诺、维护权益和充当竞争工具的作用。受网站访问者数量和群体特征的影响，网上优势品牌具有较强的局限性。在某一群体中具有较高知名度的网络品牌，在其他群体中知名度可能较差，甚至不为人所知。

传统品牌与网络品牌之间存在一定的联系，但相关性较低。企业开展网络营销必须抛开对原有品牌优势的依赖，根据网络营销的特点和目标市场的选择，重新规划、设计和塑造网络营销优势品牌。

2. 企业域名品牌

域名是网络品牌的重要组成部分。域名作为企业标识的“虚拟商标”的作用日趋明显。有效发掘域名的商业价值，在网络虚拟市场环境下进行品牌的管理与建设，是提高企业市场竞争力的重要手段。

（1）域名的概念。域名是由个人、企业或组织申请的、独占使用的互联网网上标识。域名是网络品牌的重要组成部分，不仅具有商标的一般功能，还为访问者提供了网上信息交换和交易的虚拟地址。域名为互联网的使用者提供了一种易于记忆的方法，如网易的域名是 www.163.com，其中“www”是万维网，“163”是域名的识别部分，“.com”是顶级域名。域名的分类如表 5-2 及表 5-3 所示。

表 5-2　按国家或行政区分类的顶级域名（部分）

域　名	国家或行政区	域　名	国家或行政区	域　名	国家或行政区
.cn	中国	.ca	加拿大	.uk	英国
.au	澳大利亚	.hk	中国香港	.sg	新加坡
.tw	中国台湾	.jp	日本	.mo	中国澳门
.ru	俄罗斯	.de	德国	.fr	法国

表 5-3　按机构类别分类的顶级域名（部分）

域　名	类　别	域　名	类　别	域　名	类　别
.com	商业组织	.edu	教育机构	.gov	政府机构
.mil	军事组织	.net	网络相关机构	.coop	合作组织
.int	国际组织	.org	非盈利性组织	.info	信息相关机构

（2）域名的商业价值。随着互联网的发展，域名的商业价值越来越受到企业的重视。域名的商业价值首先取决于它所传递的信息以及带来商机的能力；其次取决于域名的广告价值。

目前，互联网上最著名的域名交易商 Great Domains 采用三个 C 来估计域名的价值，这三个 C 分别为 Characters（域名长度）、Commerce（商业价值）、和 com（所在的顶级域名）。每个 C 都是一个很重要的因素，三个 C 综合起来决定了域名的价值。

在网络营销还未成为企业产品和服务主要营销方式的情况下，很多企业没有认识到域名的商业价值，但随着网络营销活动的开展，越来越多的企业开始关注域名，一些企业不惜花重金从域名抢注者手中购回被抢注的域名。

3．域名品牌策略

（1）企业域名品牌的命名策略。一个优秀的域名品牌有赖于域名识别部分的精心设计。对只从事网络营销的企业来讲，域名品牌设计显得更加重要。

① 域名要有一定的内涵和寓意。域名要能够反映企业所提供产品或服务的特性，如“拍卖”网的 paimai.com、“招聘”网的 zhaopin.com 等，让人一看便知其经营活动和范围。同时，域名还要能够反映企业的经营理念，寓意应当深远。

② 域名应该简明易记、便于输入。一个好的域名应当简短而顺口，便于记忆，最好让人看一眼就能记住，而且读起来发音清晰，不会导致拼写错误。如 qq.com、163.com、8848.com，amazon.com 等。再如，四通集团的域名是 stone-group.com，在向别人推荐自己的网址时总是要解释在“Stone”和“Group”之间有一个连字符，这就显得有点麻烦。域名是否简明易记、便于输入，是判断域名好坏的最重要的因素。

③ 域名要与企业名称、商标或产品名称相关。

从塑造企业网上与网下统一形象和网站推广的角度来讲，域名与企业名称、商标或产品名称相关，既有利于顾客在网上、网下不同的营销环境中准确识别企业及其产品与服务，也有利于网络营销与传统营销的整合，使网下宣传与网上推广相互促进。

目前，大多数企业在注册域名时，都考虑与企业名称、商标的相关性，通常采用以下几种方式：以企业名称的汉语拼音作为域名，如新飞电器的域名是 xinfei.com；以企业的英文名称作为域名，如中国移动的域名是 chinamobile.com；以企业名称的缩写作为域名，一种是汉语拼音的缩写，另一种是英文缩写。如泸州老窖集团的域名是 lzlj.com.cn；以中英文结合或数字与字符结合的形式注册域名，如中国人网的域名是 chinaren.com，前程无忧网的域名是数字加英文的 51job.com。

④ 域名要尽量避免文化冲突。

知名中文网站新浪网的域名“sina.com.cn”曾经受到质疑，甚至被要求改名，其原因在于“sina”在日语中和“支那”的发音相同，而“支那”是日本右翼对中国的蔑称，新浪网的域名引起了一些在日本的华人的不满，引起很大争议。因此在选择域名时，应尽量避免可能引起的文化冲突。

⑤ 选择域名应符合国际互联网的基本要求和我国的具体规定。

在选择国际域名时，26 个英文字母、10 个阿拉伯数字以及中横杠“-”可以用作域名，但域名不能以中横杠“-”开头或结尾；字母的大小写没有区别；一个域名最长可以包含

67个字符（包括后缀），但每个层次最长不能超过26个字母。对于国内域名注册，未经国家有关管理部门正式批准，不得使用含有“china”、“Chinese”、“cn”和“national”等字样的域名；不得使用公众知晓的其他国家或地区的名称、外国地名、国际组织名称等；未经地方政府批准不得使用县级以上（含县级）行政区划名称的全称或者缩写；不得使用对国家、社会或者公共利益有损害的名称。

（2）企业域名品牌的保护策略。

① 域名要及时注册。根据现行法律法规，域名与企业名称、产品名称及商标名称并不一定必须一致。一个域名只能由一家企业注册，该企业也并不一定要拥有与该域名相同或相似的企业、商标或产品名称。实际上，顾客常常根据自己知晓的企业及其产品或商标名称搜索其网站，如果企业及其产品或商标的名称被他人抢先注册，企业的合法权益就可能受到侵犯，企业积累的无形资产会因此而流失。域名注册遵循“先申请，先拥有”的原则，企业设计好域名后，应立即申请注册，以防止被别人抢注，保护自身的利益。

② 申请注册网站名称。网站名称是企业为自己的网站所起的名字，如搜狐、网易、一搜等，网站名称一般作为网站徽标的一部分，放置在网页最显著的位置。应及时到当地工商管理部门注册登记网站名称，以免自己的合法权益受到侵害。例如，网站名称都为“中国商品网”的网站却是域名为www.cscst.com和www.goods-china.com的两个不同的网站。

③ 采取多域名策略。域名后缀“.com”或者“.net”的域名分属不同所有人所有时，很容易造成混淆。多域名可以避免竞争者因为域名拼写错误等原因而获得利益。如搜狗搜索引擎网站（www.sogou.com）和搜狗网（www.sougou.com）域名就容易混淆。

（3）域名品牌管理策略。

域名品牌管理主要是针对域名所对应的站点的管理。消费者访问网站的目的是为获取网站的相关信息和服务，站点页面内容才是域名品牌的真正内涵。企业为吸引访问者，就必须加强站点管理，不断丰富和更新页面信息和内容。具体管理策略有以下几种。

① 一致性策略。域名作为企业网络品牌资源的重要组成部分，应与企业的传统品牌和形象保持一致，页面内容与企业经营和服务相一致，在为访问者提供相关信息和知识的同时，强化企业的品牌定位和企业形象。

② 网站内容丰富性策略。企业开展网络营销的目的是通过向访问者传播企业文化和形象定位，促进访问者对企业的了解和认识，推广企业的产品和服务。企业的信息、产品和服务是网站的核心内容，但不应是全部内容。为吸引访问者、延长访问者的浏览时间，企业应当丰富网站内容，让访问者能够通过企业网站了解其他相关信息和行业知识，提高访问频率。

③ 时效性策略。社会经济的快速发展和各类信息的日新月异，使消费者越来越关心环境、健康和发展等社会热点问题，关心企业在新产品开发或服务方面的动向。这就要求企业必须及时更新网站内容，确保信息的新颖性和时效性，吸引访问者经常访问企业的网站。

④ 知识性和趣味性策略。网络的互动性使消费者有条件参与企业产品开发和各类游戏活动，学习一些相关知识，了解有关的法律法规等。网页内容的知识性与趣味性的有机结合，无疑对访问者具有很强的吸引力，可延长访问者的停留时间，提高访问频率。

⑤ 国际化策略。互联网的迅速发展消除了各个国家和地区间的时空距离，而社会经济的国际化趋势促进了产品和服务的国际化标准的形成和推广。国际化浪潮已经席卷全球，

并在社会经济的各个方面产生巨大影响。网站国际化策略就是要适应国际化趋势，满足不同国家和地区的顾客需求。

任务实施

1．选择一款新产品，分析其在不同产品生命周期的网络营销产品策略。

2．通过QQ、MSN或微信等即时通讯工具咨询某旅行社的旅游线路情况。

3．对你熟悉的企业或品牌的域名进行分析，并作出评价。

任务二 网络营销价格策略

任务概要

定价策略是营销策略的重要组成部分，为自己的产品或服务确定一个合理的价格是每个营销主体的重要工作。网上的价格信息对消费者的购买起着重要的作用。消费者选择网上购物，一方面是由于网上购物比较方便，另一方面是因为从网上可以获取大量的产品信息，从而可以择优选购。企业为了有效地促进产品在网上销售，就必须针对网上市场制定有效的价格策略。

任务知识

一、网络营销定价的特点和目标

1．网络营销定价的特点

网络营销定价是企业为网上销售的产品或服务制定一个合理的价格。在工业经济时代，产品或服务供求双方沟通的障碍导致信息不对称，企业从自身的需要来考虑制定价格，消费者只能是价格的接受者。而网络经济的发展在很大程度上解决了产品开发和销售中存在的信息不对称问题，使企业能够利用互联网充分了解目标市场的需求信息和为获得产品所愿支付的成本，提高了产品定价的有效性和企业的市场竞争力。

网络营销定价呈现出以下几个特点。

（1）全球性。在网络经济时代，网络营销企业面对的不再是传统的、受地域限制的消费者，而是无国界的全球市场，任何国家和地区的用户都可以直接通过网络订购企业的产品或服务。而各地区消费者生活的社会经济环境和对整体产品需求的差异，使企业产品定价变得更加困难，定价时考虑的因素也更多。面对差异性极大的全球性网络营销市场，企业必须采用全球化和本地化相结合的策略，根据各市场的差异进行差异化营销和定价。

（2）顾客主导定价。顾客主导定价就是在决定产品价格时，顾客处于主导地位。企业借助于网络能够充分了解目标市场的需求和支付能力，并据此提供相应的产品，确定消费者愿意接受的价格。具体方法有：提供同类产品或相关产品的不同厂商的价格目录，使消费者了解行情及市场总体水平，为其做出理性判断提供必要的信息；开发自动调价系统，能够根据季节、市场供求、促销状况等调整价格；开发智能议价系统，给消费者创造在网上直接协商价格的环境，以满足其心理需要；设立价格讨论区，对企业新上市的产品，可以通过该讨论区了解消费者普遍接受的价格，为制定和调整价格策略提供参考。

顾客主导定价并不意味着低价或无利润销售，它只是消除了企业攫取超额垄断利润和进行价格欺诈的主观意愿。相反，在顾客主导定价的驱使下，企业通过不断创新，不仅能够满足顾客需求，也能够取得相应的利润。

不是所有的产品都适合顾客主导定价，顾客主导定价产品一般应满足几个条件：一是产品属于个性化需求产品，企业必须为客户定制；二是企业充分掌握目标市场需求信息和支付能力信息；三是产品成本低于顾客愿意支付的成本，企业能够取得一定利润；四是企业具有较强的创新能力，能满足顾客不断变化的需求。

（3）低价位定价。低价位定价是网络营销定价的显著特点之一。网络经济的发展是通过提供免费信息实现的。目前，很多企业的网络营销活动仍处在发展的初、中级阶段，免费或低价仍是网络营销定价的主流，企业需要通过免费提供信息、服务或低价产品吸引客户浏览，直接或间接地取得经济利益。从成本费用的角度来看，借助于快速高效的网络信息系统，无论是网络信息服务或是网上产品销售，都具有低价位定价的条件；从网络营销发展的角度来看，低价位定价也是企业促进产品网上销售、扩大市场规模的重要手段。

2．网络营销定价的目标

企业定价目标是指企业希望通过产品定价所要达到的目的或结果。定价目标是企业营销战略在产品定价方面的具体化，是产品定价方法的选择和最终定价的依据。不同企业有不同的定价目标，同一企业在不同的发展阶段定价目标也不同。同时，企业定价目标往往不是单一的，而是多元化的。网络营销定价目标主要有以下几种。

（1）生存目标。生存是发展的基础，没有生存就谈不上发展。生存目标是指企业以生存作为产品或服务定价的首选目标，暂时不考虑企业盈利和发展。在产品定价时，企业首先考虑在弥补产品成本费用的基础上选择低价策略，以维持企业生存。

（2）利润最大化目标。利润最大化目标是指企业根据当前市场需求和供给状况，结合企业的产品优势和市场竞争优势，选择以利润最大化作为定价目标。并不是每个企业都能够以利润最大化作为产品定价目标，只有那些产品品牌知名度较高、顾客愿意为获得产品而支付较高价格的企业或垄断性企业才有可能选择利润最大化目标。

（3）市场占有率最大化目标。占领市场是企业的重要目标。市场占有率最大化目标是指企业以扩大市场占有率为目标，产品定价以能否增加市场份额为考虑因素。产品销量一般与价格成反比，价格越低，销售量就可能越大，市场占有率就越高。因此，以市场占有率最大化为目标的企业一般采用低价策略，以期在最短的时间内占领市场。许多具有一定竞争优势的企业在市场成长期往往选择此定价目标。

（4）销售额增长率最大化目标。销售额增长率最大化定价目标是指企业在产品定价时，以产品定价能否增加销售额为考虑因素。销售额的增长有赖于销量的增加和价格的提高，而产品的销量往往与价格成反比，降低价格能否导致销售额的增加取决于产品需求的价格弹性。因此，以销售额增长率为目标必须考虑产品需求的价格弹性，并根据产品需求的价格弹性决定是采用高价策略还是低价策略。

（5）产品质量最优目标。产品质量最优定价目标是指企业的产品定价以产品质量为基础，并有利于提高产品质量。产品质量与价格一般成正比。产品质量不仅包括性能质量，还包括服务质量。网络营销服务的低成本特点，使企业有条件为顾客提供高质量的服务，

提高顾客满意度。同时，产品的性能质量是由顾客界定的，它以顾客的需求和支付成本为基础。因此，严格意义上的最优质量是不存在的。

（6）应对和防止竞争目标。在激烈的市场竞争中，大多数企业对于竞争者的价格十分敏感，在分析企业的产品竞争能力和市场竞争地位后，常常以应对和防止竞争者作为定价目标。

当企业具有较强的实力，在行业中居于价格领导地位时，其定价目标主要是应对竞争者或阻止竞争对手，常常首先变动价格；具有一定竞争实力，居于市场竞争挑战者位置时，其定价目标是攻击竞争对手，侵蚀竞争对手的市场份额，价格相对较低；而市场竞争力较弱的中小企业，在竞争中为防止竞争对手的报复一般不首先变动价格，在制定价格时主要跟随市场领导者的价格。

网络营销定价目标的选择可以不同，但有些因素是定价时必须考虑的。如企业的战略目标、目标市场的选择、产品的市场定位和特性、相关产品的生产成本和服务费用、产品所处的生命周期阶段、市场竞争状况等。

二、网络营销产品价格的构成

产品价格的构成包括可量化因素与不可量化因素。价格中可量化因素包括产品的价值（生产运输成本、技术含量、产品的市场占有率、品牌价值）和合理的利润两部分；价格中不可量化因素，根据学者范勒的理论可以划分为使用时间成本、购买精力成本、生活方式成本和心理成本。

1. 使用时间成本

如果顾客在传统的分销渠道中购买产品，那么可以立即得到产品，不需要等待，但如果通过网络购买产品，就必须等待几天甚至更长的时间。从订货到收货之间的时间间隔，对顾客来说是一种成本。比如，去商场购买某款式鞋子的价格可能是全价，但是顾客可以立即获得这款鞋子；而如果通过网络购买这款鞋子，顾客可能获得较为优惠的价格，但是要在几日之后才能收到这双鞋子。当顾客急于获得这双鞋子的时候，由于延迟交货所带来的时间成本如果高于网络购买所带来的优惠，那么他有可能还是选择传统的购买方式，而不是通过网络购买。

2. 购买精力成本

通过网络购买产品，可以带来一定的方便，比如不需要乘坐交通工具去到商场购物。通过网络便可以选购自己喜欢的产品，然后在家等着产品通过物流送货上门，既可以节省时间还可以节省费用。但网络购物也有不便之处，如要进行购买必须事先在网站上注册成为会员，填写大量个人信息，付账时要输入银行卡相关信息、自己的联系方式和详细地址等，最后还要确认购买等。此外，网上购物往往需要顾客的银行卡已经开通网上银行，那么顾客还需要亲自去到银行营业厅办理开通网上银行业务。网络营销中的购买精力成本是网络上购买的便利性与在网上购物所必需的精力付出两者相抵消的结果。

3. 生活方式成本

通过何种渠道购买商品与顾客的生活方式密切相关。一些消费者乐于接受新鲜事物，希望尝试新的产品、购物方式等，对他们来说，通过网络购物是一种乐趣；而另一些人则更喜欢亲自去商店购物，感受在商店中面对琳琅满目的商品时的快乐。网络营销带来的生活方式的改变，是造成生活方式成本变更的原因，但随着网络的不断普及，通过网络进行购物的生活方式会逐渐成为主流，这种成本就会逐步降低。

4．心理成本

顾客因为购物而造成的负面心理影响会带来心理成本，这部分成本可能由于自尊、隐私等受到侵害而产生。在网络营销中，这种成本可能由以下情况造成：银行卡的信息被泄露、收到多次广告干扰邮件、担心交易虚假或收不到所购产品等。

总之，一种产品的价格是由多种因素构成的，顾客在衡量价格时，是将各种因素加以综合考虑，而不是单纯地考虑某一种因素，因此对网络营销企业而言，必须搞清楚在顾客心目中构成价格的因素究竟有哪些，各种因素的重要性如何，只有这样才能最终制定出成功的价格策略。

三、网络营销定价策略的种类

网络营销定价策略是指网络营销企业在产品定价时所采用的基本策略，是企业营销策略的重要组成部分。网络营销定价的策略主要有如下几种。

1．竞争导向定价策略

竞争导向定价策略是企业通过分析市场竞争状况和变化趋势，研究竞争对手的反应，及时了解顾客需求，确定产品定价的营销策略。

竞争导向定价策略要求企业准确把握市场竞争脉搏和竞争对手的反应模式，根据市场竞争和市场需求的变化及时调整价格，保持在同类产品竞争中的相对价格优势。

竞争导向定价策略中常见的是先发制人定价策略和市场追随定价策略。

2．免费价格策略

免费销售是网络营销的基本特征之一。在网络营销中，免费价格策略是一种非常有效的定价策略。免费价格的形式有以下四种。

（1）产品和服务完全免费。即产品或服务从购买开始到使用和售后服务的所有环节都是免费的。

（2）产品和服务限制免费。即规定产品或服务免费使用的期限或次数，超过一定期限或者使用次数后，若想继续使用就要付费购买。

（3）产品和服务部分免费。如一些销售视听产品的公司，把一部电影最精彩的部分让用户免费观看，以引发用户观看全部影片内容的欲望，此时，用户若想获取影片的全部内容就必须付款购买。

（4）产品和服务捆绑式免费，即购买某产品或者服务时赠送其他产品和服务。

产品或服务实行免费策略受到一定条件的制约，并不是所有的产品或服务都适合于免费策略。一般来说，采用免费策略的大多是一些易于数字化的虚体产品，如软件、信息、电子图书等。虚体产品可以直接通过互联网进行传输，实现零成本的配送。并且，对这些虚体产品，企业只需要投入研制费用，开发成功后，通过简单复制就可以实现无限制的生产，即生产成本为零。此外，免费产品必须能够吸引客户，有利于企业占领市场，为未来市场发展打下坚实基础，帮助企业通过其他渠道获取间接收益。

3．低价定价策略

低价定价是企业常见的一种定价策略，主要包括直接低价定价、折扣定价和促销定价三种方法。直接低价定价策略在定价时采用成本加一定利润，甚至是零利润的方式，因此价格比同类产品低；折扣定价是在原价基础上进行折扣来定价，这种定价可以让顾客直接

了解产品的降价幅度以促进顾客的购买；促销定价除了折扣策略外，还包括有奖销售和附带赠品销售。

实施低价定价策略时要注意以下三个问题：一是企业不宜销售那些顾客对价格敏感而企业又难以降价的产品；二是对不同的消费对象（消费者、零售商、批发商）提供不同的价格信息发布渠道；三是网上发布价格时要注意比较同类站点公布的价格。

4．特殊品价格策略

特殊品价格策略是指企业在提供满足一些顾客特殊需求的产品时所采用的定价策略。特殊品包括创意独特的新产品、纪念物及有特殊收藏价值的产品等。特殊品具有其他产品无法替代的核心利益和效用，市场竞争者较少，一般采用高价销售。

5．差别定价策略

（1）按顾客身份差别定价。很多网站会把注册登录的用户按照一次性购买金额分为一般会员、星级会员和团体会员，购物时给予不同会员不同的价格优惠；

（2）按产品的形式差别定价。如给简装版和精装版的书籍制定不同的价格；

（3）按产品销售时间差别定价，如预订机票。

6．捆绑销售定价策略

捆绑销售是一些企业为促进产品销售，把一些互补性产品或关联产品组合起来销售。捆绑销售定价策略是捆绑销售策略的重要组成部分。

一般来讲，组合起来销售的产品价格低于各独立产品价格之和，其目的是使顾客在获得所需要的产品的同时，能得到额外的利益和满足，增加产品销售。

7．定制生产定价策略

定制生产定价策略是在企业具备定制生产条件的基础上，利用网络技术和辅助设计软件，帮助消费者选择配置或者自行设计能满足自己需求的个性化产品，同时承担自己愿意支付的成本。消费者定制产品的过程是在企业的服务程序的引导之下完成的，并不需要专门的营销服务人员陪同，因此，营销成本也比较低。

8．使用定价策略

网络消费者的需求变化比较快，产品更新换代的速度也越来越快，产品被消费者购买使用几次后就可能被新产品所替代，消费者若想使用新产品还需重新购买，这势必增加消费者的开支；同时，有些产品购买后只是偶尔使用，消费者不愿为此支付整个产品的购买费用。为满足这些消费者的需求，企业可采用使用定价策略来刺激消费者的购买行为。

使用定价策略，就是顾客通过互联网进行必要的注册后，无须完全购买就可以直接使用企业的产品或服务，企业则按照顾客使用产品的数量或接受服务的次数进行计费。采用使用定价的产品要适合互联网传输和远程调用，目前，以软件、音乐、电影等产品为主。

9．拍卖竞价策略

网上拍卖是目前发展比较快的网络营销业务。网上拍卖竞价方式有以下几种。

（1）竞价拍卖。由卖方引导买方进行竞价的购买过程，消费者通过互联网轮流公开竞价。

（2）竞价拍买。竞价拍买是竞价拍卖的反向过程，消费者提出一个价格范围，求购某一商品，由商家出价；出价可以是公开的也可以是隐蔽的，消费者将与出价最低或最接近的商家交易。

（3）集体议价。集体议价是一种由消费者群体（具有某一需求的群体）集体议价、以较多的数量换取较低价格的交易方式。这一竞价方式是由美国著名的 Priceline 公司提出的。目前，国内的网上竞价市场中，这仍然是一种全新的交易方式。集体议价模式最大的价值在于使消费者得到实实在在的利益，这种纯粹的互联网商务模式充分体现了网络时代消费者主权和价格革命的概念。

定价策略有很多，企业在定价时必须充分考虑影响产品定价的各种因素，包括企业内部因素和外部环境因素，根据企业的营销目标和定价目标，选择合适的定价策略。在网络竞争日益激烈的环境下，企业为求得生存和发展，还必须根据影响价格变化的各种因素的变化，对价格进行适时调整，以适应市场竞争的需要。

四、网络营销中企业定价策略存在的问题

无论是传统营销还是网络营销，定价应该具有策略性。尽管很多企业已经认识到这一点，也意识到价格策略在网络营销中的重要性，但由于受传统营销观念的影响，经营思维还不适应网络环境，在定价过程和价格策略运用方面出现了一些问题，突出表现在以下几个方面。

1．盲目使用低价策略

许多企业受薄利多销观念和“流量与利润正相关”观念的影响，简单地认为网络上销售的产品价格就应该价格比实体店低，认为只有低价和降价才能增加网站的访问量，从而以增加产品的销售量来实现企业利润的增长。这种做法忽视了商品的需求价格弹性的影响，忽视了消费心理对市场供求关系的反作用，甚至造成适得其反的结果，不仅强化了“便宜无好货”的低价格等于低质量的市场偏见，而且使企业和品牌形象也受到影响。

2．过高地估计了目标市场的接受能力

一些经营者认为在网络上购买产品的消费者都是时尚潮流追求者，具有一定的购买实力，过高地估计了目标顾客的消费能力和接受能力，误以为在互联网上总可以找到目标市场，因此采取了偏高的定价策略；另有一些网上经营者则陷入了盲目攀比的误区，认为网上销售的产品可以自由定价，甚至以为可以漫天要价，造成产品销售困难。

3．定价方法不完善，缺乏科学性

部分企业未经过市场调研，凭借着传统营销定价的经验决定产品的价格，如简单套用成本加成的定价方法，将传统市场上的价格随意降低便作为网上的销售价格；还有一些企业在定价上忽高忽低，产品价格与定位不相符，这些缺乏科学依据的定价，不仅影响了产品的销售，而且也影响了企业的信誉。

因此，在网络营销中必须突破传统定价思维的束缚，同时排除对互联网特性的片面和不正确认识的干扰，根据企业营销的总目标，确定具体的定价目标，在选择科学有效的定价方法的基础上，根据复杂的网络市场状况，制定和采取灵活的价格策略。

任务实施

1．登录卓越亚马逊、当当网、淘宝网等网站，了解其所采用的主要定价策略。

2．针对某一品牌与规格的产品，分别在不同网站上了解其价格，比较各网站的定价特点。

3．请列举目前在网络营销中盲目使用低价策略的例子，并说明其带来的弊端。

任务三 网络营销渠道策略

任务概要

网络营销渠道是企业借助互联网将产品从生产者转移到顾客手中的过程。网络营销一方面要求企业了解顾客需求，向顾客介绍企业产品信息，提供样品或进行产品展示；另一方面为顾客提供网上订购便利，实现货款结算和产品实体的转移。因此，网络营销渠道不仅包括网络信息传播和信息沟通系统，还包括网上订货系统、货款结算系统和物流系统。

任务知识

一、网络营销渠道的特点与功能

1．网络营销渠道的特点

与传统营销渠道相比，网络营销渠道有以下几个方面的特点。

（1）直接性。在传统营销渠道中，企业的产品销售大多借助中间商来完成。中间商在企业产品信息传递、购销、储运、货款支付等方面具有不可替代的作用，是企业完成产品销售的重要合作伙伴。而在网络营销中，商品所有权流程、信息流程都可以由企业自己借助互联网来完成，资金流程可借助银行的网上结算系统来完成，商品实体流程可以利用第三方物流体系或建立自己的物流体系来完成。也就是说，企业只要建立网站或租用虚拟社区，就能实现产品的直接销售。

（2）便捷性。网络营销的基础是互联网。顾客借助互联网直接获得产品信息，通过网上谈判达成交易协议；借助银行的网上支付系统或企业网站，完成货款支付；利用企业或公共物流配送体系完成商品实体的转移；企业通过网站上的 FAQ 或即时通信工具解决顾客在产品使用中存在的问题。因此，与传统营销渠道相比，网络营销渠道更为便捷，顾客足不出户就能实现商品采购。

（3）高效性。在传统营销活动中，由于存在多个中间环节，高效的产品销售往往以高额的营销费用和高效的合作伙伴为基础；传统直接销售尽管没有中间环节的影响，但营销费用较高，市场拓展困难，营销的高效性也难以实现。网络营销借助互联网的高效信息沟通系统，直接向目标市场传递产品信息，利用公共资源实现产品实体的转移和货款结算，有效降低了营销成本，提高了营销效率。

对于网络直接销售来讲，企业可以根据顾客的订单按需生产，实现零库存，减少推销人员，最大限度地节省营销费用。对于网络间接销售来讲，通过信息化的网络营销中间商，企业可以进一步扩大规模，提高专业化水平；通过与生产者的网络连接和顾客信息沟通，控制企业库存，提高物流运转效率，降低物流成本。

（4）专业化。网络间接销售渠道的中间商是传统营销渠道中间商的发展，它不仅具有传统中间商的一般功能，而且又融入了网络信息技术。中间商的交易效率和专业化程度较高，规模效益的发挥也不再受经营场地的限制。

2．网络营销渠道的功能

网络营销渠道一方面要为消费者提供产品信息，方便消费者进行产品的选择；另一方面，在消费者选择产品后要能完成“一手交钱、一手交货”的交易手续，当然交钱和交货不一定要同时进行。因此，一个完善的网络销售渠道应有三大功能：订货功能、结算功能和配送功能。

（1）订货功能。网络营销渠道为消费者提供产品信息，同时方便厂家获取消费者的需求信息，以求达到供求平衡。一个完善的订货系统，可以最大限度地降低库存，减少销售费用。我国的联想公司在其开通网上订货系统当天，订货额高达8500万元。可见，网上订货系统发展潜力巨大。

（2）结算功能。消费者在购买产品后，可以选通过多种方式方便地进行付款，因此厂家（商家）应向客户提供多种结算方式。目前国内较为流行的几种结算方式包括邮局汇款、货到付款、信用卡、网上划款等。现在，国内大部分银行业陆续开通了网上银行，消费者可以采用网上支付手段轻松完成网络交易付款行为。此外，日益兴起的第三方支付平台也为网络结算带来便利性，如支付宝、财付通、易宝支付、快钱等，为中国电子商务提供了“简单、安全、快速”的在线支付解决方案。

（3）网络配送功能。网络配送功能包括网上直接配送、厂家配送、第三方物流配送。一般来说，对于无形产品如服务、软件、音乐等产品可以通过网上直接进行配送。对于有形产品的配送，要涉及运输和仓储问题，可由生产厂家配送或委托专业的第三方物流公司配送。专业配送公司的存在，是国内外网上商店发展较为迅速的一个原因所在。目前国内物流公司发展迅速，如顺丰快递、申通快递、圆通快递、韵达快递等都提供产品配送服务。

二、网络直接销售渠道

同传统营销渠道一样，网络营销渠道也分为直接销售渠道和间接销售渠道两种类型。

1．网络直销概述

网络直销是指网络营销企业直接通过互联网与顾客达成交易协议，没有传统意义上的中间商参与。在网络直销中，网络营销服务中介机构发挥着重要作用，如提供货物运输配送服务的专业配送公司、提供货款网上结算服务的网上银行、提供产品信息发布和网站建设的ISP和电子商务服务商等。

2．网络直销的形式

网络直销一般有以下两种形式。

（1）生产企业利用自己的网站或网页推介并销售产品。由企业网络管理员专门处理有关产品的销售事务。

（2）企业委托信息服务商在其网站上发布产品信息，企业利用有关信息与顾客联系，直接销售产品。虽然在这种直销形式中有信息服务商参加，但主要销售活动仍然是在企业与顾客之间完成，因此也属于网络直销。

3．网络直销的优势和不足

（1）网络直销的优势。

① 提高沟通效率。借助互联网，网络直销实现了企业与顾客的直接沟通，提高了沟通效率，使企业能够更好地满足目标市场需求。

② 降低价格。网络直销减少了营销人员的数量，降低了企业的营销成本和费用，使产品能以较低的价格销售。

③ 提高营销效率和促销的针对性。营销人员利用网络工具，如电子邮件、网络社区等，随时了解并满足顾客需要，有针对性地开展促销活动，提高了产品的市场占有率。

④ 提高服务质量。企业通过网络及时了解用户对产品的意见和建议，并针对这些意见和建议提供技术支持和服务，迅速解决顾客在使用中遇到的问题，提高服务质量。同时，通过交互式沟通，企业可以与顾客建立良好的互信关系，满足顾客的心理需求。

⑤ 有利于企业的价格控制。与分销模式相比，网络直销使企业有能力有效运用价格的差异性和一致性，控制产品价格，规范市场运作，避免中间商对产品价格的影响。

（2）网络直销的不足。

① 企业直销网站的效率不高。网络直销目前主要应用于 B2B 领域。而在 B2C 领域网上直销的效果并不显著，原因是多方面的，如同类产品的网站太多，网站知名度不高，尤其是广大中小企业，用户很难有耐心一个个去访问这些企业的网站。从国外的发展情况看，虽然几乎每个企业都已在网上建立了自己的网站，但绝大多数企业仍然委托知名度较高的信息服务商开展业务。

② 物流配送系统有待完善。对于网上直销的制造商来说，物流配送成为制约网上直销的一个新问题，也是目前一些企业对网上直销望而却步的主要原因之一；一些 B2C 电子商务企业则认为，最难控制的是物流配送环节。虽然互联网消除了地域的概念与束缚，但在网络营销的实践中，直销企业还是不能忽视自身产品在营销中的覆盖范围，防止发生远方的客户购买后无法配送，使企业声誉受到影响或客户流失或进行配送时物流成本过高的状况。

三、网络间接销售渠道

网络间接销售渠道是指网络营销者借助网络营销中间商的专业网上销售平台发布产品信息，与顾客达成交易协议。网络营销中间商是融入互联网技术后的中间商，具有较强的专业性，能够根据顾客需求为销售商提供多种销售服务，并收取相应费用。目前，高技术、专业化、单一中间环节的电子中间商大大提高了网上交易效率，并对传统中间商产生了冲击。

1. 电子中间商与传统中间商的比较

在网络营销中，电子中间商发挥着连接产品销售者和顾客的桥梁作用。一方面，帮助顾客选购产品并提供相应的服务，满足顾客需求；另一方面，帮助销售者及时掌握产品销售情况，完成商品交易，降低交易成本。与传统的中间商相比，两者主要有以下几个方面的区别。

（1）存在前提不同。传统中间商的存在前提是生产商为降低产品销售成本，实现产品在更大的范围内销售或进行普遍分销；而电子中间商是中间商职能和功效在新的领域的发展和延伸。

（2）交易主体不同。传统中间商通过产品购销与生产商和顾客进行产品交易，是连接产品生产与消费的中间环节，兼有物流、信息沟通、所有权转移和支付等功能；而电子中间商作为独立主体存在，不直接与生产商和顾客进行商品交易，只为交易双方提供交易信息、交易媒体和交易场所等服务，其功能是促进商品交易的实现。

（3）交易内容不同。传统中间商直接参与商品交易活动，并提供产品实体、产品供求信息和交易资金等；而电子中间商作为网络营销的一种交易媒体，主要提供信息交换场所和虚拟交易平台，不参与具体的商品实体、资金交换等交易活动，商品交易由买卖双方直接达成。

（4）交易方式不同。传统中间商通过产品购销参与商品交易活动，通过购销差价获得收益；而电子中间商主要是进行信息交换，提供虚拟交易平台，不参与商品实体交易，通过提供信息服务和虚拟社区租赁取得收益。

（5）交易效率不同。通过传统中间商实现商品交换至少需要两次交易活动，一次是中间商与生产商的交易活动，中间商获得商品所有权；另一次是中间商与顾客间的交易活动，中间商销售商品，取得收入，中间商的信誉、实力和交易效率直接影响产品的销售。而电子中间商是以独立主体存在的，不参与商品交易，只利用自己的信息平台为交易双方提供交易信息和服务，帮助消除生产商和顾客之间的信息不对称，促进商品交易，提高交易效率。

2．电子中间商的类型

电子中间商在搜索产品、提供产品信息服务和虚拟社区等电子服务方面具有明显优势，但在产品实体分销方面却难以胜任。目前，电子中间商主要提供信息服务和虚拟社区中介功能，其类型有以下几种。

（1）目录服务。目录服务是指利用互联网上的目录化的 Web 站点，提供菜单驱动进行搜索。目前，这种服务是免费的，将来可能收取一定的费用。

（2）搜索服务。与目录服务不同，搜索站点为用户提供基于关键词的检索服务，站点利用大型数据库分类存储各种站点介绍和页面内容。搜索站点不允许用户直接浏览数据库，但允许用户向数据库添加条目。

（3）虚拟商业街。虚拟商业街是指在一个站点内连接两个或两个以上的商业站点。虚拟商业街与目录服务的区别是，虚拟商业街定位于某一地理位置和某一特定类型的生产商和零售商，在虚拟商业街销售各种商品、提供不同服务，站点的主要收入来源于其他商业站点对其的租用。

（4）网上出版。网络信息传输的及时性和交互性特点，使网络出版 Web 站点能够向顾客提供大量有趣或有用的信息，满足顾客的需求。目前出现的联机报纸、联机杂志均属此类型。丰富的信息内容和免费服务，使大量网民访问网上出版站点，为出版商带来大量互联网广告收入或提供产品目录收入，促进该类网站的发展。

（5）虚拟零售店（网上商店）。与虚拟商业街不同，虚拟零售店拥有自己的货物清单，直接向顾客销售产品。通常的虚拟零售店是专业性的，类似于专营店，它们直接从生产商进货，通过网络再直接销售给顾客。目前，网上商店主要有电子零售型（E-tailers）、电子拍卖型（E-auction）和电子直销型（E-sale）几种。

（6）站点评估。站点评估是指一些网站或网络评估机构根据各网站的经营情况和顾客对网站的评价或投诉情况，按照一定的标准或指标，进行等级评定。从事网络营销的企业越来越多，企业间的资信状况参差不齐，通过站点评估不仅可以帮助顾客选择站点，降低交易风险，而且也能够促进企业信用和服务质量的不断提高，改善社会信用环境。通常一些目录和搜索站点也提供站点评估服务。

（7）电子支付。电子支付系统是实现网上交易的重要组成部分。电子支付工具从其基本形态上看是电子数据，它以金融电子化网络为基础，通过计算机网络系统以传输电子信息的方式实现支付功能。电子支付工具包括电子信用卡系统、数字化电子现金系统、电子资金传输/电子支票系统。电子支付服务商通过提供支付服务收取佣金。

（8）虚拟市场。网上交易市场是虚拟的，是一些网站为符合条件的产品提供网上展示和销售场所，顾客根据产品信息进行选购。虚拟市场的提供者一般不销售商品，只提供空间租赁和网站管理。

四、网络营销渠道的整合策略

在企业的营销操作过程中，完全可以将网络渠道和传统渠道整合在一起，从而拓展企业营销的空间，实现渠道功能的最大化效应。营销渠道整合策略的基本形式有以下两类。

1．网络直销渠道和网络营销间接渠道相整合策略

企业可以同时使用网络直销渠道和网络营销间接渠道，以实现销售利润最大化。具体来讲，企业在进行网络营销活动中，一方面应尽早规划和建立自己的企业网站，采取有效的措施提高网站的吸引力和访问量；另一方面应积极利用网络权威中介的信息服务、广告服务和撮合服务，扩大企业的影响，开拓企业产品的销售领域。

2．网上营销渠道与离线营销渠道相整合策略

网络营销渠道不但是传统营销渠道的补充，而且也是传统渠道的延伸。通过两者的整合实现“线上的客户线下做”，通过网站的浏览和单击，可以统计出对产品有兴趣的客户群，让企业明确线下的渠道应该怎样走，不断推出令客户惊喜的产品和服务措施；“线下的产品线上推”，主要是利用网络先进的多媒体手段，将企业产品功能和附加信息上传，让顾客可以全方位、多角度地了解产品功能和相关的资讯，弥补传统营销渠道的缺陷。

任务实施

1．登录凡客诚品网站，分析其产品的渠道策略。

2．业内人士认为，特价服装尾货市场中实体渠道与网络销售并存，两个渠道难免自相残杀。请谈谈你的看法。

任务四 网络营销促销策略

任务概要

网络营销促销简称网络促销，是指企业利用现代化的网络技术向虚拟市场传递有关产品和服务的信息，以激发需求、引起消费者的购买欲望和购买行为的各种活动。网络促销策略是网络营销策略的重要组成部分，是产品策略、服务策略、价格策略和渠道策略的重要补充。

任务知识

一、网络促销的特点

网络促销与传统促销的目的都是通过产品展示和介绍，引起顾客的兴趣和注意力，激发顾客的购买欲望，促进产品销售。但两种促销模式所借助的信息传播方式和顾客参与程

度不同，存在着较大的区别，如表5-4所示。

表5-4 网络促销与传统促销的区别

要素　　形式	传统促销	网络促销
时空观念	受时间和空间的限制	突破了时空限制
信息沟通方式	单向传播信息	双向互动实时沟通
促销目的	实现产品销售的增加	注重沟通
消费群体和消费行为	大面积、目标群体多	网民、追求个性化

与传统营销的促销相比，网络促销具有以下特点。

（1）网络促销是通过互联网传递产品和服务信息，包括新产品上市、产品性能、功效、价格调整等。网络促销以现代信息技术为基础，并且随着网络信息技术的进步而不断改进。

（2）网络促销是在虚拟市场上进行的。网络促销以互联网为传播媒介，突破了时空限制，信息传播面广、速度快、效率高。

（3）网络促销是在高度透明的市场中进行的。互联网虚拟市场的产生，为所有的企业提供了一个公平竞争的平台。顾客有条件收集相关产品信息并加以比较，选择满意的商品，任何虚假和欺诈都会为顾客所识破。

（4）网络促销注重沟通。媒体信息处理技术为网络促销提供了双向的、快捷的、互动式信息传播和沟通平台，使买卖双方有条件充分表达各自的意愿，有效地促进了商品交易协议的达成。

二、网络促销的实施程序

根据国内外网络促销的实践经验，网络促销的实施程序分为以下七个阶段。

（1）确定网络促销对象。

网络促销对象选择的依据是目标市场选择，主要对象包括产品的使用者、产品购买的决策者、产品购买的影响者。

（2）确定促销目标。

网络促销的最终目标是实现产品销售。

（3）设计网络促销内容。

为刺激目标市场的需求和购买欲望，设计内容新颖、具有吸引力的促销内容是促销成功的关键。

（4）确定网络促销组合方式。

网络促销的形式主要有四种：网络广告、销售促进、站点推广和关系营销。促销组合是各种促销形式的有机结合。不同企业和产品，有不同的网络促销对象，确定有效的网络促销组合方案是提高促销效果的重要手段。

（5）制订网络促销预算方案。

任何促销方式都需要企业支付一定的费用，付出一定的代价。编制促销预算是控制促销费用、提高资金使用效率的重要手段。编制促销预算必须首先解决三个问题，即确定网络促销的目标，明确促销对象，建立促销组合。

（6）评价网络促销效果。

评价促销效果是检查促销绩效、评价促销组合有效性的重要手段，是改进促销方案的

依据。

（7）促销方案改进。

为提高促销绩效，企业应根据市场的变化不断改进促销方案，建立更为有效的促销组合。

三、网络促销的常用工具

在现阶段的网络营销活动中，常用的网络营销工具包括企业网站、搜索引擎、电子邮件、即时通讯、病毒式营销、BBS 营销、微博营销、博客营销、事件营销、RSS 营销等工具。企业需要深刻理解众多的网络营销工具并结合自身资源有效开展产品推广和品牌建设。

1. 企业网站

在所有的网络促销工具中，企业网站是最基本、最重要的一个。没有企业网站，许多网络营销方法将无用武之地。企业网站是信息发布的重要途径，是展示企业信息的平台，通过这个平台不仅可以提高企业的知名度，还可以为企业带来源源不断的订单。

2. 搜索引擎

搜索引擎营销分 SEO 与 PPC 两种。

（1）SEO 即搜索引擎优化，是通过对网站结构（内部链接结构、网站物理结构、网站逻辑结构）、高质量的网站主题内容、丰富而有价值的相关性外部链接进行优化而使网站与用户及搜索引擎更加友好，以获得在搜索引擎上的优势排名，为网站引入流量。

（2）PPC，是指购买搜索结果页上的广告位来实现营销目的，各大搜索引擎都推出了自己的广告体系，相互之间只是形式不同而已。搜索引擎广告的优势是相关性，由于广告只出现在相关搜索结果或相关主题网页中，因此，搜索引擎广告比传统广告更加有效，客户转化率更高。

3. 电子邮件营销

电子邮件营销是以订阅的方式将行业及产品信息通过电子邮件的方式提供给所需要的用户，以此建立与用户之间的信任与信赖关系。随着网络的迅猛发展，我国网民数量不断上升。企业只要拥有足够多的电子邮件地址，就可以在很短的时间内向数千万目标用户发布广告信息，营销范围可以是全中国甚至全球。

4. 即时通讯营销

即时通讯营销是利用互联网即时聊天工具进行推广宣传的营销方式。即时通信营销作为互联网的一大应用，其重要性显得日益突出。有数据表明，即时通讯营销工具的使用已经超过了电子邮件的使用，成为仅次于网站浏览器的第二大互联网应用工具。目前常用的即时通讯工具主要有 QQ、MSN、微信、飞信、阿里旺旺、百度 HI 等。

5. 病毒式营销

病毒式营销是指发起人发出产品的最初信息到用户，再依靠用户自发的口碑宣传，是网络营销中的一种常见而又非常有效的方法。它描述的是一种信息传递战略，这种战略像病毒一样，利用快速复制的方式将信息传向数以千计、数以百万计的受众。通过提供有价值的产品或服务，“让大家告诉大家”。

6. BBS 营销

BBS 营销就是利用论坛这种网络交流的平台，通过文字、图片、视频等方式发布企业的产品和服务的信息，从而让目标客户更加深刻地了解企业的产品和服务。BBS 营销在互联网诞生之初就存在，经过一段时间的发展，现在 BBS 营销不仅没有消失，反而越来越发挥着重要作用。目前影响力比较大的 BBS 有天涯论坛、猫扑大杂烩等。

7．微博营销

微博营销以微博作为营销平台，每一个听众（粉丝）都是潜在的营销对象，企业利用更新自己的微型博客向网友传播企业信息、产品信息，树立良好的企业形象和产品形象。企业每日通过发布新内容或者发布大家感兴趣的话题来与粉丝互动，这样来达到营销的目的。目前比较受欢迎的微博有新浪微博、腾讯微博、搜狐微博、网易微博等。

8．视频营销

视频营销是在广泛传播的个性视频中植入广告或在视频网站进行创意广告征集等方式来进行品牌宣传与推广，不少企业都通过发布创意视频广告延伸品牌概念。依云矿泉水曾经就制作出一群婴儿奇迹般地做出的一些大人都无法完成的匪夷所思的高难度动作（在纽约中央公园玩起 Hip Hop 的视频），视频首先在 YouTube 上引起广泛传播，该视频后来遍布世界各地视频网站，最终创造了亿万级别的单击量神话，很好地帮助企业宣传了产品、树立了品牌形象。

9．事件营销

事件营销是指企业通过策划、组织和利用具有新闻价值、社会影响以及名人效应的人物或事件，吸引媒体、社会团体和消费者的兴趣与关注，以求提高企业或产品的知名度、美誉度，树立良好的品牌形象，并最终促成产品或服务的销售的手段和方式。在“7·13”北京申奥成功的第一时间，海尔在中央电视台投入 5000 万元的祝贺广告随后播出，当夜海尔集团的热线电话被消费者打爆，而国人在多年后再次回想这一历史时刻时，肯定也会想起曾和自己一起分享喜悦的民族品牌——海尔。

10．RSS 营销

RSS 网络营销是指利用 RSS 这一互联网工具传递营销信息的网络营销模式，RSS 营销的特点决定了其比其他邮件列表营销具有更多的优势，是对邮件列表的替代和补充。目前 RSS 营销的应用还处于初级阶段，因此对于 RSS 营销方法和一般规律的研究也有待深入。开展 RSS 营销的基本条件是网站提供 RSS 信息源，并通过 RSS 方式向用户传递有价值的信息。使用 RSS 的以互联网业内人士居多，以订阅日志及资讯为主，而能够让用户来订阅广告信息的可能性更微乎其微。

四、网络促销的形式

1．网络营销站点推广

站点推广是指企业通过对网络营销站点的宣传推广，以吸引顾客访问，树立企业网上品牌形象，促进产品销售。站点推广是一项系统性的工作，需要企业制订推广计划，并遵守效益/成本原则、稳妥慎重原则和综合性实施原则。

目前，站点推广主要采取搜索引擎注册、建立链接、发送电子邮件、发布新闻、提供免费服务、发布网络广告等方式，根据网站的特性，采取不同的方法提高站点的访问率。

2．网络广告

网络广告是指广告主以付费方式运用网络媒体传播企业或产品信息，宣传企业形象。

作为广告，网络广告也具有广告的五大要素，即广告主、广告费用、广告媒体、广告受众和广告信息。网络广告类型很多，根据形式的不同可以分为旗帜广告、电子邮件广告、文字链接广告等。

3．网上销售促进

销售促进是一种短期的宣传行为。网上销售促进与传统促销方式比较类似，是指企业利用有效的销售促进工具，刺激顾客增加产品购买和使用。网上销售促进主要有以下几种形式。

（1）有奖促销。有奖促销是企业对在约定时间内购买商品的顾客给予奖励。有奖促销的关键是奖项对目标市场增加购买具有吸引力。同时，有奖促销能帮助企业了解参与促销活动的群体的特征、消费习惯和对产品的评价。

（2）打折促销。打折促销是在网络促销活动中，为显示网络销售低价优势以激励网上购物，或为调动本网站购物的积极性、烘托网站的购物气氛以促进整体销售而采取的对所销售全部或部分产品同时标出原价、折扣率或折扣后价格的促销策略。

（3）返券促销。返券促销就是网上商店在商品销售过程中推出的“购×元送×元购物券”的促销方式。购物返券的实质是商家让利于消费者的变相降价，返券促销的目的是鼓励顾客在同一商场重复购物。

（4）电子优惠券促销。某些商品在网上直接销售有一定的困难时，便结合传统营销方式，从网上下载、打印电子优惠券或直接填写优惠表单，到指定地点购买商品时可享受一定优惠，或以所选择打印的电子优惠券上约定的优惠价格购买优惠券所指定的商品。

（5）赠品促销。赠品促销在网络促销中的应用不多。在新产品上市推广、产品更新、应对竞争、开辟新市场等活动中，利用赠品促销可以达到较好的促销效果。赠品促销的优点包括：提升品牌和网站的知名度；鼓励人们经常访问网站以获得更多的优惠信息；根据目标顾客索取赠品的热情程度，总结分析营销效果和产品本身的反馈情况等。

（6）积分促销。积分促销是企业在网站上预先制定积分制度，根据网站会员在网上的购物次数、购物金额或参加活动的次数来增加积分，激发其参与活动的兴趣。企业通过积分促销，能够与客户建立长期的关系。

（7）网上联合促销。由不同商家联合进行的促销活动称为联合促销，联合促销的产品或服务应能起到一定的优势互补、互相提升自身价值等效应。如网络公司和传统商家联合，以提供在网络上无法实现的服务。

4．网络公共关系

公共关系是指企业通过与利益相关者，包括供应商、顾客、雇员、股东、社会团体、政府等，建立良好的合作关系，为企业的经营和发展营造良好的社会环境。网络公共关系是企业以互联网作为媒体和沟通渠道，与企业利害关系人建立的良好公共关系。

（1）网络公共关系的形式。公关人员须寻找甚至创造一些有益的宣传信息，并选择合适的信息载体进行信息传播。网络公共关系活动的形式主要有以下几种。

① 站点宣传。一些网站并没有直接做产品广告与促销，而是通过一种细致的关心和精心的服务，赢得网络公众的认可与接受。如宝洁公司的佳洁士产品网站，并不标价卖产品，而只提供保护牙齿的相关知识。

② 网络新闻的发布。公关人员利用网络，以较低的费用，快速将新闻传播出去。企业可以利用自己的站点、新闻组或邮件列表等方式发布新闻。

③ 站点栏目的赞助。企业的赞助对象一般有会议、公共信息、政府或非盈利性的活动等。企业通过对这些活动的栏目提供赞助，可使访问者通过赞助页面直接链接到企业所指

定的页面，提高企业的知名度。

④ 网络论坛的参与或主持。网络服务商的网络论坛经常举办一些专题讨论会，吸引公众的参加。参加与企业有关的专题论坛并积极发表意见或帮助参与者解决问题，可以提升企业的形象和知名度。

⑤ 特殊事件。企业可以通过安排一些特殊的事件，吸引公众对企业及其产品的注意，这些事件包括举办新闻发布会、讨论会、展览会、竞赛、周年庆祝活动等。

（2）网络公共关系的目标。网络公共关系的目标包括与网上新闻媒体建立良好合作关系、宣传和推广产品。

① 与网上新闻媒体建立良好合作关系。网络新闻媒体有两类，一类是传统媒体利用互联网发布媒体信息，主要是将在传统媒体上播放的节目进行数字化，转换成能在网上下载和浏览的格式，供上网者浏览；另一类是新兴的网络媒体，不以传统媒体为依托。借助互联网的信息交互特点，企业应加强与网络新闻媒体进行有效沟通，建立良好的媒体关系，为企业发展营造良好的媒体环境。

② 宣传和推广产品。借助互动式沟通渠道，企业通过在网站建立类似社区性质的新闻组、公告栏和社区论坛等，让顾客参与产品的设计和开发，与顾客一起讨论热点问题，达到传播企业理念、树立企业形象、促进产品销售的目的。

③ 建立良好的沟通渠道。网络营销站点的一个重要功能就是为企业与企业相关者建立沟通渠道。通过网站的交互功能，企业可以与目标顾客直接进行沟通，了解顾客对产品的评价和没有被满足的需求，提高顾客对企业的认识和了解，培养忠诚的顾客。

任务实施

1. 查阅资料，谈谈如何通过搜索引擎来做好网络促销。
2. 选择某一开展网络营销的企业，说说其采用了哪些网络促销工具。
3. 为学校周边的一个企业，选择其合适的网络促销形式。

知识框架图

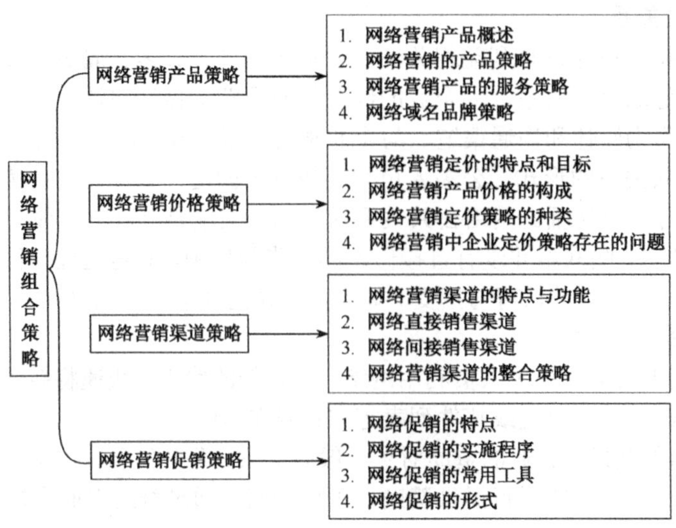

综合训练

基础训练

一、名词解释

1. 延伸产品
2. 网络营销服务
3. 网络品牌
4. 集体议价
5. 网络直销
6. 网络广告

二、填空题

1. 在网络营销中，产品的整体概念可分为五个层次：核心产品、________________、形式产品、________________、潜在产品。

2. 一个典型的产品市场生命周期一般分为四个阶段，即导入期、________________、________________与衰退期。

3. ________________是网络品牌的重要组成部分，其作为企业标识的“虚拟商标”的作用日趋明显。

4. ________________是竞价拍卖的反向过程，消费者提出一个价格范围，求购某一商品，由商家出价；出价可以是公开的也可以是隐蔽的，消费者将与出价最低或最接近的商家交易。

5. 一个完善的网络销售渠道应有三大功能：________________、________________和配送功能。

6. ________________是指发起人发出产品的最初信息到用户，再依靠用户自发的口碑宣传，是网络营销中的一种常见而又非常有效的方法。

三、选择题

1. 网络营销的虚体产品可以分为两大类（　　）。

A. 数字化产品　　B. 服务　　C. 电脑　　D. 家用电器

2.（　　）旨在引发那些随意浏览者的兴趣，帮助有目的的顾客迅速找到他们所需要的信息，获得常见问题的现成答案。

A. 电子邮件　　B. 常见问题解答　　C. 在线表单　　D. 整网络社区

3. 网络营销定价的特点有（　　）。

A. 全球性　　B. 顾客主导定价　　C. 低价位定价　　D. 随意定价

4.（　　）定价策略在定价时采用成本加一定利润，甚至是零利润的方式，因此价格比同类产品低。

A. 折扣　　B. 促销　　C. 直接低价　　D. 免费品

5. 网络营销渠道的特点包括（　　）。

A．直接性　　B．便捷性　　C．高效性　　D．专业化

6．（　　）就是利用论坛这种网络交流的平台，通过文字、图片、视频等方式发布企业的产品和服务的信息，从而让目标客户更加深刻地了解企业的产品和服务。

A．BBS 营销　　B．微博营销　　C．视频营销　　D．事件营销

7．（　　）是一种短期的宣传行为，是指企业利用有效的销售促进工具，刺激顾客增加产品购买和使用。

A．销售促进　　B．网络营销站点推广　　C．网络广告　　D．网络公共关系

四、简答题

1．简述影响网络营销产品选择的因素。

2．谈谈网络营销中企业定价策略存在的问题。

3．说说网络营销渠道的整合方式。

4．简述网络促销的实施程序。

技能训练

一、实训目的

通过对企业网络营销站点和网络营销活动的分析，了解网络营销策略的主要内容及基本的网络营销策略的技巧。

二、实训要求

1．了解京东商城网站的主要网络营销策略。

2．掌握基本的网络营销策略的技巧。

三、实训内容

1．对京东商城所采取的网络营销策略，如产品策略、定价策略、渠道策略和促销策略等内容进行分析。

2．撰写京东商城网络营销策略分析报告。

四、实训步骤

1．准备工作

登录京东商城，了解其在商品售卖页面设计、商品分类、报价方式等方面的相同点、不同点、优点与缺点。

2．分析与讨论

小组成员一起分析并讨论所采取的网络营销策略。

3．撰写报告

撰写一份网络营销策略分析报告，内容包括该网站网络营销策略介绍、网络营销策略的独特之处以及策略实施效果评价。

五、实训考核

1．每个小组一起完成一份网络营销策略分析报告。

2．小组成员填写技能实训考核表（附表如下），自评和互评，并进行班级交流。

技能实训考核表

项目名称：认识网络营销

评估指标	评估标准	分项成绩	
		个人	小组
了解京东商城在商品售卖页面设计、商品分类、报价方式等方面的相同点、不同点、优点与缺点 （40%）	1）浏览网页的认真度 2）具有个人独到见解		
网络营销策略分析报告（40%）	1）报告的格式与语言 2）报告内容是否简明、清晰、合理 3）报告分析是否合理		
课堂现场报告陈述与 PPT 展示（20%）	1）小组成员的团队协作能力 2）方案陈述的清晰度 3）陈述员的表达能力、沟通能力		
自评总成绩			
小组评语	签名： 年　月　日		
教师评分	签名： 年　月　日		

网络营销网站的建设与优化

学习目标

知识目标

- 企业网站基础知识
- 企业网站对网络营销方法和营销效果的影响
- 企业网站建设中的常见问题
- 企业网站建设策略
- 营销网站的优化

技能目标

- 能够分析企业网站的类别
- 能够分析网站在网络营销中存在的问题
- 能够根据营销需求设计一个网站
- 能够对网站进行优化

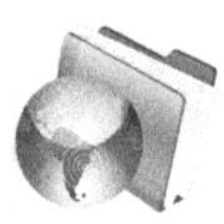

案例导读

海信集团企业网站案例点评

企业网站是一个综合性的网络营销工具，一个以网络营销为导向的企业网站才能称为优秀企业网站。一个完整的企业网站，可以划分为四个组成部分：结构、内容、服务、功能，这四个部分也就是组成企业网站的一般要素。关于企业网站专业性的评价，简单来说，就是通过一定的指标对企业网站的几个基本方面进行的评估：网站优化设计是否合理、网站内容和功能是否完整和实用、网站服务是否有效等。

关于海信企业网站（http://www.hisense.com）的栏目结构和主要信息。从总体结构来看，一级栏目数量适当，布局合理，符合用户的浏览习惯。企业的最主要的信息如公司信息、产品信息、客户服务等都通过清晰合理的栏目设置得以体现，同时一些重要的信息在网站首页上也可以方便地被用户浏览。例如，在网站首页上，“个人消费品”一栏，用户在将鼠标置于其上时能够直接看到更加细分的产品类别，十分直观和快捷。中文网站群和海外网站群列表不仅为用户了解海信集团各分支机构提供了方便，展现了公司的实力，也发挥了一定的推广和支持作用。值得指出的是，海信网站不仅导航非常清晰，而且网站地图无论是表现形式还是文件的路径设计也都是比较规范的。

关于海信企业网站的顾客服务。注重顾客服务是海信企业网站的一个明显特征，主要表现在：建立专门的海信服务网站，并在主页明显的位置建立该网站的链接，通过该网站提供各种详尽的顾客服务内容，关于海信企业网站的网络营销功能。海信网站是为数不多网络营销功能完善的网站之一，主要表现在：企业网站的促销功能、产品展示、顾客关系、顾客服务、在线调查、销售促进、在线销售等方面。例如，在线促销功能主要表现有：在网站首页和各栏目页面顶部设置各种新产品广告，网站首页上也出现了最新推广的产品信息和优惠活动；从栏目设置上可以看出，海信网站上有一个“海信商城”栏目，其设计符合传统在线购物网站的设计，并提供即时在线的导购咨询服务，为用户提供更充分的支持。

从企业网站建设专业性方面来看，海信企业网站在总体构架、内容、服务、功能等方面都可以说是比较优秀的。海信企业网站也存在明显的不足，从专业网站流量排名网站Alexa获得的数据表明，2013年12月14日，海信企业网站的全球访问量排名仅为136 410，据粗略估计，海信网站的IP访问量大约为每天5400人左右，这个数字在全部大型企业网站中处于中上等，但对于大型家电企业则处于比较落后的水平，因为家电行业的网站专业性和网站访问量相对于其他行业有一定的领先。海信企业网站专业性与访问量之间的不协调现象也充分说明，专业性的企业网站建设只是有效开展网络营销的基础，企业网站建设的完成并不意味着网络营销的终结，网站推广、销售促进、顾客关系和服务等是网络营销的重要内容，无论大型企业还是小型企业，都需要重视网络营销的真正含义和主要内容，而不仅仅是企业网站建设本身。

（案例来源：网商世界，略作修改）

问题思考

1. 试分析海信集团的企业网站包括了哪些信息？
2. 试分析海信集团的企业网站有哪些功能？
3. 请你通过网络搜索该公司的网站并亲身感受一下案例中的网络营销，你是否有任何改进的建议？

网络营销站点的建设

任务概要

网站的种类很多，从网站的基本原理和采用的技术基础上说，各网站并没有本质性的差别，所不同之处主要在于网站的目的、内容、功能、规模、表现形式、经营方式等。出于网络营销研究的目的，这里只讨论企业网站的建设。企业网站是企业的门户和为用户提供各种服务的平台。企业网站的建设应以营销为导向，遵循网站建设的原则和策略。

任务知识

一、企业网站

企业网站相当于企业在互联网中的门面，是企业实施网络营销策略的基础，因此企业实施网络营销策略的基本任务之一，就是构建一个网络营销站点。

1．企业网站的类别

不同的企业网站的表现形式、功能和内容方面都各有特色。一般来说，可按照行业、企业规模、网站所采用的技术、功能、网站主机类型等进行网站分类。为了能反映企业网站与网络营销的直接关系，按照企业网站的功能分类，一般可分为信息发布型网站和在线销售型网站。

信息发布型企业网站，也可称为“在线宣传册型”网站，顾名思义，这种网站由于功能简单，内容单一，相当于产品宣传册的在线版。它所涉及的信息包括公司新闻、产品信息、采购信息、招聘信息等用户、销售商和供应商所关心的内容，多用于产品和品牌推广以及与用户之间沟通，网站本身并不具备完善的网上订单跟踪处理功能。这种网站是企业网站的初级形式，其特点是造价很低，维护简单，发挥的效果也很有限，因此往往在企业网络营销的初期采用。随着企业经营对网络营销功能需求的增加，这种简单的信息发布型企业网站就无法满足经营需要了。

在线销售型网站由于涉及支付、订单管理、用户管理、商品配送等环节，一般说来要比信息发布型网站更复杂，并且网站的经营重点也有一定的差异，除了一般的网络营销目的之外，获得直接的销售收入也是其主要目的之一。

2．企业网站的特点

不管是何种类型的企业网站，它们都是开展网络营销的基础。但它又具有其自身的特殊性，总体来说企业网站具有下列特点。

（1）企业网站具有自主性和灵活性。企业网站完全是根据企业本身的需要建立的，并非由其他网络服务商所经营，因此在功能上有较大的自主性和灵活性，也正因为如此，每个企业网站的内容和功能会有较大的差别。企业网站效果的好坏，主动权掌握在自己手里，其前提是对企业网站有正确的认识，这样才能适应企业营销策略的需要，并且从经济上、技术上有实现的条件。

（2）企业网站可以有针对性地推广客户感兴趣的产品。

（3）企业网站可以向浏览者提供一般的信息，也可以通过分析用户的浏览习惯和上网数据差异化地向用户提供针对性很强的内容，吸引用户。

（4）企业网站的容量大、使用方便。企业网站中的容量不受限制，产品资讯、图片，任何您想要提供给客户的资料皆可输入；它的时间不受限制，一天 24 小时，一年 365 天不停地运作，随时提供服务；它的地点不受限制，目前全球绝大多数的国家都已经将发展 Internet 作为首要政策目标之一，上网将如同打开家里的电视机一样简单。

（5）企业网站的构建、运营成本低。成本低是企业追求的目标。建置企业网站不需花费大额的金钱投资，也几乎没有任何风险性。不但如此，企业网站还可分担企业部分的人工，节省市场开发、业务销售及服务的成本，缩短销售体系的距离。

（6）企业网站具有多功能性，且功能相对稳定。企业网站在现在及未来的资讯社会将成为不可缺少的企业识别标志之一，它可提升企业的附加价值。它可以是一个即时资讯的看板，除了给予客户一个效率资讯通道，也可以是一个购物中心，并对招募人才产生重要的功能。全方位和多功能，取决于企业整体的创造力。

同时，企业网站功能具有相对稳定性，表现为两方面的含义：一方面，一旦网站的结构和功能被设计完成并正式开始运作，在一定时期内将基本稳定，只有在运行一个阶段后，在进行功能升级的情况下，才能拥有新的功能，网站功能的相对稳定性对于网站的运营维护与一些常规网络营销方法的应用都很有必要，一个不断变化中的企业网站是不利于网络营销的；另一方面，功能的相对稳定性也意味着，如果存在某些功能方面的缺陷，在下次升级之前的一段时间内，将影响网络营销效果的发挥，因此在企业网站策划过程中应充分考虑到网站功能的这一特点，尽量做到在一定阶段内功能适用并具有一定的前瞻性。

3．企业网站的网络营销功能

网站不仅代表着企业的网络品牌形象，同时也是开展网络营销的根据地，网站建设的水平对网络营销的效果有直接影响。

要建设一个真正有用的网站，首先应该对企业网站可以实现的功能有一个全面的认识。建设一个企业网站，重要的在于让网站真正发挥作用，让网站成为有效的网络营销工具和网上销售渠道，充分体现网站在品牌形象、产品/服务展示、信息发布、顾客服务、顾客关系、网上调查、网上联盟、网上销售7个方面的营销功能。

（1）品牌形象。网站的形象代表着企业的网上品牌形象，网站建设是否专业化直接影响企业的网络品牌形象，同时也对网站的其他功能产生直接影响。尤其对于以网上经营为主要方式的企业，网站的形象是访问者对企业的第一印象，这种印象对于建立品牌形象、获取用户信任具有至关重要的作用，因此具备条件的企业应力求在自己的网站建设上体现出自己的风格，但实际上很多网站对此缺乏充分的认识，网站形象并没有充分体现出企业的品牌价值，相反一些新兴的企业利用这一原理做到了“小企业，大品牌”，并且获得了与传统大型企业平等竞争的机会。

（2）产品和服务展示。顾客访问网站的主要目的是为了对公司的产品和服务进行深入的了解，企业网站的主要价值也就在于灵活地向用户展示产品说明及图片甚至多媒体信息，即使一个功能简单的网站至少也相当于一本可以随时更新的产品宣传资料，并且这种宣传资料是用户主动来获取的，对信息内容有较高的关注度，因此往往可以获得比一般印刷宣传资料更好的效果，这也就是为什么一些小型企业只满足于建立一个功能简单的网站的主要原因，在投资不大的情况下，同样有可能获得理想的回报。

（3）信息发布。网站是一个信息载体，在法律许可的范围内，可以发布一切有利于企业形象、顾客服务以及促进销售的企业新闻、产品信息、各种促销信息、招标信息、合作信息、人员招聘信息等。因此，拥有一个网站就相当于拥有一个强有力的宣传工具。当网站建成之后，合理组织对用户有价值的信息是网络营销的首要任务，当企业有新产品上市、开展阶段性促销活动时，应充分发挥网站的信息发布功能。

（4）顾客关系与顾客服务功能。通过网站可以为顾客提供各种在线服务和帮助信息，比如常见问题解答（FAQ）、详尽的联系信息、在线填写寻求帮助的表单、通过聊天实时回答顾客的咨询等。同时，利用网站还可以实现增进顾客关系的目的，比如通过发行各种免费邮件列表、提供有奖竞猜等方式吸引用户的参与。

（5）网上调查。通过网站上的在线调查表，可以获得用户的反馈信息，用于产品调查、消费者行为调查、品牌形象调查等，是获得第一手市场资料有效的调查工具。

（6）网上联盟。为了获得更好的网上推广效果，需要与供应商、经销商、客户网站以及其他内容互补或者相关的企业建立合作关系。

（7）网上销售。一个功能完善的网站本身就可以完成订单确认、网上支付等电子商务功能，即网站本身就是一个销售渠道。

总之，网站的功能越完善，对促进整体营销效果也越有利，否则，即使网站推广投入的人力和财力很多，仍然会觉得网络营销的效果不理想，因为网络营销是一个系统工程，一个小方面的问题就可能影响到最终的效果，而网站建设对网站功能的发挥尤其重要。

二、企业网站与网络营销

1．企业网站的发展现状

根据《2013 年上半年中国企业互联网应用状况调查报告》显示，截至 2013 年 6 月底，全国范围内，已有 40.1%的企业建立了独立的企业网站。企业网站具备产品或服务的展示功能、树立品牌形象功能的比例高达 86.4%和 77.4%。电子商务相关的功能建设也逐渐受到重视，企业网站具备提供客户服务和销售功能的比例分别为 63.0%和 57.0%。由于企业越来越多地开展互联网活动，所以企业建站也正逐渐成为重要的基础建设工作。目前来看，我国中小企业的建站水平，无论是在用户体验或是在实际功能方面，都还有很大的提升空间。

企业网站发展已有了长足的进步，但与发达国家（在美国，80% 以上的企业拥有自己的企业网站）相比，还有一定的距离，从数量和质量上都有待进一步去研究，找出解决方案以提高企业网站的效用。

2．企业网站在网络营销中存在的问题

企业网站是企业进行网络营销的基础，但目前众多企业网站在实施网络营销时，并不如意，追究到底，其主要问题就是规划和网页设计不合理，在这方面最为突出的问题有以下五点。

（1）网站规划和栏目设置不合理。网站规划和栏目设置不合理主要表现为栏目设置重叠、交叉，或者栏目名称意义不明确，使得用户难以发现需要的信息。有些网站则栏目过于繁多和杂乱，网站导航系统混乱。

（2）企业网站信息量小且重要信息不完整。网页信息量小包含两种情况：一种是页面上的内容过少，或者将本来一个网页可以发布的内容分为多个网页，而且各网页之间没有相互链接，需要多次单击才能发现有效的信息，这样便增加了信息传播渠道的长度，在此过程中可能失去潜在用户；另一方面是尽管网页内容总量不少，但有用的信息少，笼统介绍的内容多。为数不少的企业网站连企业介绍、联系方式、产品分类和详细介绍、产品促销等最基本的重要信息都不完整，尤其是产品介绍过于简单，有些甚至没有公布任何联系方式。

（3）栏目层次过深。一般来说，重要的信息应该出现在最容易被用户发现的位置，应尽可能缩短信息传递的渠道，以使企业信息更加有效地传递给用户，但由于网站栏目层次过深，用户需要多次单击才能获取有效信息，在这个过程中，一些有价值的用户可能已经离开了网站。

（4）网站缺乏促销意识。网站促销意识指通过网站向访问者展示产品、对销售提供支持，网络营销有多种具体表现方式，如主要页面的产品图片与介绍、通过页面广告较好地体现出企业形象或者新产品信息，列出销售机构联系方式、销售网店信息等，通过以上方式起到积累内部网络营销资源和拓展外部网络营销资源的作用，这方面企业网站总体状况比较欠缺。

（5）企业网站的在线顾客服务比较欠缺。通过网站可以为顾客提供各种在线服务和帮助信息，比如常见问题解答（FAQ）、电子邮件咨询、在线表单、通过即时信息实时回答顾客的咨询等等。一个设计水平较高的常见问题解答，应该可以满足 80% 以上顾客关心的问题，这样不仅为顾客提供了方便，也提高了顾客服务效率、节省了服务成本。但实际上，大多数企业网站的顾客服务信息的总体状况比较薄弱，尤其在线服务手段没有得到足够的重视，网络营销的在线顾客服务功能远远没有发挥出来。

企业网站对网络营销效果的影响是各种复杂因素综合作用的效果，每一个细微的不足和问题，都有可能失去用户，或者根本无法获得被用户发现的机会，结果最明显的表现就是网站访问量很小，或者由于得不到有价值的信息和服务，访问者的转化率很低，无法取得最终的收益。

3．企业网站建设对网络营销的影响

网站建设对网络营销的影响表现在两个方面：一方面是对用户产生的影响，另一方面是对网络营销方法的影响。

（1）网站建设对用户的影响。网站建设对用户的影响最为直接，网站的内容和服务是网络营销取得成效的基础，无论网站推广多么成功，如果用户通过各种途径了解到一个企业网站可能有对自己有价值的信息和服务，但网站内容没有价值，或者功能难以应用，用户都会对网站失去兴趣，结果不仅所有的网站推广活动最终没有效果，还可能对企业和产品产生负面影响。因此企业网站应重视基础建设工作，一个可以获得用户欢迎和信任的网站至少应该在下列五个方面符合用户的期望。

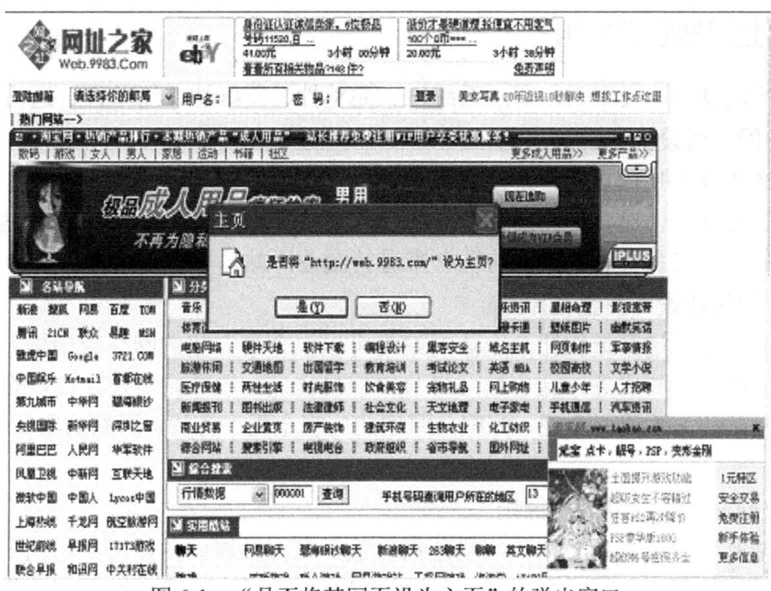

图 6-1　“是否将某网页设为主页”的弹出窗口

① 网站信息的有效性。网站信息的有效性是指用户可以从网站获取有价值的信息，因此要求网站信息是真实的、最新的、详细的，尤其对于用户所关心的内容如公司介绍、产品详细说明、详细的联系方式等。

② 网页下载速度快。研究发现，网页下载速度是网站留住访问者的关键因素，如果超过 10 秒还不能打开一个网页，一般人就会没有耐心。

③ 保持网站功能正常运行。在网站服务器正常运行的情况下，还要保持网站功能的正常运行，这是保证用户能够正常访问的基础条件。这也包括保持网站链接有效、用户注册和退出方便。

④ 保护个人信息。除了在用户资料注册时遵照“个人信息适量原则”之外，还要保护这些个人信息不被滥用或者出租给其他利用注册用户资料发送广告信息的公司，否则同样会失去用户的信任。

⑤ 避免对用户造成滋扰。一些网站采用许多方法对用户造成严重的滋扰，如利用不正当手段修改用户浏览器的默认主页设置，甚至恶意修改注册表，这些方法目的都是为了获得更多的访问量，但是由于并非出自用户的自愿，即使获得很多单击数量，这些流量也没有网络营销价值，因此在企业网站设计中应避免，如图 6-1 所示。

（2）网站设计对网站推广的影响。企业网站建设的专业与否几乎对网络营销各方面都将产生直接或间接的影响。例如，在线帮助系统与顾客服务水平有较大关系；在线调查系统功能是否完善对在线调研方法产生直接影响；没有邮件列表功能的网站就难以利用注册会员资料开展许可 E-mail 营销；等等。企业网站的网络营销效果首先要通过网站推广，获得一定数量的用户之后才能逐渐表现出来，也就是说，网站推广的效果在很大程度上决定了企业网站的价值。

网站推广的常用的方法包括搜索引擎营销、交换链接、网络广告、E-mail 营销、病毒性营销等。而网站建设是实施这些推广方法的基础，如果网站在设计之初未考虑其推广，在功能设置上不适合采用网站推广的方法，那么必然影响其推广效果。

三、企业网站建设原则

企业网站建设的一般原则，即：系统性、完整性、友好性、简单性、适应性。

1．企业网站建设的系统性原则

企业网站建设不是孤立的，是网络营销策略的基本组成部分，网站建设不仅影响着网络营销功能的发挥，也对多种网络营销方法产生直接和间接的影响，因此在网站建设策划和建设过程中应该用系统的、整体的观念来看待企业网站。

2．企业网站建设的完整性原则

与一般的信息传递渠道相比，企业网站是可以包含最完整的网络营销信息源，应该为用户提供完整的信息和服务，这也是网络营销信息传递一般原则所决定的。企业网站的完整性指企业网站的基本要素合理、完整，网站的内容全面、有效，网站的服务和功能适用、方便。

3．企业网站建设的友好性原则

企业网站是为了更好地发挥其网络营销价值，友好性原则是以网络营销为导向的企业网站优化思想的体现，包括三个方面：对用户友好、对网络环境友好、对经营者友好。

4．企业网站建设的简单性原则

简单是企业网站专业性的最高境界。从网络营销信息传递原理来看，简单也就是建造最短信息传递渠道，使得信息传递效率最高、噪声和屏障影响最小。

5．企业网站建设的适应性原则

网络营销是一项长期的工作，不仅网站的内容和服务在不断发展变化，企业网站的功能和表现形式也需要适应不断变化的网络营销环境。

一个网站的建设需要多个环节，从网站策划到开发、设计、信息发布等通常不是一个人可以完成的，策划人员提交的方案在实施过程往往难以被完全实现，由于技术开发人员和网页设计人员对网络营销的理解和指导思想的偏差，容易偏离当初的策划思想，使得网站建设中更多地带有技术人员的个性特色。

四、企业网站建设策略

一个完整的企业网站，无论多么复杂或多么简单，都由网站结构、网站内容、网站服务和网站功能组成。以下将分别从网站的组成要素展开，说明如何建设营销导向的企业网站。

1．网站结构设计

网站结构的设计包括栏目设置、网站布局等内容。网站结构是企业网站建设的基本指导方针，只有确定了网站结构，才能开始技术开发和网页设计工作。

（1）网站栏目设置。网站栏目设置是一个网站结构的基础，也是网站导航的基础，应做到设置合理、层次分明。一般来说，一个企业网站的一级栏目不应超过 8 个，而栏目层次以 3 级以内比较合适，过多的栏目数量和栏目层次都会为浏览者带来麻烦。栏目围绕主题设置，这样的网站显得专业，主题突出，容易给人留下深刻印象。如图 6-2、图 6-3 所示，在这两个页面中的突出特点就是栏目内容清晰，主题鲜明。

图 6-2　海尔集团官方网站首页

图 6-3　中国进出口商品交易会官方网站首页

（2）网页布局。网页布局是指当网站栏目结果确定之后，为了满足栏目设置的要求需要进行的网页模板规划。网页布局主要包括：网页结构布局、网站菜单和导航的设置、网页信息的排放位置等。

① 网页结构布局。网页结构布局通常有 DIV 布局、表格布局和框架布局三种方式。由于框架布局将一个页面划分为多个窗口时，破坏了网页的基本用户界面，很容易产生一些意想不到的情况，如容易产生链接错误、不能为用户所看到的每一个子框架都设置一个标题（Title）等，有些搜索引擎对框架页面不能正确处理，会影响到搜索结果的排列名次，因此现在多数网站都不采用框架布局。表格布局则是在同一个页面中，将一个表格（或者被拆分为几个表格）划分为若干板块来分别放置不同的信息内容。DIV 布局与表格布局不同，它和 CSS 一起可以实现网页页面内容与表现相分离。

② 网站菜单和导航。网站菜单：网站的菜单一般是指各级栏目，由一级栏目组成的菜单称主菜单。这个菜单一般会出现在所有页面上，在网站首页一般只有一级栏目的菜单，而在一级栏目的首页（在大型网站中一般称为频道），则可能出现栏目进一步细分的菜单，可称之为栏目菜单，或者辅菜单。

网站导航：导航是在网站栏目结构的基础上，进一步为用户浏览网站提供的提示系统。这种辅助性导航称为“面包屑导航条”，一般是通过在各个栏目的主菜单下面设置一个辅助菜单来说明用户目前所在网页在网站中的位置，如图 6-4 所示。如果网站内容较多，专门设计一个网站地图是非常必要的，这个页面为用户查找信息提供了方便，搜索引擎在网站中检索信息时也会访问这个页面，通常是采用静态网页的方式建立一个文件名为“sitemap.htm”的网页，如图 6-5 所示。

③ 网页信息的排放位置。对于网页上信息的排列布局并没有一般的规定，但通过对互联网用户的行为特征、主要搜索引擎抓取网页摘要信息的方式以及一些优秀网站网页设计布局的分析，可以归纳出一些值得参考的原则，包括将最重要的信息放在首页显著位置，在页面左上角放置企业 Logo，为每个页面预留一定的广告位置，在网站首页等主要页面预留一个合作伙伴链接区，公司介绍、联系信息、网站地图等网站公共菜单一般放置在网页最下方，站内检索、会员注册/登录等服务放置在右侧或中上方显眼位置等。

图 6-4　联想网站的面包屑导航条

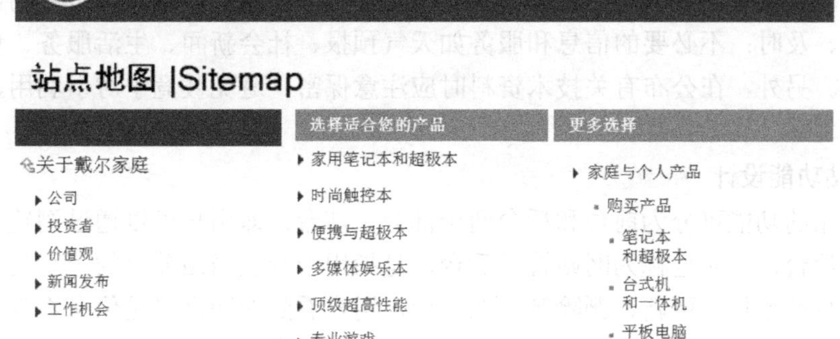

图 6-5　DELL 网站的站点地图

2. 网站内容设计

网站内容包括所有可以在网上被用户通过视觉或听觉感知的信息，如文字、图片、视频、音频等。一般来说，文字信息是企业网站的主要表现形式。

网站内容必须满足用户的需要，要求对目标用户的需求特征和行为做一些必要的调研。一般来说，一个企业网站主要的访问者有这样几类：直接用户、经销商、设备和原材料供应商、竞争者等。尤其对于公司的现有用户和潜在用户的需求特点，有必要做深入的研究。

公司的现有用户和潜在用户是网站的重点照顾对象，企业要认真分析他们需要什么信息。以一个电视机生产企业为例，一个用户/潜在用户访问某企业网站的目的大致有几种：看看有什么新产品、对比不同规格产品的性能和价格、对比其他品牌的同类产品、查询本地销售商和保修地址等，如果可以进行网上订购，用户自然也希望了解与此相关的信息，比如订货方式、支付手段、送货时间和费用、退换商品政策等，因此，这些内容应该作为网站的重点。

根据企业网站信息的作用，可以将应有的基本内容分为以下四类，这些信息类别也是规划网站栏目结构时主要的考虑因素。

（1）公司信息。公司信息是为了让新访问者对公司状况有初步的了解。公司是否可以获得用户的信任，在很大程度上取决于这些基本信息。在公司信息中，如果内容比较丰富，可以进一步分解为若干子栏目，如公司概况、发展历程、公司动态、媒体报道、主要业绩（证书、数据）、组织结构、企业主要领导人员介绍、联系方式等。

（2）产品信息。企业网站上的产品信息应全面反映所有系列和各种型号的产品。对产品进行详尽的介绍，如有需要，除了文字介绍之外，可配备相应的图片资料、视频文件等。用户的购买决策是一个复杂的过程，其中可能受到多种因素的影响，因此企业在产品信息中除了产品型号、性能等基本信息之外，其他有助于用户产生信任和购买决策的信息，都可以用适当的方式发布在企业网站上，如有关机构和专家的检测和鉴定、用户评论、相关产品知识等。

（3）公众信息。公众信息是指非用户身份对公司进行了解所获得的信息，如投资人、媒体记者、调查研究人员等，这些人员访问网站虽然并非以了解和购买产品为目的（当然这些人也有成为公司顾客的可能），但同样对公司的公众形象等具有不可低估的影响，对于公开上市的公司或者知名企业而言，对网站上的公众信息应给予足够的重视。

（4）其他信息。根据企业的需要，可以在网站上发布其他的有关信息，如招聘信息、采购信息等。在进行企业信息的选择和发布时，应掌握一定的原则：有价值的信息应尽量丰富、完整、及时；不必要的信息和服务如天气预报、社会新闻、生活服务、免费邮箱等应力求避免。另外，在公布有关技术资料时应注意保密，避免被竞争对手利用，造成不必要的损失。

3．网站功能设计

企业网站的功能可分为前台和后台两个部分。前台，即用户可以通过浏览器看到和操作的内容；后台，有时也称为网站管理后台，是指用于管理网站前台的一系列操作，如产品、企业信息的增加、更新、删除等。在前台，用户看到的通常只是信息本身，看不到信息的发布过程。例如，在网站上看到的公司新闻、产品介绍等就是网站运营人员通过后台的信息发布功能实现的；对于邮件列表功能，用户在前台看到的通常只是一个输入电子邮件地址的订阅框，而用户邮件地址的管理和邮件的发送等功能都是通过后台才能实现的。

一个企业网站需要哪些功能主要取决于网络营销策略、财务预算、网站维护管理能力等因素。下面列出的是企业网站常用的部分功能，对于一些大型网站则会有更为复杂的功能需求。

（1）信息发布。除了最简单的仅有少数几个静态网页的企业网站之外，现在一般企业网站多采用后台信息发布的方式，企业网站上的多数信息都可以通过信息发布功能来实现，如企业动态、媒体报道、招聘信息、产品介绍等。

（2）产品管理。如果产品品种较多并且不断有新产品推出，为便于网站信息维护，需要设计产品管理功能，实现产品资料的增加、删除、修改。

（3）会员管理。如果需要用户注册才能获得某些服务，或者希望用户参与某些活动，那么用户管理功能是很重要的。

（4）订单管理。具有在线销售功能的网站，订单管理是必不可少的功能。

（5）邮件列表。邮件列表在顾客关系、顾客服务、产品促销等方面都有良好的效果，是开展许可 E-mail 营销的必要功能。

（6）论坛管理。一般小型企业网站中的论坛能发挥多大的价值还有待于进一步研究，但是一些大型企业网站、行业网站以及一些专业网站中的论坛所发挥的作用是很明显的，因此这些网站在条件许可的情况下设立一个在线论坛很有必要。

（7）在线帮助。在线帮助包括 FAQ、问题提交/解答、即时信息等，可以根据需要选择相应的功能。

（8）站内检索。信息数量较多或产品较多时，站内检索功能为用户提供了很大的方便，同时，通过用户对这个检索工具的应用状况进行分析，也可以发现用户对站内信息和产品的关注情况，具有一定的市场研究价值。

（9）广告管理。企业网站内有一些很有价值的广告空间，广告管理系统用于站内各种网络广告资源的管理，如广告的更换、单击情况的统计等。

（10）在线调查。企业网站本身所具有的在线调查功能就是通过这个功能来实现的，一个高质量的在线调查系统可以在多方面获取用户的反馈信息，是开展市场调研不可缺少的手段之一。

（11）流量统计。网站流量统计分析是检验网络营销效果的必要手段之一，也是分析用

户行为、发现网站设计和功能是否存在问题的辅助工具。一个完善的网站流量统计比较复杂，因此通常采用专业服务商提供的专业软件来实现。

4．网站服务设计

企业网站的服务也是网站的基本要素之一。企业有必要根据产品特点和用户的需求特征提供相应的服务内容，这些服务有些已经包含在网站的基本内容中（如常见问题解答），有些则需要与产品相结合才能发挥作用。企业网站服务的实现通常需要相应功能的支持。

网站服务的内容和形式很多，常见的有：

（1）产品选购和保养知识。相对于生产商和销售商来说，用户的产品知识总是比较欠缺的，利用网站为用户提供尽可能多的产品知识是市场培养的有效方法之一。

（2）产品说明书。除了随产品附送说明书之外，在网上发布详细的产品说明对于用户了解产品具有积极意义。

（3）常见问题解答（FAQ）。企业将用户在使用网站服务、了解和选购产品过程中可能遇到的问题整理为一个常见问题解答，并根据用户的问题不断增加和完善这个 FAQ，不仅方便了用户，也节省了顾客服务时间和服务成本。一个优秀的 FAQ 可以完成 80% 的在线顾客服务任务。

（4）在线问题咨询。如果用户的问题比较特殊，企业需要专门给予回答，开设这种问题解答服务是很有必要的，不仅解决了顾客的咨询，从中也可以了解到一些顾客对产品的看法。

（5）即时信息服务。在条件具备的情况下，利用即时信息开展实时顾客服务更容易获得用户的欢迎。

（6）会员通信。企业定期向注册用户发送有价值的信息是顾客关系和顾客服务的有效手段之一。

（7）优惠券下载。当公司推出优惠措施时，将优惠券发布在网络上，不仅容易获得用户的关注，也降低了发放优惠券的成本。

（8）驱动程序下载。如果是需要驱动程序的电子产品，企业应在网站上提供各种型号产品的驱动程序，并给以详细说明。

（9）会员社区服务。会员社区服务为用户提供一个发表自己观点、与其他用户相互交流的空间。

（10）免费研究报告。如果企业拥有重要的信息资源，可以定期为用户提供有价值的免费研究报告。

5．网站首页设计

网站首页是企业网站的门面，因此很多企业网站对网站首页设计非常关注。现在有一种普遍现象，在很多企业网站的首页都是一个漂亮的“欢迎页面”，展示一些图片、动画、或者其他多媒体文件，所表现出的信息大多和企业形象或者核心业务无关。据了解，一些企业喜欢这种方式的主要原因是觉得直接进入产品介绍页面，会显得内容贫乏，而且不够专业。其实这种担心是不必要的，因为用户浏览一个网站的目的是要了解有关产品或服务的信息，而不是来欣赏美术作品，那些无关的内容往往会占用访问者的时间，甚至将用户的视线转移。如果一定要采用一个漂亮网页作为首页时，不妨通过一些多媒体手段，在展示企业品牌形象方面下点工夫，尽量不要放置和企业毫无关系的内容。

任务实施

1．访问唯品会网站，分析该网站实现了哪些功能。

2．上网选择一网站，通过观察，分析其网站功能结构及营销策略，分析存在的问题，并提出解决方案。

3．以主机屋网站（www.zhujiwu.com）上提供的个人/企业免费主页空间为例，搭建一个商业站点，并利用该网站后台管理中心对该站点进行规划和管理。

任务二 网络营销站点的优化

任务概要

网络优化包含搜索引擎优化，也包含修改网站的内容和设计以使网站发挥最优的效果。网站优化的目的和层次体现在用户体验，搜索引擎检索和网络运营维护方面。

任务知识

一、网站优化的含义

网站优化可以从狭义和广义两个方面来说明，狭义的网站优化，即搜索引擎优化，也就是让网站设计适合搜索引擎检索，满足搜索引擎排名的指标，从而在搜索引擎检索中获得排名靠前，增强搜索引擎营销的效果。广义的网站优化所考虑的因素不仅仅是搜索引擎，也包括充分满足用户的需求特征、清晰的网站导航、完善的在线帮助等，在此基础上使得网站功能和信息产生最好的效果。也就是以企业网站为基础，与网络服务商（如搜索引擎等）、合作伙伴、顾客、供应商、销售商等网络营销环境中各方面因素建立良好的关系。

二、网站优化的目的

网站优化设计的目的具体表现在以下三个方面。

（1）从用户的角度来说，经过网站的优化设计，用户可以方便地浏览网站的信息、使用网站的服务。

（2）从基于搜索引擎的推广网站的角度来说，优化设计的网站使得搜索引擎可以顺利抓取网站的基本信息。当用户通过搜索引擎检索时，企业期望的网站摘要信息可以出现在理想的位置，使用户能够发现有关信息并引起兴趣，从而单击搜索结果并到达网站获取进一步的信息服务，直至成为真正的顾客。

（3）从网站运营维护的角度来说，网站运营人员可以方便地对网站进行管理维护，有利于各种网络营销方法的应用，并且可以积累有价值的网络营销资源。只有经过网站优化设计的企业网站才能真正具有网络营销导向，才能与网络营销策略相一致。

三、网站优化的层次

网站优化包括三个层面的含义：对用户的优化、对网络环境（搜索引擎等）的优化和对网站运营维护的优化。

1．用户优化

以用户的需求为导向，可从网站导航、网站速度、网页布局、网站信息内容、网站可信度等方面考虑网站的优化。

要想建设一个可以获得用户欢迎和信任的网站，至少应该在下列八个方面做到符合用户的期望。

（1）网站信息的有效性。网站信息的有效性是指用户可以从网站获得最有价值的信息，因此要求信息是真实的、最新的、详细的，特别是对用户所关心的内容，如公司介绍、产品信息、联系方式等，要特别注意。

（2）网站的速度。网站的下载速度直接影响用户的耐心。一个打开过慢的网站会使用户失去耐性。

（3）网站的简单易用性。网站的设计不要过于繁杂，相反，要尽量简约、易用。

（4）保持网站功能的正常运行。

（5）保持网站链接的有效。

（6）用户注册、退出方便。

（7）要对用户个人信息进行保密。

（8）避免相关的广告对用户的滋扰。

2．网络环境优化

网站设计对网络环境的优化具体表现在网站设计应适合搜索引擎检索（搜索引擎优化），便于积累网络营销所需的网站资源（如互换链接、互换广告等）。

搜索引擎优化（SEO），是通过对网站结构（内容链接结构、网站物理结构、网站逻辑结构）、高质量的网站主题内容，丰富而又有价值的相关性外部链接进行优化而使网站搜索引擎更加友好，以获得在搜索引擎上的优势排名，为网站引入流量。

利用搜索引擎工具可以实现四个层次的营销目标，即被搜索引擎收录、在搜索结果中排名靠前、增加用户的单击（点进）率、将浏览者转化为顾客。在一般的搜索引擎优化中，通过设计网页标题、Meta 标签中的内容等，通常可以实现前两个初级目标。实现高层次的目标，还需要进一步对搜索引擎进行优化设计。

网站设计对搜索引擎的不友好，会表现在多个方面。最坏的情况是搜索引擎无法检索信息，或者返回的检索信息在用户看起来没有吸引力。造成网站对搜索引擎不友好的主要原因有：①大量采用图片形式，没有可以检索的文本信息；②网页没有标题，或者标题中没有包含有效的关键词；③网页正文中有效关键词比较少；④网站导航系统让搜索引擎“看不懂”；⑤部分数据库信息对搜索引擎“保密”；⑥没有其他网站提供链接线索进行比较。

3．网站运营维护优化

网站设计对网站运营维护优化的含义：充分体现网站的网络营销功能，使得各种网络营销方法可以发挥最大效果；网站便于日常信息更新、维护、改版升级，便于获得和管理注册用户资源等。

从上述对网站优化设计含义的理解也可以看出，网站优化设计并非只是搜索引擎优化，搜索引擎优化只是网站优化设计中的一部分，不过这部分内容对于网站推广的影响非常明显和直接，因而更容易引起重视。真正的网站优化设计不仅仅是搜索引擎优化，应坚持用户导向而不是搜索引擎导向。因此网站优化设计中三个层面的内容不能顾此失彼，应实现

全面优化，尤其是应将对用户的优化放在首位。（参考附录《企业网站建设指导规范》）

四、网站优化的诊断分析

下面以戴尔网站（http://www.dell.com.cn/）为例，对网站的概况、Alexa 排名、PR 值、被著名搜索引擎收录和反向链接情况、网站页面及 Meta 标签检测和关键字查询等情况进行诊断分析。

1. 网站概况

戴尔网站的首页如图 6-6 所示。

图 6-6　DELL 网站首页

戴尔企业网站在结构、内容、服务、功能等方面都可以说是比较优秀的。网站的颜色搭配合理，给人清静舒服的感觉。

从首页来看，戴尔整个网站主要包括“主页”、“家庭与个人产品”、“商用产品”、“技术支持”和“登录我的账户”。在首页底部还有公共菜单，包括“戴尔做得更多”、“公司”、“法律”和“社区”。所有二级页面均设有二级菜单以及显示当前位置的面包屑导航条，便于用户随时离开子站点回到首页或返回上一级。导航栏用的是最普通的横向导航，方便用户查找。

在网页布局和信息的排放上，网站将最重要的信息放在页面的显著位置。而且，在网站中能很详细、全面又方便地找到各类信息，包括产品信息、公司信息、公众信息等。在功能设计上也很全面，包括产品管理、订单管理、会员管理、站内检索、在线服务等。

2. 网站评价诊断方法

进行网站评价诊断需要利用各大搜索引擎提供的信息进行统计。一般诊断方法包括以下几个方面：

（1）Alexa 排名及流量分析。

（2）Google PageRank 页面评定等级。

（3）主流搜索引擎收录和反向链接情况。

（4）网站页面标题及 Meta 标签的设置情况。

（5）使用的主要工具：Alexa 网站（http://www.alexa.com/）、站长之家站长工具（http://tool.chinaz.com/）。

3. 网站 Alexa 排名分析

在 Alexa 网站上查到戴尔网站在全球综合排名第 62 615 位，中文排名第 13 589 位。网站流量排名情况，如图 6-7 所示。

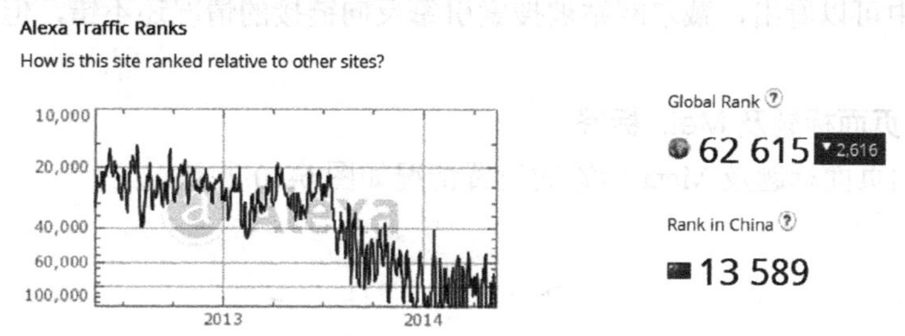

图 6-7　DELL 网站 2013、2014 年流量排名

从图 6-7 可以看出，戴尔网站的流量排名近来保持相对稳定的趋势，排名不算低，但从较长时间来看是呈下降趋势，仍有上升空间，只有找到其不足的地方才能更好地改进网站，提高访问量。

图 6-8 说明，戴尔网站的跳出率为 71.6%，人均每日页面访问量为 1.99，每日浏览时间为 1 分 5 秒。这些数字均值得戴尔企业重视。

图 6-8　DELL 网站的用户关注情况

4. 网站 PR 值分析

PR 值取自 Google 创始人 Larry Page，是 Google 排名运算法则（排名公式）的一部分，用来标识网页的等级/重要性。级别从 0 到 10 级，10 级为满分。PR 值越高说明该网页越受欢迎（越重要）。

如图 6-9 所示，戴尔网站的 PR 值为 6，说明网站的受欢迎程度还不错。

网址	dell.com.cn/
PR值	6
出站链接数	39
PR输出值	0.28

图 6-9　DELL 网站 PR 值

5. 网站被搜索引擎收录和反向链接情况

通过向各大搜索引擎查询，戴尔网站被搜索引擎收录和反向链接情况如表 6-1 所示。

表 6-1　戴尔网站被搜索引擎收录和反向链接情况

搜索引擎	百度	Google	SOSO	有道	Bing	搜狗
收录数量	180	401	30	137	40	303
反链数量	12.4 万	4.07 亿	63171	22.2 万	405 万	43 022

从表 6-1 中可以看出，戴尔网站被搜索引擎反向链接的情况还不错，但收录情况有所欠缺。

6. 网站的页面标题及 Meta 标签

戴尔网站的页面标题及 Meta 标签的设置情况如图 6-10 所示。

标签	内容长度	内容	优化建议
标题（Title）	25 个字符	Dell - 戴尔官方网站 | Dell 中国大陆	一般不超过80个字符
关键词（KeyWords）	63 个字符	dell, 戴尔, dell官方网站, dell中国, 戴尔官方网站, 计算机, 笔记本, 电脑, 台式机, 打印机, 显示器	一般不超过100个字符
描述（Description）	82 个字符	欢迎访问戴尔官方网站。Dell中国为个人、家庭、企业办公等提供高品质戴尔产品及服务。登录Dell官方网站查询最新Dell产品价格、戴尔优惠活动、戴尔售后服务信息等。	一般不超过200个字符

图 6-10　DELL 网站页面标题及 Meta 标签

7. 网站搜索分析

戴尔网站搜索情况如图 6-11 所示，来自搜索引擎的搜索流量占比为 10.7%，而搜索流量中有 76.6% 的比例来自于用户对“DELL”关键字的检索。由此可看出，“DELL”这个品牌标识的认可度还是很高的。

8. 综合分析

戴尔网站，从总体上来说，页面清晰，层次分明，布局合理，内容详尽，功能全面，客服比较到位。网站还集成了电子商务功能，提供了网上购买功能，可以让用户更为直接方便地购买公司产品。在搜索引擎优化方面，主流搜索引擎的收录数量还有待改进，但反向链接数量还不错。

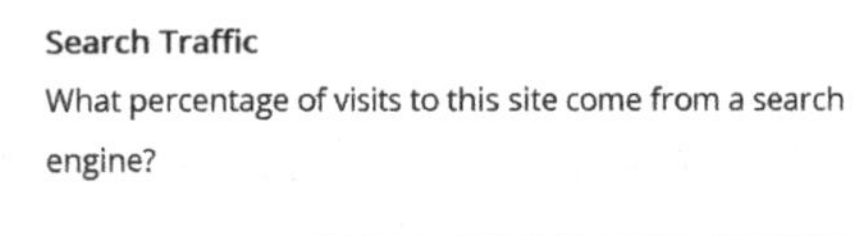

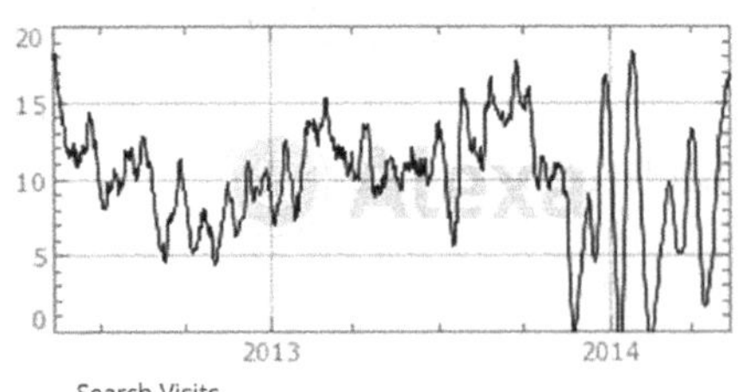

Top Keywords from Search Engines

Which search keywords send traffic to this site?

Keyword	Percent of Search Traffic
1. dell	76.60%
2. 戴尔	4.74%
3. dell官方网站	3.40%
4. dell服务器	2.70%
5. dell中国	2.00%

Upgrade to View

图 6-11　DELL 网站搜索情况

通过 Alexa 排名及流量分析，发现戴尔网站排名不算低，相对比较稳定，但从较长的一段时间来看呈下降趋势，因此，戴尔网站在一定程度上还存在不足之处。我们还可以通过戴尔与联想作比较，更为清楚地认识到戴尔的不足。

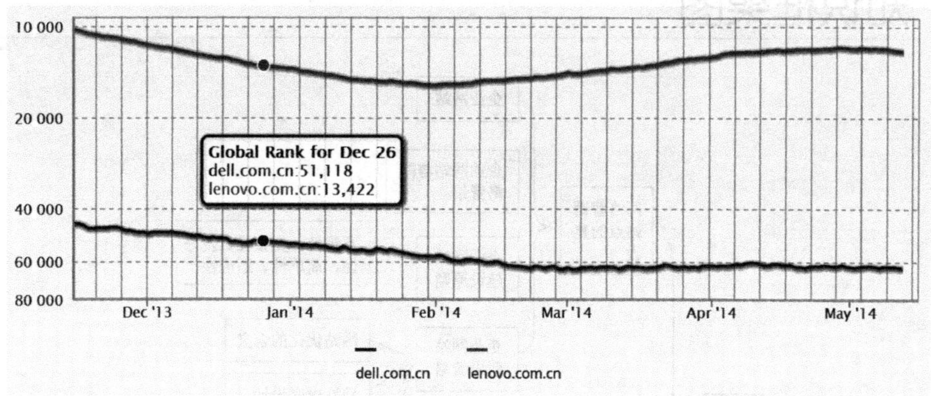

图 6-12　DELL 网站与联想网站的 Alexa 流量排名比较

图 6-12 可以看出，作为同行业网站，联想网站的 Alexa 流量排名高于戴尔网站，可以说联想网站的被关注度比戴尔网站高。戴尔网站的专业性与访问量之间的不协调现象也充分说明，专业性的企业网站建设只是有效开展网络营销的基础，企业网站建设的完成并不意味着网络营销的终结，网站推广、顾客关系服务等都是网络营销的重要内容。

看网站不能光看它的表面，只有深入了解和考察，才可能发现原来每一个网站在不同程度上都存在一定问题，有的是小问题，有的还存在更大的问题，但只有在慢慢发现这些问题的过程中才能知道如何改进自己的网站，从而解决网站的问题，最终提升网站的访问量。

因此，戴尔要想在产品营销上取得新的突破，网络营销不应忽视，尤其是企业网站的优化及推广，应该让之更为充分友好地展示到顾客面前，这样，企业才能获得更大的发展空间。

任务实施

1．从利于搜索的角度出发，对某个网站进行优化诊断。

2．选择一个你喜爱的企业网站，对这个企业网站进行分析，从优化的角度提出改进建议。

知识框架图

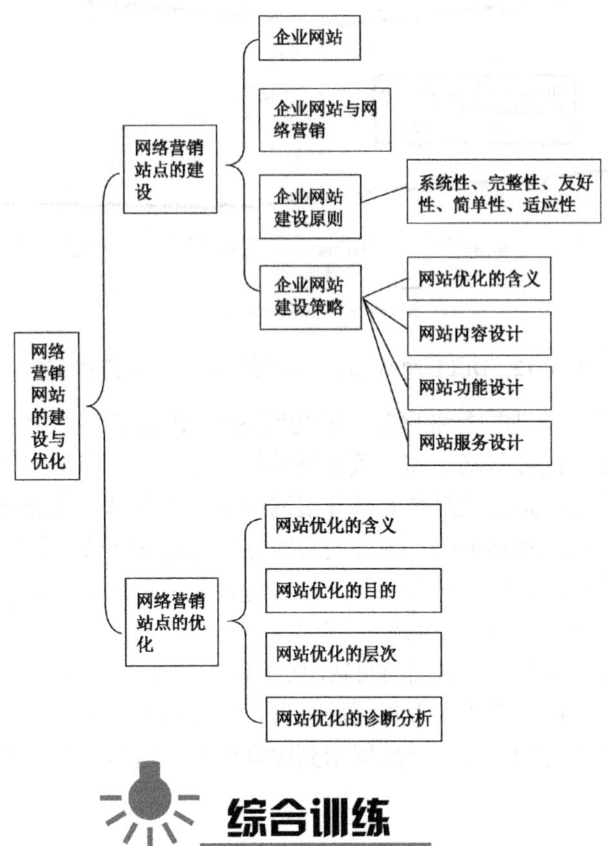

综合训练

基础训练

一、名词解释

1．企业网站

2．网站优化

二、填空题

1．企业网站的网络营销功能包括：________、________、________、________、________、________、________、________。

2．网站优化的首要问题是________。

3．通过网站任何一个网页应该不超过________次单击到达站内其他任何一个网页。

三、选择题

1．“企业通过设立自己的网站可实现销售的多样化”，这里描述了企业网站的（　　）功能。

A．消费者关系　　B．网上调查　　C．资源合作　　D．网上销售

2．企业在向搜索引擎登录时，如何选择合适的“（　　）”是至关重要的。

A．关键词　　B．标题　　C．描述　　D．URL

3．域名和含义对应错误的是（　　）。

A．com 商业网　　B．edu 教育网

C．org 网络机构　　D．gov 政府机构

4．发布修改后网页，意思是（　　）。

A．对测试完成后的网页，利用网站发布工具对外发布

B．保证页面内容的正确性、格式的正确性、链接的有效性

C．按照需要配备图片、声音等媒体形式的材料来多层面展示商务信息

D．企业的新产品开发情况以及产品介绍，产品的促销信息等方面内容

5．测试所制作的网页时，不需要考虑的因素是（　　）。

A．保证页面内容的正确性

B．格式的正确性

C．链接的有效性，以及页面下载速度的合理性

D．网页发布工具

6．栏目编辑时一定要遵循设计好的网站模板，这是因为（　　）。

A．保证风格统一，确保网站总体结构和页面总体规划，提高网页制作效率

B．保证文字内容正确率

C．安全

D．仅仅是因为管理员的习惯

7．在网站的主页制作时，填写关键字，要设置（　　）标记。

A．Src　　B．Meta　　C．Details　　D．Title

8．搜索引擎在引用网页关键字时，将要分析的栏目是（　　）。

A．meta\title　　B．font　　C．scr　　D．herf

四、简答题

1．企业网站按照其功能可分为哪些类型？针对不同类型的网站分析其在建设时应满足哪些需求？

2．如何理解网站的优化设计？

3．假设要建设一个校园商务平台，请您考虑如何根据用户的需求设计该站点的功能模块。

技能训练

一、实训目的

通过分析企业网站的类别，涉及营销需求，以营销需求为导向设计一个企业网站，使用常用的营销手段对网站进行推广，并分析网站营销推广的效果，在分析的基础上对网站进行优化。

二、实训要求

1．了解如何设计一个以营销需求为导向的企业网站。

2．掌握网站优化的方法。

三、实训内容

1．策划一个企业网站的营销需求。

2．分小组设计一个企业网站。

3．发布企业网站，采用常用的营销方法推广网站。

4. 根据网站推广的效果对其进行优化，比较优化后和优化前的效果。

四、实训步骤

1. 准备工作

小组讨论后确定企业销售的产品和网络营销的需求。

2. 设计企业网站

根据营销需求设计企业的网站，展示和突出企业的产品。

3. 网站优化

通过使用 51.la 来统计和分析网站优化点，对其优化。

4. 比较优化前后的效果

利用表格、图表来统计分析网站优化前后的流量。

五、实训考核

1. 每个小组设计和建设一个网站。
2. 小组成员填写技能实训考核表（附表如下），自评和互评，并进行班级交流。

技能实训考核表

项目名称：网络营销网站的建设与优化

<table>
<tr><th rowspan="2">评估指标</th><th rowspan="2">评估标准</th><th colspan="2">分项成绩</th></tr>
<tr><th>个 人</th><th>小 组</th></tr>
<tr><td>企业网站的建设（40%）</td><td>1）企业网站对网络营销方法和营销效果的影响
2）企业网站建设中的常见问题
3）营销导向型企业网站建设策略</td><td></td><td></td></tr>
<tr><td>企业网站的优化（40%）</td><td>1）企业网站优化的内涵
2）企业网站优化的实施</td><td></td><td></td></tr>
<tr><td>班级交流（20%）</td><td>1）现场发言准备是否充分
2）方案阐述是否清晰流利
3）小组成员的合作质量</td><td></td><td></td></tr>
<tr><td colspan="2">自评总成绩</td><td colspan="2"></td></tr>
<tr><td>小组评语</td><td colspan="3">签名：
年 月 日</td></tr>
<tr><td>教师评分</td><td colspan="3">签名：
年 月 日</td></tr>
</table>

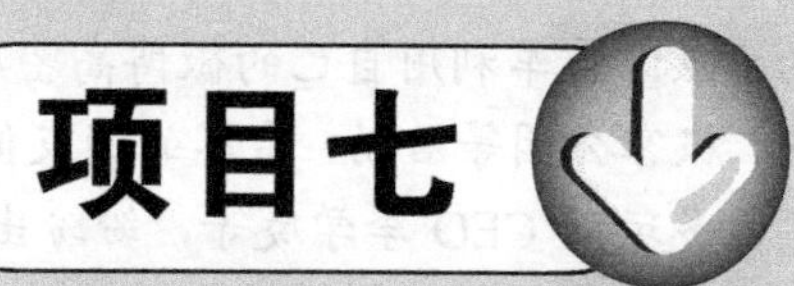

项目七 网络营销推广策略

学习目标

知识目标

- 了解搜索引擎营销
- 了解电子邮件营销
- 了解网站互助推广
- 了解病毒性营销
- 了解网络营销广告
- 了解无线网络营销
- 了解博客微博微信营销

技能目标

- 掌握搜索引擎的优化
- 掌握电子邮件营销的过程
- 掌握网站互助推广的方式
- 掌握病毒式营销的方法
- 掌握网络营销广告的实施策略
- 掌握无线网络营销的方法
- 掌握博客微博微信营销的方法

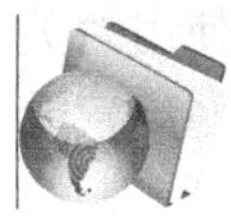

案例导读

小米手机借网络营销走俏

小米公司成立于2010年4月，是一家专注于高端智能手机自主研发的移动互联网公司。

小米手机的营销推广，销售以及售后服务主要通过互联网展开，充分利用传统的和新兴的网络营销手段，创造了网络营销的奇迹。小米手机在2013年的出货量是1870万台，增长160%，含税收入316亿元，增长150%。

小米手机的创始人——雷军凭借其自身的名声号召力，在小米手机的发布会上推出针对手机发烧友的超强的配置、极低的价格、极高的性价比，赚足了媒体的眼球。其高调的宣传发布会取得了众媒体与手机发烧友的关注，网络上到处都充斥着小米手机的身影，在各大IT产品网站上随处可见小米手机的新闻，拆机测评、质量比较等。

小米手机在正式发布前，其团队充分发挥了社交媒体——微博的影响力。比如，在小米手机发布前，通过手机话题的小应用和微博用户互动，挖掘出小米手机包装盒“踩不坏”

的卖点；雷军利用自己的微博高密度宣传小米手机，频繁参与新浪微访谈，出席腾讯微论坛、极客公园等活动。雷军的朋友们，包括过去雷军投资过的公司的高管，如凡客 CEO 陈年、多玩网 CEO 李学凌等，纷纷出面在微博里为小米手机造势，作为 IT 界的名人，他们中的每一个人都拥有着众多的粉丝，因此，微博的营销功能被小米团队运用到了极致。

无论是关心 IT 产品的还是不关心的用户都在谈论小米手机，上网了解小米手机，都在“抢购”小米手机，不由自主地当起了“病毒传播者”。小米手机充分利用网络营销的特点，推广产品，极大地节省了成本，提高了品牌知名度，促进了产品的销售。

（案例来源：http://blog.sina.com.cn/s/blog_6c51a9b00100zdyg.html）

案例思考：试分析小米手机在营销过程中采取了哪些营销手段？试分析小米手机在营销过程中的主要营销手段是什么？有什么创新之处？请你分析社交媒体如微博微信在营销活动中相对其他营销手段有什么异同？

任务一 搜索引擎营销

任务概要

企业利用搜索引擎可以达到宣传公司形象、进行具体产品的推广、引导客户购买本公司产品和宣传促销信息等目的。基于搜索引擎的重要性，了解搜索引擎的基本原理，了解搜索引擎的营销形式和营销策略及其实现的方式，理解通过搜索引擎展开的营销活动可以节约成本，提高产品的用户访问率。

任务知识

一、搜索引擎营销概述

所谓搜索引擎营销（Search Engine Marketing，SEM），就是根据用户使用搜索引擎的方式，利用用户检索信息的机会尽可能将营销信息传递给目标用户。用户检索所使用的关键词反映出用户对该问题（产品）的关注，这种关注是搜索引擎之所以被应用于网络营销的根本原因。CNNIC 2013 年 7 月的互联网报告表明：搜索引擎有着庞大的用户群，截至 2013 年 6 月底，我国搜索引擎网民规模为 4.7 亿，较 2012 年底增长了 1928 万人；网民中 79.6%的用户经常使用搜索引擎。

搜索引擎营销得以实现的基本过程是：企业将信息发布在网站上成为以网页形式存在的信息源；搜索引擎将网站/网页信息收录到索引数据库；用户利用关键词进行检索（对于分类目录则是逐级目录查询）；检索结果中罗列相关的索引信息及其链接 URL；根据用户对检索结果的判断选择有兴趣的信息并单击 URL 进入信息源所在网页。这样便完成了企业从发布信息到用户获取信息的整个过程，这个过程也说明了搜索引擎营销的基本原理。

二、搜索引擎营销的形式

搜索引擎营销包括免费登录、搜索引擎优化、关键词广告、竞价排名以及网页内容定位广告等多种形式。

1. 免费登录搜索引擎

向搜索引擎免费登录自己的网站是最为传统的搜索引擎营销手段。目前，主流的搜索引擎几乎都对商业网站的登录免费，例如百度和谷歌的网站登录都是免费的。

2. 搜索引擎优化

SEO（Search Engine OSptimization，SEO）是用来改进页面在搜索引擎搜索结果中排名的各种技巧的总称。要做到较高质量的搜索引擎优化水平，主要的方法包括网站栏目结构层次合理、网站分类信息合理、将动态网页做静态化处理、每个网页均有独立标题、网页标题中含有有效的关键词、合理安排网页内容信息量及有效关键词设计等，另外，每个网页还有专门设计的META标签，这些工作对增加搜索引擎友好性是非常重要的。

3. 关键词广告

关键词广告是在搜索引擎的搜索结果中发布广告的一种方式，关键词广告与一般网络广告的不同之处在于，关键词广告出现的位置不是固定在某些页面，而是当有用户检索到特定的关键词时，广告才会出现在搜索结果页面的显著位置上。不同的搜索引擎有不同的关键词广告显示方式，有的将付费关键词检索结果显示在搜索结果的最前面，有的则将它们显示在搜索结果页面的专用位置上（如右列）。当然，最恶劣的一种方式是，将广告混杂在非广告当中，因为这可能会误导搜索用户，使他们误以为广告内容也是中立的非商业内容。

总的来说，关键词广告与搜索引擎优化有很大的差别，实质上属于网络广告的范畴，是网络广告的一种特殊形式。由于关键词广告具有较高的定位能力，可以提供即时的单击率报告，还允许用户随时修改关键词等有关设置，收费模式也更加合理，因此，关键词广告正逐渐成为搜索引擎营销的一种常用形式。

4. 竞价排名

竞价排名是搜索引擎关键词广告的一种特殊形式，这种搜索引擎关键词广告按付费高者排名靠前的原则，对购买了相同关键词组的网站进行排名。竞价排名给了广告主对广告效果的更多的控制。肯出大价钱的广告主可以保证他的网站出现在搜索结果的前列。所以竞价排名是很受广告主欢迎的一种搜索引擎营销方式。

关键词竞价排名最早由Overture推出，目前在中国市场的领头羊是百度。如今，关键词竞价排名成为一些企业利用搜索引擎营销的主要方式，竞价排名的时效性强，非常适合发动短期的促销攻势。比方说，一家企业需要通过其网站处理一批积压商品。这时，该企业完全无需做扎实的网站推广工作，一次短期的竞价排名广告就可以廉价而高效地实现目标。

竞价排名的基本特点是按单击付费，广告出现在搜索结果中（一般是靠前的位置）如果没有被用户单击，不收取广告费，在同一关键词的广告中，支付每次单击价格最高的广告排列在第一位，其他位置同样按照广告主自己设定的广告单击价格来决定广告的排名位置。

5. 网页内容定位广告

基于网页内容定位的网络广告是搜索引擎营销模式的进一步延伸，它将通过关键词检索定位的广告显示在搜索引擎之外的相关网站上，广告载体不仅仅是搜索引擎的搜索结果网页，也延伸到搜索引擎公司合作伙伴的网页。例如，当用户在百度搜索“手机”时，在网页的左侧会有广告商的关键词检索链接广告区域，会出现有关手机的网站介绍和链接，这些广告内容是不断更新的。网页内容定位的网络广告可以做到的并不仅仅是将关键词检索广告增加一种显示方式，由于大大拓展了广告投放的空间，增加了被用户浏览的机会，实际上已经超出了关键词检索的基本形态。

三、搜索引擎营销策略的实现

搜索引擎营销策略主要包括关键词策略和搜索引擎优化策略。前者同时适用于搜索引擎登录、优化和搜索引擎广告。

1. 关键词策略

互联网上的搜索大部分是由用户在搜索框中输入的关键词触发的。关键词策略包括关键词的确定、关键词的使用和关键词的监测。

（1）关键词的确定。为网页确定关键词是搜索引擎营销的头等大事，确定关键词的过程就是确定企业网络营销目标市场的过程。首先，关键词的选择要少而精。其次，参与搜索引擎排名可以选择更多的关键词，但这些关键词同样需要与网站内容相关，否则企业按单击付费换来的流量不能转化为实际交易，也是营销上的失败。

选择关键词要避免单个的热门词汇。对于大多数企业而言，要在诸如“电脑”、“汽车”、“房地产”这类关键词的搜索结果中靠网页优化进入前 20 名几乎是件不可能完成的任务，在这些词汇上参与竞价也有很高的风险，因为企业在这些词汇上的竞争比较激烈，而且这些词汇吸引来的流量的相关程度并不高。因此，企业需要开动脑筋，选择能体现自己企业特色和优势的关键词。通常这类关键词都是通过在中心关键词的前后加上代表特定地方、特别的技术和工艺、特殊的服务等词汇的词组来构成。例如，“数码照相机”就比单独的“照相机”更有针对性。不过，选择太偏僻的关键词词组也不是上策，因为过于冷门的关键词即使可以获得较高的单击率，由于总的展示次数太少，很难达到预期效果。因此，选定关键词就是要在热门和冷门之间寻找一个最佳的平衡点。

（2）关键词的使用。在选定了关键词后，必须在各个环节部署关键词。这些环节包括页面内容的确定、页面标题的确定、页面结构的确定以及页面 URL 的确定等，要尽可能地让关键词在各个地方出现。向搜索引擎或者主题目录登录网站时，不仅要在指定关键词的地方填入选定的关键词，在网站描述部分也要突出这些关键词。一般而言，关键词在页面中出现的频率越高便说明该页面与该关键词越相关，但关键词的密度超过了 8% 则被认为是反常的。

（3）关键词的监测。对选定的关键词要进行长期的跟踪测试，了解每个关键词组合的热门程度和竞争情况，在必要时更换新的关键词。

2. 搜索引擎优化策略

搜索引擎优化是最重要的搜索引擎营销策略。搜索引擎优化，也就是针对各种搜索引擎的检索特点，让网页设计适合搜索引擎的检索原则，从而获得搜索引擎收录并在排名中靠前的各种行为。搜索引擎优化最重要的目标就是让公司的网站对于相关的关键词搜索排名在搜索结果页面的前列，即使这些相关的关键词是比较冷门的关键词，搜索引擎优化也仍然是值得的。

搜索引擎优化的传统技巧包括对元标签的优化，但因为元标签很容易被滥用，所以许多搜索引擎开始倾向于忽略元标签的内容。当前，最重要的元标签类型是描述标签，因为使用 Inktomi 数据的搜索引擎（如 MSN）将描述标签中的内容作为对该网站的描述显示在结果页面上。

根据 iconocast.com 公司所做的调查，企业常用的一些搜索引擎优化的方法如表 7-1 所示。需要注意的是，加星号的两种方法为不道德的搜索引擎营销方法。

表 7-1 企业常用的搜索引擎优化方法

搜索引擎优化方法	百分比（%）
改变元标签	61
改变页面标题	44
交互链接	32
购买多个域名	28
使用桥页 *	21
在背景中部署关键词 *	18

利用搜索引擎进行网站推广的关键是在主要的搜索引擎上利用相关关键字进行查询时可以获得好的排名，一般要求排名在前 30 名以内，即在搜索结果页的前 3 页。不同的搜索引擎有不同的返回搜索结果的排名算法。以下我们就搜索引擎优化的基本原则作一些讨论。

（1）对主题目录类搜索引擎而言，起决定作用的是网站的质量，因为好的站点更可能获得好的评论。

（2）最好不使用框架、热点地图来创建网页，因为搜索引擎无法索引这些页面元素。同样，对于利用数据库动态生成的网页，搜索引擎也很难处理。鉴于动态生成的网页对于高质量的网站是不可缺少的，最好利用专门的静态页面来补充和支持动态页面。

（3）优化页面的 Html 设计，利用相关标签来增加提高排名的机会。这些标签包括 Meta、Alt、Title 等。研究在主要搜索引擎上获得好的排名的网站的 HTML 设计，借鉴这些优秀网站的一些好的做法。

（4）对网站进行经常性的更新，这是获得好排名和吸引访问者回访的一举两得的方法。

（5）发展尽可能多的向内的链接，提高自己站点的热门程度。这种做法对于网站推广具有事半功倍的效果，它既能通过链接提高访问量，又可以通过改进在搜索引擎上的排名提高访问量。

（6）利用大家关心的热门事件，在网站上制作临时的网页来吸引流量，例如，奥运会期间，会涌现出一批热门的搜索词，如果不失时机地推出奥运会某个相关主题的临时网页，必定能吸引一批访问者。不过，要妥善处理临时网页和网站主题的相关性问题，否则，纵使临时页面可以为网站带来流量，这些增加的流量也是低质量的流量，因为它们的转化率势必很低。

（7）在向大的搜索引擎登录站点前，可以先在小的搜索引擎和专题目录上登录站点或者站点的部分页面，这样可以建立站点的知名度，增加对大型搜索引擎的吸引力。

（8）不要在 Meta 标签中包含竞争对手的名称或者商标，尽管这可能会吸引到潜在的访问者，但这样做是违反商业道德的，并且可能还会引发法律诉讼。但是，可以通过在页面正文中巧妙地提到竞争对手来获得少许额外的访问量。

（9）使用多个域名的网站不要同时提交内容相同而域名不同的页面，这会使页面的排名变得非常靠后。因为许多搜索引擎会把这当成是一种不道德的行为。

（10）经常对自己的网站在搜索引擎上的排名情况进行监测，采取措施改进和保持自己的排名。

（11）有条件的话可以考虑建设相应的博客网站来支持企业的主营销站点。博客站点是搜索引擎友好的站点，经常可以在搜索引擎上获得很好的排名，而企业的博客站点如果有很高的知名度，对主站点的访问量有直接的贡献，同时，随着博客站点排名的上升，企业主站点的排名也会随之上升。所以，有博客站点支援的站点就获取了明显的竞争优势。

任务实施

1. 将自己网站地址提交给百度、谷歌等主流搜索引擎。
2. 了解谷歌关键词广告（adwords.google.cn），体验搜索引擎在线广告服务。
3. 以推广某公司的某产品为例，撰写一份搜索引擎营销方案。

任务二 电子邮件营销

任务概要

电子邮件已经成为互联网用户之间最主要的沟通方式。利用电子邮件工具实施营销，将其在顾客服务、顾客关系建立、产品和网址的推广上发挥作用。要掌握企业 E-mail 营销的内涵、E-mail 营销的基本形式及 E-mail 营销的一般过程。

任务知识

一、电子邮件营销的内涵

电子邮件营销是以电子邮件为主要工具的一种网络营销方式。E-mail 营销是在用户事先许可的前提下，通过电子邮件的方式向目标用户传递有价值信息的一种网络营销手段。在此定义中强调了三个基本因素：基于用户许可、通过电子邮件传递信息、信息对用户是有价值的。三个因素缺少一个，都不能称之为有效的 E-mail 营销。

二、电子邮件营销的基本形式

根据许可 E-mail 营销所应用的用户电子邮件地址资源的所有形式，可以分为内部列表 E-mail 营销和外部列表 E-mail 营销，或简称内部列表和外部列表。内部列表也就是通常所说的邮件列表，是利用网站的注册用户资料开展 E-mail 营销的方式，常见的形式如新闻邮件、会员通信、电子刊物等。E-mail 营销外部列表则是利用专业服务商的用户电子邮件地址来开展 E-mail 营销，也就是以电子邮件广告的形式向服务商的用户发送信息。这两种形式各有自己的优势，对网络营销比较重视的企业通常都拥有自己的内部列表，但内部列表与采用外部列表并不矛盾，如果必要，两种方式可同时采用。表 7-2 对两种 E-mail 营销形式的功能特点进行了比较。

表 7-2 内部列表和外部列表 E-mail 营销的比较

主要功能和特点	内部列表 E-mail 营销	外部列表 E-mail 营销
主要功能	顾客关系、顾客服务、品牌形象、产品推广、在线调查、资源合作	品牌形象、产品推广、在线调查
投入费用	相对固定、取决于日常经营和维护费用，与邮件发送数量无关，用户数量越多，平均费用越低	没有日常维护费用，营销费用由邮件发送数量、定位程度等决定，发送数量越多费用越高
用户信任程度	用户主动加入，对邮件信任度高	邮件为第三方发送，用户对邮件的信任程度取决于服务商的信用、企业自身的品牌、邮件内容等因素
用户定位程度	高	取决于服务商邮件列表的质量
获得新用户的能力	用户相对固定，对获得新用户效果不显著	可针对新领域的用户进行推广，吸引新用户能力强
用户资源规模	需要逐步积累，一般内部类标用户数量比较少，无法在很短时间内向大量用户发送信息	在预算许可的情况下，可同时向大量用户发送邮件，信息传播覆盖面广
邮件列表维护和内容设计	需要专业人员操作，无法获得专业人士的建议	服务商专业人员负责，可对邮件发送、内容设计等提供相应的建议
E-mail 营销效果分析	由于长期活动，较难准确评价每次邮件发送的效果，需要长期跟踪分析	由服务商提供专业的分析报告，可快速了解每次活动的效果

由表 7-2 可以看出，自行经营的内部列表不仅需要自行建立或者选用第三方的邮件列表发行系统，还需要对邮件列表进行维护管理，如用户资料管理、退信管理、用户反馈跟踪等，对营销人员的要求比较高，在初期用户资料比较少的情况下，费用相对高，随着用户数量的增加，内部列表营销的边际成本降低，其优势才能逐渐表现出来。这两种 E-mail 营销方式属于资源的不同应用和转化方式，内部列表以少量、连续的资源投入获得长期、稳定的营销资源，外部列表则是用资金换取临时性的营销资源。内部列表在顾客关系和顾客服务方面的功能比较显著，外部列表由于比较灵活，可以根据需要选择投放不同类型的潜在用户，因而在短期内即可获得明显的效果。

三、电子邮件营销的一般过程

开展 E-mail 营销的过程，也就是将有关营销信息通过电子邮件的方式传递给用户的过程，为了将信息发送到目标用户电子邮箱，首先应该明确，向哪些用户发送这些信息，发送什么信息，以及如何发送信息。开展 E-mail 营销一般要经历下列几个主要步骤。

（1）制订 E-mail 营销计划，分析目前所拥有的 E-mail 营销资源。如果公司本身拥有用户的 E-mail 地址资源，首先应利用这些内部资源。

（2）决定是否利用外部列表投放 E-mail 广告，并且要选择合适的外部列表服务商。

（3）针对内部和外部邮件列表分别设计邮件内容。

（4）根据计划向潜在用户发送电子邮件信息。

（5）对 E-mail 营销活动的效果进行分析总结。

这是进行 E-mail 营销一般要经历的过程，但并非每次活动都要经过这些步骤，并且不同的企业、在不同的阶段 E-mail 营销的内容和方法也都有所区别。一般来说，内部列表 E-mail 营销是一项长期性工作，通常在企业网站的策划建设阶段就已经纳入了计划，内部列表的建立需要相当长时间的资源积累，而外部列表 E-mail 营销可以灵活地采用，因此两种 E-mail 营销的过程有很大差别。为了进一步辨析两者的区别，表 7-3 对两种列表 E-mail 营销的过程进行了简单的比较。

表 7-3 内部列表和外部列表 E-mail 营销过程比较

E-mail 营销的主要阶段	内部列表 E-mail 营销	外部列表 E-mail 营销
（1）确定 E-mail 营销目的	需要在网站规划阶段制定，主要包括邮件列表的类型、目标用户、功能等内容。一旦确定具有相对稳定性	在营销策略需要时确定营销活动目的、期望目标。每次 E-mail 营销活动的目的、内容、形式、规模等可能各不相同
（2）建设或者选择邮件列表技术平台	邮件列表的主要功能需要在网站建设阶段完成，或者在必要的时候为网站增加邮件列表功能，也可以选择第三方的邮件列表发行平台	不需要自己的邮件发行系统
（3）获取用户 E-mail 地址资源	通过各种推广手段，吸引尽可能多的用户加入列表。邮件列表用户 E-mail 地址属于自己的营销资源，发送邮件不需要支付费用	不需要自己建立用户资源，而是通过选择合适的 E-mail 营销服务商，在服务商的用户资源中按照一定的条件选择潜在用户列表。一般来说，每次发送邮件均需要向服务商支付费用
（4）E-mail 营销的内容设计	在总体方针的指导下来设计邮件的内容，一般为营销人员的长期工作	根据每次 E-mail 营销活动需要制作邮件内容，或者委托专业服务商制作
（5）邮件发送	利用自己的邮件发送系统（或者选定第三方发行系统）根据设定的邮件列表发行周期按时发送	由服务商根据服务协议发送邮件
（6）E-mail 营销效果跟踪评价	自行跟踪分析 E-mail 营销的效果，可定期进行	由服务商提供专门的分析报告，可以是从邮件发送后实时在线查询，也可能是一次活动结束后统一提供检测报告

由表 7-3 可以看出，由于外部列表 E-mail 营销相当于向媒体投放广告，其过程相对简单一些，并且是与专业服务商合作，可以得到一些专业的建议，在营销活动中并不会觉得十分困难，而内部列表 E-mail 营销的每一个步骤都比较复杂，并且是依靠企业内部的营销人员自己来进行，由于企业资源状况、企业各部门之间的配合、营销人员知识和经验等因素的影响，在执行过程中，会遇到大量新问题，其实施过程也比外部列表 E-mail 营销复杂得多，但由于内部列表拥有巨大的长期价值，因此建立和维护内部列表成为 E-mail 营销中最重要的内容。

任务实施

1．以“青春”为主题，借助 QQ 邮件列表开展内部 E-mail 营销，构建自己的内部邮件列表，并对该列表进行维护。

2．采用多种渠道向更多用户推广订阅地址，并向用户发送有价值的邮件。

3．网上搜集提供外部列表服务的服务商，及其合作方式。

任务三 网站互助推广

任务概要

通过网站间的合作，共享互联网用户资源是企业网站的提高访问率的重要途径。了解网站互助推广的内涵和网站资源合作的策略。

任务知识

一、网站互助推广的内涵

每个企业网站均可以拥有自己的资源，这种资源可以表现为一定的访问量、注册用户信息、有价值的内容和功能、网络广告空间等，利用网站的资源与合作伙伴开展合作，可以实现资源共享，共同扩大收益的目的。

网站之间的资源合作也是互相推广的一种重要方法，其中最简单的合作方式为交换链接。网站其他合作形式还有网络上用户资源共享、交换广告、内容合作等。尽管形式和操作方法各不相同，但是基本思路是一样的，即在自己拥有一定营销资源的情况下通过合作达到共同发展的目的。

二、网站资源合作的策略

1. 利用网站交换链接达到资源共享

目前最简单且应用较广泛的网络资源合作形式是交换链接。网站交换链接是具有一定互补优势的网站之间的简单合作形式，即分别在自己的网站上放置对方网站的 Logog 或网站名称并设置对方网站的超级链接，使得用户可以在流览另一方网站的同时发现自己的网站，达到互相推广的目的。

（1）交换链接的价值。通过交换链接可以加深用户浏览时的印象，从而获得潜在的网络品牌价值，在搜索引擎排名中增加优势，通过合作网站的推荐增加访问者的可信度，比增加访问量更重要之处在于业内的认知和认可，为用户提供延伸服务。因此，建立交换链接的首要任务是寻找那些比较理想的对象，然后与对方联系，请求对方将自己的网站作为链接伙伴。

（2）企业实施交换链接的具体过程。

① 分析潜在的合作对象。简单的方法之一是浏览几个先于自己发布的，和自己实力、规模、经营领域最接近的网站，逐个分析他们的交换链接对象，发现合适的，先作为备选对象，留待以后主动合作的邀请。

② 向目标网站发出合作邀请。先起草一份简短的有关交换链接的建议，发给目标的联系人，然后静候对方的回应。如果几天后仍然没有回复，不妨再发送一次邮件询问，这时应该注意信件主题，明确地告诉对方你的目的和诚意，而且信件的内容要有礼貌，先简单地介绍一下自己的网站，如果你已经事先为对方做了链接，就礼貌地告诉对方这样做的意义。合作邮件最好是一对一的而不是群发邮件。如果以征求交换链接的名义大量发送垃圾

邮件，这样不仅让邮件接收者反感，同时还损害了自己的声誉。

③ 交换链接的实施及监测。如果得到对方的确认后，应尽快为对方做好链接，并回一封邮件告诉对方链接已经完成，并邀请对方检查链接是否正确，位置是否合理，同时也是暗示对方尽快将自己的链接也做好。交换链接一旦完成就具有一定的稳定性。不过，交换链接后还需要做不定期的检查，回访进行交换链接伙伴的网站，看对方的网站是否运行正常，自己的网站是否被取消或出现错误链接。如果发现对方遗漏链接或出现其他情况，应及时与对方联系。如果与自己链接的伙伴网站因为关闭网站而无法打开，且在一定时间内仍然不能恢复时，应考虑暂时取消那些失效链接。

（3）实施交换链接需要注意的问题。

① 链接的图片数量问题。在做网站链接的时候，尽量不要在网站首页上方设置过多的图片链接。如果有10幅以上不同风格的图片摆放在一起，一定会让浏览者的眼睛感觉不舒服，应尽量使用文字链接，必要时可以在子页面设置友情链接专区。

② 链接的经营相关性问题。应该注意的是企业所要进行链接的网站是与其经营目标有相关联系的网站，一般来说，相关性或者互补性越强的网站之间的链接，越容易吸引访问者的注意，交换链接产生的效果也就越明显。

③ 链接的网站数量问题。企业希望链接的网站数量尽可能地多，但并不是什么样的链接都有意义，无关的链接对自己的网站没有什么正面效果，相反，大量无关的或者低水平网站的链接，将降低那些高质量网站对你的信任，同时，访问者也会将你的网站视为素质低下或者不够专业，严重影响网站的声誉。

④ 链接的合作性问题。不要试图使用自动链接的软件来完成，每一个链接对象都是一个合作伙伴，应该亲自对合作伙伴的状况做出分析，看是否有必要互做链接，也只有经过认真分析后发出合作邀请，成功的机会才比较大。

2. 实现用户资源共享

当然是每个企业都拥有自己的客户群，用户就是企业的资源之一，用户越多越好。在互联网中企业完全可以和相关网站进行资源合作。例如，通过签订合作协议后，在注册用户信息时，让用户主动选择是否也愿意成为合作伙伴的会员或是愿意接受合作伙伴的相关信息等，这样也就能真正做到用户资源共享。

3. 通过网络会员制营销进行资源合作

网络会员制是通过利益关系和电脑程序将无数个网站连接起来，将商家的分销渠道扩展到地球的各个角落，同时为会员网站提供一个简易的获利机会。该合作方式看似简单，但实际上却涉及很多方面，如网站的技术支持、会员招募和资格审查、会员培训、佣金支付、会员服务、发生争议时的解决方法等。在采取网络会员制营销时存在一个双向选择的问题，即选择什么样的网站作为会员，以及会员如何选择网站问题。如果以上问题解决了，企业可以通过这种营销方式来拓展销售渠道以达到增加销售的目的。当然网络会员制营销还有其他的价值，如当企业网站可能拥有大量的访问者，通过参与会员制计划，可以依附于一个或多个大型网站，将网站流量转化为收益，虽然获得的不是全部销售利润，而是一定比例的佣金，但相对于自行建设一个电子商务网站的巨大投入和复杂的管理而言，其无须面临很大的风险，因而这样的收入也是合理的。

开展会员制营销时应注意会员制计划的选择。也许有不少看起来都适合你的网站，但是，同时参与太多的会员计划可能不是一件好事，太多的链接会把你的网站淹没，使得访问者感到厌烦，再也不想访问你的网站，这样只能适得其反，因此应认真选择那些具有高单击率和转化率且与企业网站内容相关的网站。

任务实施

1. 以自己学校的网站为例，考察该网站采用了哪些互助推广的策略，这些策略使用的有效性如何。

2. 以凡客诚品网站为例，加入它的网站联盟，理解会员制营销，并通过联盟平台报表中的“实时业绩查询”了解佣金情况。

3. 针对网站资源合作策略，找出各自的应用领域，并比较它们的优缺点，实现的难易程度。

任务四 病毒性营销

任务概要

病毒性营销是一种常用的网络营销方法，常用于进行网站推广、品牌推广等。通过本任务了解病毒性营销的基本原理和分类。

任务知识

一、病毒性营销的基本原理

病毒性营销（Virus Marketing）并非真的以传播病毒的方式开展营销，而是指在用户的网络用户的口碑宣传下，信息像病毒一样传播和扩散，利用快速复制的方式传向数以千计、数以百万计的受众。病毒性营销的经典范例是 hotmail.com。Hotmail 是世界最大的免费电子邮件服务提供商，在创建后的一年半时间里，就吸引了 1200 万注册用户，而且还在以每天超过 15 万新用户的速度发展。Hotmail 之所以能爆炸似的发展，就是因为利用了病毒性营销的巨大效益。这种威力的根本原因在于：在互联网上，每个人都可以是信息的发布者和传播者，而且网上的信息传播比传统渠道要方便得多。病毒营销最妙的地方在于它可以利用他人的关系网络甚至资源来传播自己的营销信息。

在互联网上有许多方法可以实施病毒营销，最简单的一种方法就是在网页上添加“分享”的按钮。尽管通过其他途径也可以实现分享，但“分享”这一按钮并不多余，它会提醒和鼓励浏览者将此网页推荐给朋友，况且还的确有人不懂得如何分享给别人。当然，这只适用于那些的确很精彩的网页，否则会浪费网页宝贵的空间和浏览者的注意力。

二、病毒性营销的分类

病毒性营销可以分为两种不同的类别，一类是基于服务的病毒营销，一类是基于内容的病毒营销。

1. 基于服务的病毒营销

基于服务的病毒营销可以使用户在使用网站提供的一项服务时不知不觉地传播营销信息。它的特点是，用户只要注册成为一项服务的用户，那么使用服务的过程就是传播营销信息的过程，用户无须做出任何努力，当然也不会因此获得任何报酬。Hotmail 是这类病毒营销的典型代表。所有通过 Hotmail 发送的电子邮件的末尾都会出现这样一句话："P.S. Get your free E-mail at Hotmail"。这样收信人就可能会考虑是否要在 Hotmail 再申请一个免费信箱。Hotmail 的策略获得了极大成功，而 Hotmail 在这段时间营销支出仅仅为 50 万美元，平均获得一个用户的成本仅为 4 美分左右。

除了电子邮件服务提供商之外，一些提供其他服务的商家也可以使用病毒营销来推广他们的服务。例如，腾讯 QQ 是即时通信领域的绝对领导者，截至 2013 年第三季度，其月活跃账户数达到 8.156 亿，比上年同期增长 4.0%，最高同时在线账户数达到 1.8 亿，比上年同期增长 6.5%，QQ 有一项功能就是好友推荐，它通过好友间的关系，为用户推荐同学或者朋友的 QQ，这个行为让用户之间的联系更加紧密，提高了产品的知名度和活跃度。PayPal 是一家为个人提供网上支付服务的公司，拥有 PayPal 账户的人可以很方便地在网上给任何拥有电子邮件信箱的人支付，接受这笔款项的人无须事先在 PayPal 开设账户，但接受了第一笔支付后开设账号可以获得 10 美元的奖励，在这一营销政策的作用下，PayPal 的用户迅速增长，目前已成为世界上最成功的电子现金公司之一。

2. 基于内容的病毒营销

基于内容的病毒营销除了前面介绍的"分享"按钮外，还有其他一些鼓励用户主动为公司招募新顾客的方法，有时候公司会根据用户招募顾客的数量对用户进行奖励，但也有许多公司并不许诺给用户任何回报。例如 Emode 公司（www.emode.com）的营销策略。Emode 公司是一家进行心理测试服务的公司，该公司邀请访问者参加公司举办的一些免费的心理测试，免费提供测试分析报告的一部分内容，并且鼓励受测者订购完整的报告，同时，鼓励受测者邀请朋友参加同样的测试，以获取更多的销售机会。该公司其实利用了人们对朋友的好奇心和关心而推广他们的服务。

任务实施

1. 上网搜索关于小米公司的案例，分析其使用病毒性营销的载体和实施步骤，并分析小米手机在病毒性营销活动中的获益情况。

2. 分析小米手机在病毒性营销中的创意设计。

3. 上网查看有关病毒性营销的经典案例，分析进行病毒性营销的途径有哪些？一次成功的病毒营销关键在哪里？

任务五 网络营销广告

任务概要

网络广告是常用的网络营销方法之一，主要价值表现在品牌形象、产品促销等方面。就网络推广来说，网络广告有其特有的优势，因为如果用户对广告推广的网站感兴趣，他只需要单击鼠标就可以访问到做推广的网站。因此，在了解网络广告概念和特点、网络广告的主要类型的基础上，重点掌握网络广告的定价模式及实施策略等内容。

任务知识

一、网络营销广告的概念和特点

1994 年 10 月，美国著名的 Wired 杂志推出了网络版的 Hotwired，在其主页上，出现了 AT&T 等 IT 企业摆放的横幅广告（Banner），宣告了网络广告的诞生。1997 年 3 月，我国在 IT 资讯网上出现了第一个商业性的网络广告，广告主是英特尔。1998 年 5 月，联合国新闻委员会在年会正式会议上将互联网称为继报纸、杂志、广播、电视之后的“第五媒体”。

网络广告就是以互联网为媒体发布、传播的商业广告。它主要采用多媒体技术，提供文字、声音、图像等综合性的信息服务，不仅能做到图文并茂，而且可以双向交流，使信息准确、快速、高效地传达给每一位用户。因此，与四大传统广告媒体相比，网络广告的特点主要体现在以下几个方面。

1. 传播范围广，无时空限制

网络广告的传播不受时间和空间的限制，Internet 将广告信息 24 小时不间断地传播到世界各地。只要具备上网条件，任何人在任何地点都可以看到这些信息，这是其他广告媒体无法实现的。

2. 定向与分类明确

网络广告最大的特点就在定向性，它不仅可以面对所有 Internet 用户，而且可以根据受众用户确定广告目标市场。例如，生产化妆品的企业，其广告主要定位于女士，因此可将企业的网络广告投放到与妇女相关的网站上。从营销的角度来看，这是一种一对一的理想营销方式，它使可能成为买主的用户与有价值的信息之间实现了匹配。

3. 灵活的互动性和选择性

网上的信息是互动传播的，用户可以获取自己认为有用的信息，厂商也可以随时得到宝贵的用户反馈信息。

此外，许多用户在网站上提供的个人资料，也将成为广告商推出不同广告的依据。例如，某个用户居住在某一地区，曾经表示过自己对某种产品或生活方式的偏好等，也将成为厂商了解客户需求的信息，厂家会据此“量身定做”出一整套促销方案。

4. 精确有效的统计

传统媒体广告的发布者无法得到诸如有多少人接触过该广告的准确信息，因此一般只能大致推算一下广告的效果。而网络广告的发布者则可通过公共权威的广告统计系统提供庞大的用户跟踪信息库，从中找到各种有用的反馈信息。也可以利用服务器端的访问记录软件，如 Cookie 程序等，追踪访问者在网站的行踪。利用这些方式可随时监测网络广告投放的有效程度。

5. 内容丰富、形象生动

报纸、杂志等印刷介质的平面媒体在很大程度上受到空间限制，广播、电视等电波媒体则受到播出时段或播出时间长度的限制，而网络媒体则突破了时间与空间的限制，拥有极大的灵活性。因此，网络广告的内容非常丰富，一个站点的信息承载量一般可大大超过传统印刷宣传品；不仅如此，网络广告运用计算机多媒体技术，以图、文、声、像等多种形式，生动形象地将产品或市场活动的信息展示在用户面前。

6．易于实时修改

在传统媒体上广告发布后就很难再更改了，即使可改动，往往也需付出很高的经济代价。网上的广告可按照需要及时变更广告内容，如价格或商品供求变化等信息的变更。

7．价格低廉

网络广告无须印刷、拍摄或录制，在网上发布广告的总价格较其他形式的广告价格便宜很多。就单位面积（时间）的广告价格而言，网络广告比报纸和电视在价格上更具竞争力。

总之，网络广告和传统广告相比，有众多的优势深深地吸引着企业和客户，随着网络的发展与普及、网民人数的日益增加，网络广告也将进入一个高速发展的时期，其效益将越来越得以显现。

二、网络营销广告的主要类型

按照网络广告的性质，我们可以把网络广告分为显示广告、搜索引擎广告、电子邮件广告、分类广告和联属网络营销等种类。

1．显示广告

（1）旗帜广告。旗帜广告（Banner）又被称为横幅广告，它是网络显示广告的主要形式，旗帜广告有许多不同的变种，如播放式旗帜、互动式旗帜、浮动旗帜、微站点广告、巨型广告、擎天柱广告、通栏广告、全屏广告以及画中画广告等。

① 擎天柱广告。擎天柱广告是利用网站页面左右两侧的竖式广告位置而设计的广告样式，该广告的规格为 120 像素×600 像素或 160 像素×600 像素，如图 7-1 所示。这种广告形式可以直接对客户的产品和产品特点进行详细的说明，也可以进行特定的市场调查或者举办有奖活动。这种广告位于页面左右两侧的狭长地带，不会产生换页盲区；同时，这种广告具有的位置独享和排他性，可以降低其他广告的干扰，更好地传达广告信息。

图 7-1　部分广告类型样式图

② 互动式旗帜广告。互动式旗帜广告是新一代的旗帜广告，该广告表面上与普通的旗帜广告毫无二致。但它能够感知用户鼠标在网页上的位置，当鼠标移近时，该旗帜广告可以发生变化，在吸引访问者注意力的同时，展示更多的广告信息。

③ 浮动旗帜广告。浮动旗帜广告（Floating Banner Ads）的大小一般为 120 像素×60 像素，当访问者使用滚动条时，浮动旗帜会随之滚动并停留在显示屏固定的位置上。这样

通过浮动，广告可以停留在访问者的视野中，吸引更多的注意，但是不会影响访问者的正常浏览。现在有一些浮动旗帜广告被设计成独立的窗口，访问者可以随时关闭或者最小化该窗口，这一设计的目的是减少对访问者的侵犯。

④ 全屏广告。全屏广告（Full-screen Ads）是根据广告创意的要求，充分利用整个页面能够容许的最大空间来传递信息的广告方式。它在尺寸上突破了传统旗帜广告，用户打开一个页面后，首页出现一个全屏的广告，它可以是静态画面，也可以是动态的 Flash 效果，广告在几秒钟后自下而上逐渐缩小，最后停在页面上方，成为一个大的旗帜广告。如图 7-2 所示为长虹背投电视的全屏广告，此广告能够给网民造成很强的视觉冲击力，从而更完整地传达广告信息，给页面访问者留下深刻的印象。全屏广告最大的问题是下载时间慢。

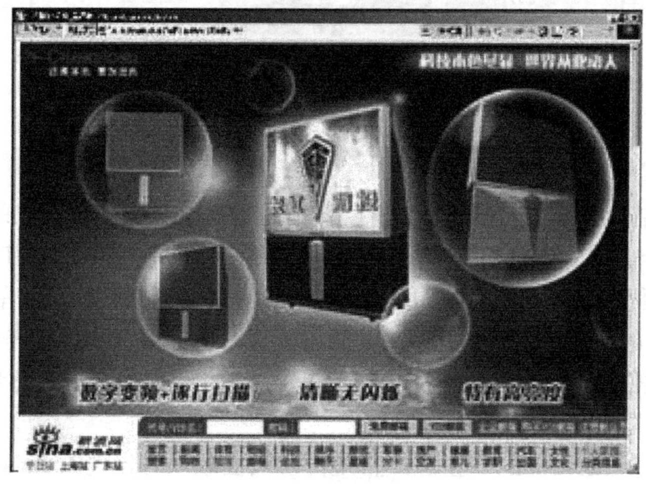

图 7-2　全屏广告

⑤ 播放式旗帜广告。播放式旗帜广告（Rotate Banner Ads）是在一个广告位上按照设定的程序轮换展示不同的旗帜广告，在流量上进行控制，目的是避免固定旗帜广告单调乏味的状况，在视觉上使访问者产生新鲜的感觉。播放式旗帜广告的特点是访问者单击“刷新”按钮后将可以看到一个不同的旗帜广告。

⑥ 微站点广告。微站点广告（Microsite Ads）是具有下拉菜单、复选框、表单或者搜索框的旗帜广告形式。访问者可以在广告上选择频道或者搜索内容，然后直接链入目标页面，从而最快地获得信息，还可以在不切换页面的条件下输入自己的电子邮件地址。可见，这种广告的功能几乎相当于一个微型的网站，所以称为微站点广告。微站点广告可以简要地描述广告主网站的结构，使访问者可通过广告了解网站的布局。

⑦ 通栏广告。通栏广告是一种尺寸超过两条标准旗帜广告的宽屏广告。它通常置于页面的中部，广告规格为 600 像素×100 像素，可以在媒体网站的首页或频道页面刊登。这一种广告由于被放置在网页的中间版位上，占据了上端页面与下端页面间的过渡地带，访客在浏览整个页面时无法错过广告，从而提高了广告的有效曝光率，如图 7-1 所示。

⑧ 画中画广告。画中画广告（Picture in Picture）一般大小为 360 像素×300 像素，甚至可达到 360 像素×408 像素，约占全屏幕的 18%。画中画广告存在于关于某一类主题所有非图片新闻的最终页面，该广告通过新闻主题选择目标受众，大大提高了广告的命中率，如图 7-3 所示。

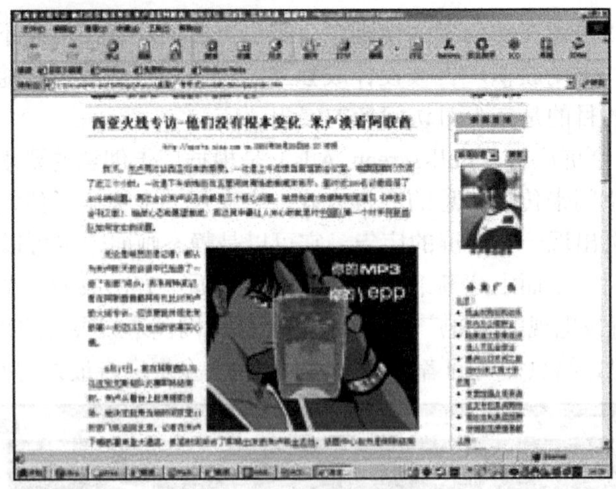

图 7-3　画中画广告

（2）其他类型的显示广告

① 弹出式广告（Pop-up Ads）。弹出窗口指的是在不经访问者请求的情况下在主浏览器窗口外弹出的一个独立窗口，弹出式广告指内容显示在弹出窗口中的广告，如图 7-1 所示。弹出式广告的优点是单击率高，一般在 2.5%以上，而普通旗帜广告的单击率只能在 0.3%上下。弹出式广告的缺点是容易引起网站访问者反感，对广告主的品牌有一定杀伤力。随着屏蔽弹出式广告软件的普及，弹出式广告的效果每况愈下，弹出式广告逐步让位于新一代的空隙广告和超级空隙广告。

② 空隙广告（Interstitials）。空隙广告是内容页面载入时显现的 Java 广告，它幅面大，并且运用了表现力强的 Flash 技术，使访问者无法回避。但是，这种广告载入时间长，严重干扰了用户的正常访问，很容易引起用户反感，所以发展前景黯淡。

空隙广告的一种新形式是超级空隙广告（Superstitials）。它具有空隙广告的优点，但是它利用访问者阅读页面的计算机闲置时间从幕后载入广告，所以，并不需要用户长时间等待广告下载，相比空隙广告是一个明显的进步。agency.com 网络公司为英国航空公司（British Airways）设计的一则超级空隙广告曾经创造过 20%的惊人的单击率。

③ 过渡页广告（Transitional Ads）。所谓过渡页，是指在用户访问网站的过程中，网站在不经用户明确请求的情况下，送给用户的页面。这种页面一般都提供一个链接（或者自动跳转）。以便用户转到真正请求的目标页面上。而所谓的过渡页广告。就是指以过渡页为载体的网络广告。

④ 声音广告。声音广告（Ads with Audio）是同时运用视觉和听觉效果对用户进行说服的广告形式。只要网络用户打开网页时，音频文件便会自动载入。载入完成后无须用户单击，声音广告就会自动播放，向访问者灌输广告信息。不过，因为音频文件载入较慢，也不是每个上网用户都配有或者开启音箱，而且声音广告会对访问者形成较大干扰，所以，这种广告形式并不常见。

⑤ 富媒体广告。富媒体广告（Rich Media Ads）是指使用浏览器插件、Java 语言或其他脚本语言编写的具有震撼视觉效果和复杂交互功能的网络广告形式。一般来说，富媒体广告比一般广告图片要占用更多的空间和网络传输带宽，但由于这种形式的广告集多媒体、交互性、电子商务于一身，广告能够包含大量的信息，可以诱导消费者深入了解广告内容，

因而大大提升了广告效果。

2. 电子邮件广告

电子邮件广告指委托广告公司发动的电子邮件营销攻势或者在别人的电子杂志上购买广告空间的广告形式，电子邮件广告是一种典型的定向广告形式，如图 7-4 所示。同单击率日趋下降的旗帜广告相比，能根据产品的目标市场，有针对性地向潜在客户发送的电子邮件广告是一种既有效又有成本效率的网络广告方式。作为一种直复广告方式，电子邮件具有更强的定向性、可定制性和灵活性。

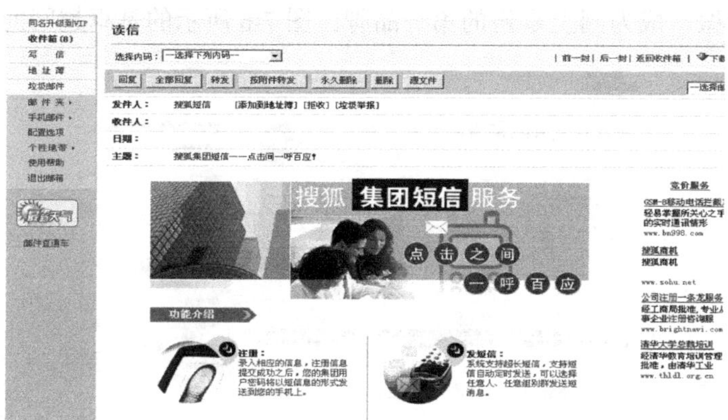

图 7-4　电子邮件广告

3. 搜索引擎广告

搜索引擎广告指通过向搜索引擎服务提供商支付费用，在用户做相关主题词搜索时在结果页面的显著位置上显示广告内容（一般为网站简介及到网站的链接）的方法，包括搜索引擎排名、搜索引擎赞助、内容关联广告等不同形式，如图 7-5 所示。

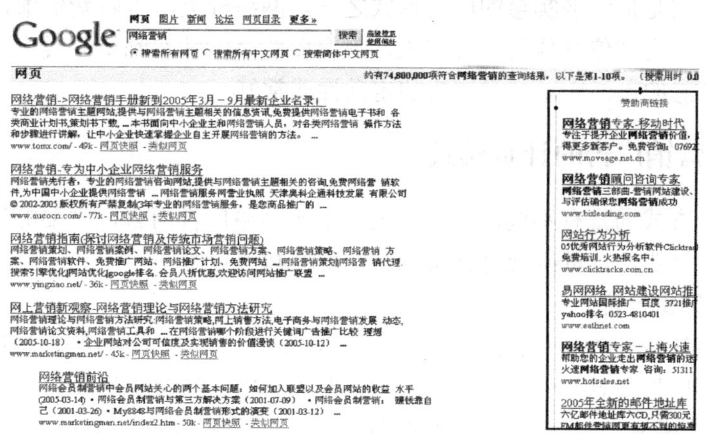

图 7-5　搜索引擎赞助广告

4. 联属网络营销

联属网络营销，也称为网站联盟，是指一个网站的所有人在自己的网站（称为联属网站，Affiliate）上推广另一个网站（称为主力网站，Merchant）的服务和商品并取得佣金的网络营销方式。联属网络营销是内容网站和电子贸易网站间合作的一种新方式，具体做法是主力网站将旗帜广告或者文字链接放置在联属网站上，并按照它们实现的销售给合作方支付佣金。

联属网络营销发端于亚马逊书店在 1996 年夏推出的一种联属方案（Associates Program），根据这一方案，任何网站都可以申请成为亚马逊书店的联属网站，在自己的网站上推介亚马逊书店经营的图书，并依据实际售出书籍的种类和已享折扣的高低获得 5%～15%的佣金。该方案一经推出，就在业界引起了轰动。当年加入联属营销计划的网站就超过了 4000 家，次年夏天突破了 1 万家，1998 年夏天更达到了 10 万家，最新的数字显示，加入亚马逊书店联属营销计划的网站总数已经超过了 50 万家。正是这些联属网站使得亚马逊书店声名大振，成为网上零售的第一品牌。图 7-6 所示的是卓越网的网站联盟页面。

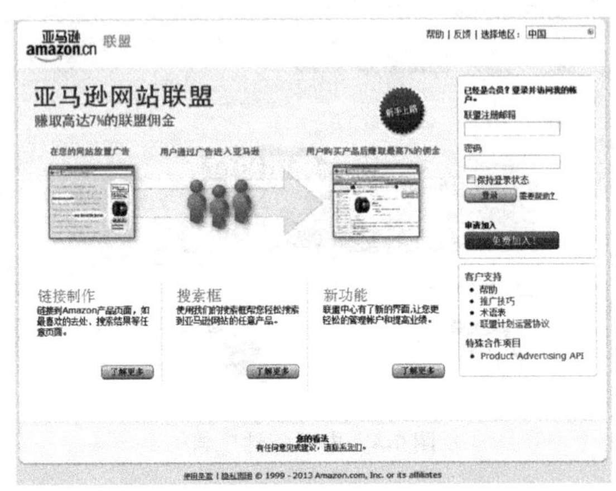

图 7-6　亚马逊网的网站联盟页面

5．分类广告

分类广告是按照主题加以编排的广告信息，网络分类广告可以出现在网站上也可以出现在新闻组里，它是最经济实惠的广告形式之一。网络分类广告收费低廉，有的几乎是完全免费，但它可能会把信息传达给许多人，最重要的是，凡看到该分类广告的人，都是在积极寻找这类信息的人，所以分类广告的定向性非常好。

三、网络营销广告的计费模式

不同的广告方式通常有不同的计费模式。对于网络广告而言，主要的计费模式分为四种：按每千印象计费、按每次交易计费、时间费率和混合费率。

1．按每千印象计费

按每千印象计费（Cost Per Thousand Impressions，CPM）是传统广告计费的常用手段之一，意思是将广告信息传播给一千个人所需要的费用。其公式形式为：

$$\text{广告费用 } W_{\text{cpm}}=\text{该广告的每显示单价 } p\times\text{广告画面的显示次数 } n/1\,000$$

举例来说，如果某网络广告商对旗帜广告的报价为每显示单价为 3 元的话，当该旗帜广告显示 10000 次，即旗帜广告所在的网页被访问 10 000 次，不论访问者是否注意到该旗帜广告，更不论访问者对此广告是否有所反应，广告主都必须支付给广告商 3×10 000/1000＝30 元广告费。显然，CPM 是最受广告商欢迎的计费方式，因为不论广告效果如何，只要该广告被播出，广告商就一定可以获得收入。这种计费方法是目前网络广告最常用的计费方法。

需要注意的是，不同媒体的 CPM 有很大的区别，一般而言，媒体的针对性越强，CPM 也会越高。

2．按每次交易计费

与 CPM 只重显示数量不重显示质量的思路不同，按每次交易的计费（Cost Per Transaction，CPT）方式只对有效的显示收取费用，所以 CPT 是按广告效果计费的方式。其公式形式为：

广告费用 W_{cpt}＝每交易价格（p）×交易次数（n）

当然，受众对广告发生兴趣后可能有不同的反应，可能会找寻更多的信息，也可以是索取试用样品，还可能直接下订单购买。所以，按反应行为的不同，每次交易计费的方式又可细分为以下几种。

（1）按单击计费（Cost Per Click Through，CPC）。此计价方式中作为计费基数的行动是单击，广告主只对那些看到网络广告后通过单击广告中的超链接了解更多信息的行为付费。这种计费模式主要用在搜索引擎广告中。

（2）按每行动计费（Cost Per Action，CPA）。此计价方式指按广告投放实际效果，即按回应的有效问卷或订单来计费，而不限广告投放量。CPA 的计价方式对于网站而言有一定的风险，但若广告投放成功，其收益比 CPM 的计价方式要大得多。

（3）按询盘计费（Cost Per Lead，CPL）。在这种计价方式中，作为计费基数的行动是可能会实现销售的询盘。

（4）按销售计费（Cost Per Sale，CPS）。在这种广告计费模式下，广告主仅为那些用户通过单击网络广告进入电子商务网站发生的实际销售产品数量来核算广告刊登金额。这时，广告报价会像销售佣金一样以销售额的一个比例来表示。按销售计费是对广告主最有利的一种计费模式，广告主不但不用承担任何风险，而且还可以获得免费宣传品牌的好处，这一模式主要应用在联属网络营销中。

3．时间费率

广告计费的基数是显示广告的时间，即时间费率（Day Rates），这是最古老也最简单的一种计费方法。在此时间一般采用天或月，但常用天，目前这种计费方式采用较多。其公式形式为：

$$广告费用\ W_d＝每天的单价（p）×广告天数（t）$$

第一个旗帜广告就是以这种方式来计费的，赞助广告与网络分类广告通常也以这种方式来计费。

4．混合方式计费

相比较而言，广告商偏爱 CPM 计费模式，而广告主则喜欢 CPT 模式，尤其是 CPS 模式。时间模式则只限于前面提到的几种比较特殊的情形。因此，具体采用哪种费率经常取决于广告主和广告商的地位，优势的一方可以按自己的喜好决定计费模式。考虑到日益降低的单击率以及未单击广告仍然会具有的品牌效应，CPC 计费方式对广告商明显是不利的一种计费方式，因为广告的实际促销效果除了受传播质量的影响外，在很大程度上还会受到产品本身质量和市场条件的影响，让广告商来承担所有的广告风险是不公平的。虽然部分个人网站为获得有限的收入会被迫接受 CPC 计费方式。但如果广告商和广告主在讨价还价时旗鼓相当，双方就可能会达成一种妥协方案，即 CPM＋CPA 的方案，在这种方案中，广告费由两部分构成：一部分是 CPM（通常较低）费，另一部分是 CPA 费。

四、网络营销广告的实施策略

在制定网络广告策略时，网络广告计划是必不可少的工作。网络广告和传统的广告策略其实是类似的，下面从网络广告计划的一般步骤来说明其策略。

1．确立网络广告目标

网络广告是网络营销策略的一个组成部分，网络广告策略的目标应建立在有关的目标市场、市场定位，以及营销组合计划的基础上，通过对市场竞争状况充分的调查分析，确定明确的广告目标。在公司的不同发展时期有不同的广告目标，比如是形象广告，还是产品广告。即使对于产品广告，在产品的不同发展阶段，广告的目标也可以区分为提供信息、说服购买和提醒使用等不同形式。

2．确定网络广告预算

除了利用内部广告资源和合作伙伴交换广告资源等形式之外，网络广告通常是利用专业服务商的广告资源投放的，也就是要购买广告空间，某些网络广告的价格还比较高昂。因此，为实现一定的广告目标，需要认真做好广告预算。如果支出太少，达不到宣传的目的，效果不明显，不但影响了市场拓展的机会，而且还是一种浪费；如果支出太多，则可能造成投资收益率的降低。因此，公司应该根据广告目标，为每个产品做出合理的广告预算。

常用的广告预算模式有量力而行法、销售百分比法、竞争对等法、目标任务法等。其中，目标任务法要求营销人员通过特定目标的确立、为实现目标所要采取的步骤和完成的任务，以及估计完成任务花费的多少来确定营销预算，由于这种方法能够促使公司确定广告活动的具体目标，因此得以广泛应用。

3．广告信息决策

广告信息决策就是根据广告的目标、公司的发展阶段、产品生命周期、竞争者状况分析等信息，确定广告诉求重点，设计网络广告。广告活动因为不同的创意而产生很大差异，因此，创意因素的效果要比所费资金重要得多，只有在广告引起观众注意后，才能有助于提高品牌的形象和销售。

确定创意策略有三个基本步骤：信息制作、信息评估与选择、信息表达。广告创意的确定通常由公司和广告代理公司共同参与完成。在信息制作中考虑的关键点是广告形式，它的确定又直接与广告预算相联系。目前的广告形式很多，但总的来说，不外乎文字、图片两种类型。一般而言，对文字形式的广告可以考虑在搜索引擎中发布关键词广告；在图片广告中有动画的、有静态的、流媒体的；另外根据图片的大小不同又可分为巨幅广告、横幅广告、网幅广告等。投放广告时可根据各类不同广告形式的单击率来进行评估选择，以实现广告形式的最大效用。

4．选择投放网络广告的站点

网络广告的投放最主要的任务就是选择投放的站点。在选择时应注意的首要原则是将网络广告投放到企业的目标受众群体经常光顾的站点，网络广告的内容与其放置的站点的内容越相近或相同，效果也越好。其次，要考察企业要选择的站点本身的经营策略、经营方法及效果。一般来说，所选择的站点应该是信息量比较大，信息的准确性比较高，定期更新和补充信息，栏目设置条理清晰而且丰富，栏目中的文字简洁、主题鲜明、重点突出，主页设计与制作比较精良的站点。

投放网络广告的首选站点是搜索引擎。在放置位置的选择上，搜索引擎提供了许多网络广告的展位，首页自然效果最好，但也最昂贵；选择在不同层次的检索结果主页上放置

关键词广告或标志广告效果也很好。另外还可选择有明确目标受众的站点放置广告，这种站点的受众数量可能要少一些，覆盖面较窄，但如果与企业广告的目标受众相吻合的话，有效受众的数量可能不比搜索引擎少，获得的有效单击可能会更多。

5．网络广告效果的监测与评价

网络广告的效果评价可以分为来访者访问行为评价和来访者受众切合度评价两大方面。访问行为评价要素包含广告来访用户的平均滞留时间、广告来访用户的平均页面请求、广告来访用户的回访情况、广告来访用户的行为率。对于受众切合度评价包含广告来访用户的平均年龄构成、平均职业构成、平均收入构成、地域构成等。通过这些具体的指标来综合衡量广告的有效性，若评价的指标过低，则可及时分析原因，转换策略，从而保证实施的有效性。

任务实施

1．分析加多宝网站的网络广告，了解其广告类型、广告实施策略。

2．制作网络广告：利用 Windows“开始”菜单→“所有程序”→“附件”中的画图软件（制作的 bmp 图片文件另存为图形交换格式*.gif 图片文件）或其他图像制作软件制作一个 468 像素×60 像素的 gif 格式的广告图片，广告图片上用文字、图画、粘贴网上下载的图片均可，右下角一定要有制作人自己的名字，制作完后将图片保存到自己的站点相关目录中。

任务六 无线网络营销

任务概要

无线网络营销也称作手机互动营销或移动营销。无线营销（Wireless Marketing）是利用以手机为主要传播平台的第五媒体，直接向“分众目标受众”定向和精确地传递个性化即时信息，通过与消费者的信息互动达到市场沟通的目标。通过了解无线上网的特点，了解无线网络营销的方式。

任务知识

一、无线网络的特点

1．无线网络的五个特点

（1）网络覆盖人群大。CNNIC 2013 年 7 月的《中国互联网络发展状况统计报告》指出我国手机网民规模达 4.64 亿，通过手机上网的网民比例为 78.5%，截至 2013 年 1 月中国移动用户总数达 7.15 亿，中国联通的用户总数为 2.43 亿，中国电信的用户数为 1.63 亿。

（2）智能手机和平板电脑的发展促使通过移动设备（手机、平板电脑）上网的比例增长迅速。

（3）无线网络通信的速度持续增长，随着 3G，4G 服务的推广和发展，上网速度得到显著增长，用户更容易从无线网络获取信息，也更加容易向网络发布自己的信息。

（4）手机和平板电脑应用的发展迅速，使企业更容易获得个人更准确的信息，更加精确定位产品的目标用户。

（5）能更加精准地了解用户的信息，区分用户，定位用户群，为相应产品找到精确的投放目标人群。

2．无线网络营销的四个特点

（1）互动性强。企业和目标用户通过无线网络连接，能够实时、精确地将营销信息发布给用户。

（2）精准定位。由于用户的信息完善，企业能够更加精确地缩小信息的发布圈，节约了成本。

（3）方式多样化，具有特色和吸引力。移动设备的应用十分丰富，企业能够有针对性地以图片、视频、游戏等形式发布各种消息。

（4）更容易增加顾客忠诚度。无线网络营销过程中，营销企业或广告主可最直接地将营销信息发送到消费者的手机等无线终端上，并被消费者阅读。对于那些对信息感兴趣的消费者可产生直接营销效果，可最大限度地增加顾客的忠诚度。

二、无线网络营销的方式

无线网络营销方式随着技术的发展，变化十分迅速，以下是主要的方式。

1．短信

企业通过向用户发布短信来推广产品，用户容易阅读推送的信息，促使营销的目标十分明确。

2．嵌入式软件

企业通过和移动设备厂商合作，将公司或者产品相关的信息植入软件，用户在使用移动设备的时候收到移动设备向用户推送的信息。例如，中国联通通过和三星公司的合作，将中国联通的应用软件植入联通定制的 Galaxy S4 手机操作系统中，向用户推广中国联通的服务。

3．无线网络站点或者热点广告推广

用户主动接入无线网络站点或者热点获得相关的产品信息，或者是用户在接入网络的时候，商户向用户呈现其广告。例如，很多商户为了吸引用户，提供免费的无线网络，用户在使用免费无线网络时会首先进入一个商户页面，页面在跳转前向用户推广其产品。

4．通过智能手机软件获得企业推广的产品和广告

智能手机的普及让手机应用程序能够更加方便地获得产品的信息。例如，企业将产品的信息生成为手机二维码，用户通过手机扫描二维码就能立刻获得产品的网页地址。

三、无线网络营销面临的问题

在众多广告主和无线网络运营商看来，无线网络营销将会带来巨大的市场。但目前无线网络面临的问题也比较多，除了法律规范和行业标准外，在技术方面和服务方面都还存在着比较多的问题。主要有以下几个方面。

1．用户许可问题

近几年，通信服务一直在“3.15”投诉中占有较高比例。其中“垃圾短信”、“诈骗短信”等已经成为众矢之的，一些不良企业和个人，利用非法渠道收集来的手机号码，不经用户同意许可，通过廉价的手机群发器或群发软件向用户发送促销广告、销售信息或诈骗信息。在网络营销中，许可原则是其基本原则之一，无线网络营销是网络营销的技术延伸，

同样遵循这一原则。如何正确、合法地获取用户许可成为无线网络营销的第一步，这也是无线网络营销策划者开始的第一步。

2. 方法问题

无线网络营销具有限制性门槛低，区位性定向发布等特征，这也是形成“垃圾短信”的重要原因之一。许多用户会将收到的营销短信看做垃圾短信删除或者用软件屏蔽短信。为了避免出现传统网络中的一些问题，如垃圾邮件，无线网络营销应该研究一些有效的营销方法，而非一味地模仿和照搬传统网络营销中的方法。

3. 个人信息保护问题

网络营销是在掌握了一定程度的用户个人信息基础上开展的，所以保护用户个人信息是网络营销企业的基本原则之一，过去曝光的部分网站倒卖个人 E-mail 等信息的事件引起了用户的不满和不信任。在无线网络营销中，无线用户对个人信息的关注与保护需求远远超过传统网络用户。

4. 服务质量问题

企业和广告主通过将广告或者应用程序植入到定制的手机操作系统中，一些软件的设计不考虑手机的特点，消耗了大量的手机上网流量或者电量，这种行为亟待改善。

任务实施

1. 上网查找工具制作一个二维码，用户通过手机扫描这个二维码能够自动登录网站。

2. 制作一个二维码，二维码中有企业的 Logo 图片，并设计一个无线营销方案推广该二维码。

任务七 博客微博微信营销

任务概要

微博和微信是近几年发展起来的社交媒体应用，他们极大地促进了信息的流动，在互动性、信息的及时性方面远远超过以往所有的媒体形式，受到了极大的社会关注。通过学习了解博客、微博、微信的特点并掌握相应的营销策略。

任务知识

一、博客营销

1. 博客的概念

根据“百度百科”的定义：博客，又译为网络日志、部落格或部落阁等，是一种通常由个人管理、不定期张贴新的文章的网站。博客的发展掀起了社交媒体、自媒体的网络热潮，第一次将个人和企业推向了网络信息发布的前沿。企业和个人可以依托博客发布信息，成本低廉，传播范围广泛。博客是社会媒体网络的一部分。比较著名的有新浪、网易、搜狐等博客。

2．博客营销的特点

博客的沟通特点是个性化、互动性和延时沟通。其特点是构建口碑影响力。

（1）信息发布自主灵活。自主掌控博客的发布；形式多样，可以包括文章、视频、图片等；不受时空限制；掌握传播的话语权。

（2）与用户互动好。信息来源可以是企业或者目标受众；实现企业、内部公众、目标消费者之间的网络式多向传播。

（3）目标市场定位精确。同事同行朋友间的小圈子传播；目标顾客集中，尤其适用于目标客户数量较少的产品。

（4）隐性传播引导消费。不宜商业气息过浓；适当增加软性内容；采用隐性传播方式；潜移默化中影响受众。

（5）口碑化的推广。借助名人光环效应；将相关名人博客文章纳入企业营销计划；同个人博客链接。

3．博客营销的优势

（1）博客内容增加了网站对搜索引擎的可见性：博客检索、链接广度、提供RSS同步。

（2）博客网站减少了在线调研的成本。

（3）博客营销是实现权威网站品牌效应的理想途径。

（4）博客能减少网站推广等广告费用。

（5）博客可以节省保持用户的费用。

（6）博客内容可用于网站的同步更新。

4．博客营销策略

（1）自建或托管博客。自建是指鼓励内部人员创作；托管是指选择知名度较高或专业领域内的知名博客平台；可注册多个博客网站。

（2）制订中长期博客营销计划。

（3）坚持写作。

（4）综合运用其他资源。与企业网站内容结合，网站“硬营销”，博客“软促销”。

（5）评估博客营销效果。如访问数量，分析读者的习惯和兴趣；了解读者发现博客文章的主要方式。

5．企业博客文章写作方法和技巧

（1）确保博客内容的合法性。

（2）正确处理个人观点与企业立场的关系。

（3）博客文章的保密原则。

（4）博客文章必要的声明。

（5）版权意识。

（6）文章内容选题思路要注意。个人知识和观点分享；专业领域研究和思考；个人生活经历及其延伸；公司信息相关话题；行业信息及问题思考；社会活动及人脉资源扩展；没有明确主题的其他领域。

（7）文章的表现形式。可以没有长度，但不能没有结果；观点可以不成熟，但方向不能错误；可以没有深度，但不能没有知识；可以没有效果，但要有法律底线；可以没有营销，但不能没有读者。

（8）博客文章与营销相结合。博客文章内容与企业直接相关；持续内容更新提高网站的搜索引擎友好性；超级链接是博客与营销的桥梁；互动交流实现社会化网络资源积累。

二、微博营销

1．微博的概念

根据“百度百科”的定义：微博，即微博客的简称，是一个基于用户关系信息分享、传播以及获取的平台，用户可以通过 Web、Wap 等各种客户端组建个人社区，以 140 字左右的文字更新信息，并实现即时分享。最早也是最著名的微博是美国的 Twitter。2009 年 8 月中国门户网站新浪网推出“新浪微博”内测版，成为门户网站中第一家提供微博服务的网站，微博正式进入中文上网主流人群视野。2013 年上半年，新浪微博注册用户达到 5.36 亿，2012 年第三季度腾讯微博注册用户达到 5.07 亿，微博成为中国网民上网的主要活动之一。

2．微博营销的误区

无处不在的宣传和错综复杂的信息使得人们对微博营销存在许多误区，从而导致企业在使用微博进行营销的时候往往会偏离正确的方向。微博营销应避免以下误区。

（1）害怕听到用户的批评和投诉。任何一件事情，只要参与讨论的人多了，必然会有不同的声音。一些使用微博营销的人觉得这是对自己企业的不尊重，可能与用户在微博上吵起来。这一争吵，微博收到的负面信息会越来越多。有的企业因此害怕和逃避用户的批评和投诉。但这种逃避往往导致大量的客户流失，企业会因此受到惨重的损失。企业应把客户的批评和投诉当成一种动力，并积极与客户进行沟通，快速帮他们解决问题，在客户心中树立良好的形象，客户还会通过口碑传播来提升企业的品牌知名度，在很大程度上促进企业的发展。

（2）奖品多又好，促销必成功。很多企业为了在短时间内获得大批用户，开始在微博上发起有奖转发活动，通过微博告诉广大用户，如果转发自己的微博将会得到精美的礼物，还可以参加抽奖活动。通常，这样的帖子会吸引大量用户来凑热闹，这些人对微博的内容并不十分关心，唯一关心的是自己能否抽中大奖，于是纷纷转发微博。这样的微博看上去转发量很大，但其中真正的客户或潜在客户却数量极少，客户忠诚度也极低。

（3）微博能迅速增加粉丝数量，提升产品销量。对企业来说，有效用户数量是慢慢增加的，期望通过某次微博营销活动迅速增加自己的粉丝数是不现实的。

（4）微博营销省事、省时、省人手。虽然微博不像博客内容那么长，但越简单的东西越需要精心设计，所以微博的编写仍是件需要花费心思的事情。使用微博进行营销，需要花费大量时间与用户进行沟通。当营销的微博引起大批用户关注的时候，营销人员要花费大量的精力来回复用户的问题，与用户进行深入的交流和互动。另外，要配齐相应的人员以明确地分工，以便在营销活动中互相配合，特别是微博刚刚发布的 30 分钟内。

3．微博营销的策略与步骤

（1）对微博中的用户进行精确分析。企业进行微博营销前，要对微博的用户进行全面深刻的分析，以求营销活动更有针对性。

① 明星和社会知名人士。

明星头上的光环代表着他们受到的社会关注度要远远高于普通人。例如，新浪微博的成功与他们发动的“明星攻势”有密切关系。企业在进行微博营销的时候考虑和明星微博合作的方法，虽然这样会支付一些费用，但确实能起到非常不错的效果。

② 某个行业或领域的意见领袖。

所谓意见领袖，通常是指在某个领域或行业有一定影响力的人，这些人一般具备相当专业的知识，掌握着行业的话语权。他们的微博在传播上可能不如明星微博广。但在深度上要远远高于明星微博，甚至他们的某些言论能够成为微博话题的风向标。对于这些人，企业在进行微博营销的时候可予以重点关注。即使和这些人的微博不能进行合作，也可以从他们的言论中得到一些对自己有价值的信息。

③ 纯粹的个人用户。

个人用户是微博上最庞大的群体。企业通过微博营销正是向这些人推广和宣传自己的品牌，这个群体也是主要的购买力群体。企业在进行微博的营销活动时，应以个人用户作为核心对象。对于个人用户，不同的企业有着不同的理解和分析。当企业对微博中的用户有了精确的分析之后就须对自己的微博进行定位，在进行营销活动的时候，采取一些对目标用户有吸引力的营销方式，这样才能最大限度地引发目标客户的关注，并使他们自主进行转发和评论。

（2）微博营销的内容策略。

① 趣味性。企业在进行微博营销时，要把内容做得有趣，这是最基本的原则。这里所讲的趣味性，并不单单指发一些笑话之类的内容，而是要为用户创造一些有价值、有意思、有创意的内容。企业微博中的内容若具有较强的趣味性，自然能受到用户的喜爱和追捧。增加微博的趣味性能够在很大程度上让更多的用户参与进来，这一点对企业品牌的推广和宣传有重要作用，也是微博营销中最为基础的环节。

② 实用性。在进行微博营销的时候，所写的内容要对用户有一定的帮助。对普通用户来说，他们对于对自己有帮助的信息会更加关注。例如，在夏天的时候发一条“夏日美白的10个技巧”，用户会感到很新鲜；在冬天的时候发一条“防止冻伤的8个需注意的事项”，用户同样会觉得有用。只有用户感觉有价值的微博内容，才会集中进行转发或评论。

③ 相关性。微博的内容要考虑到与自己的品牌、产品、行业属性等各方面内容的相关性。在发布微博的时候，找到自己要传达的信息与用户兴趣点的交集，才能达到营销效果。

④ 多元化。每个用户都有自己的爱好，有的用户喜欢看视频，有的喜欢看文字，有的则喜欢看图片。所以企业在做微博内容的时候要从多个角度考虑，尽可能多地为用户提供多样化的内容格式。对于一些企业来说，如果他们在某一方面有天然的优势，就完全可以通过图片来吸引用户。例如，旅游类企业可以在微博上发布经典的照片，服装类企业可以在微博上发布漂亮的衣服。漂亮的图片比优美的文字更能打动用户，吸引他们的关注。

（3）微博营销的互动策略。企业达成和用户沟通的核心是互动，可以通过以下五个方面来提高与用户的互动率。

① 关注用户。在进行微博互动的时候，先要主动去关注别人，这样才能吸引更多的人来关注你。当关注你的人达到一定数量的时候，你用微博进行营销，成功的概率就会大大提升。

② 回应用户。只要发现有人关注你并给你留言，就要努力回应他们，这样当双方构成对话之后，才有进一步互动的可能。

③ 及时响应用户。微博的碎片化特征决定了信息的时效性，对这些时效性强的信息需要予以高度关注，以便及时和用户进行互动。这样用户的忠诚度不但会增加，他们还会介绍更多的用户关注这家企业，这等于为企业打了一次免费广告，从而会得到更多的用户。这样良性循环下去，积累的优质用户就会越来越多，企业从中获得的价值也会越来越大。

④ 注重发布时机。在使用微博进行营销的时候，发布微博的时机也特别重要。要善于利用非工作时间。微博运营者抓住用户的兴趣点，并让他们参与到互动中，这样既帮他们打发了时间，又能增进彼此的感情，最重要的是还能收获用户对品牌的好感。

⑤ 注重激发用户之间的互动。虽然互动很重要，但并不单单指品牌和用户之间的互动。事实证明，那些产生突出效果的微博营销，往往是以品牌为主题，实现用户与用户之间的互动。

三、微信营销

1. 微信的概念

微信是腾讯公司推出的一款即时语音通信软件，用户可以通过手机、平板和网页快速发送语音、视频、图片和文字。微信提供公众平台、朋友圈和消息推送等功能，用户可以通过摇一摇、搜索号码、附近的人、扫二维码方式添加好友和关注微信公众平台，同时通过微信将内容分享给好友以及将用户看到的精彩内容分享到微信朋友圈。

2. 微信与微博之间的差异

（1）平台属性：社会化关系网络与社会化信息网络。微信是一种社会化关系网络，用户关系是构建网络的纽带。微博是社会化信息网络，信息是构建网络的纽带。

（2）用户关系：对等双向与非对等多向度错落。微信是对等的双向关系，微博是非对等的多向度错落关系；微信上用户之间是对话关系，微博上用户之间是关注关系。

（3）信息内容：私密闭环交流与公开扩散传播。微信是私密空间内的闭环交流，而微博是开放的扩散传播。

（4）时间同步性：同时与差时。微信用户主要是双方同时在线聊天，而微博则是差时浏览信息，用户各自发布自己的微博，粉丝查看信息并非同步，而是刷新查看所关注对象此前发布的信息。

3. 微信营销的方法

（1）漂流瓶。微信的漂流瓶的游戏方法是“扔一个”，用户可以选择发布语音或者文字然后投入“大海”中，如果有其他用户“捞”到则可以展开对话。“捡一个”，用户可以主动“捞”“大海”中无数个用户投放的漂流瓶，“捞”到后也可以和对方展开对话。漂流瓶的特点是传播范围广，可以通过融合文字、语音、小游戏等趣味内容提高用户参与的积极性，达到广泛传播的目的。

（2）位置签名。签名栏是腾讯产品的一大特色，用户可以随时在签名栏更新自己的状态签名。在微信中，有一栏叫做“找朋友”，里面有个“查看附近的人”的插件，单击后就可以根据自己的地理位置查找到周围的微信用户。在这些附近的微信用户中，除了显示用户姓名等基本信息外，还会显示用户签名栏的内容。所以，可以利用这个免费的广告为自己的产品打广告。例如，在人流量大的地方打开微信，如果“查看附近的人”使用者足够多，这个广告效果恐怕不会比部分地区的户外广告差。随着微信用户数量的上升，这个简单的签名栏可能真会变成移动的“黄金广告位”。

（3）二维码。在微信中，用户可以通过扫描识别二维码身份来添加朋友，关注企业账号。企业可以设定自己品牌的二维码，用折扣和优惠来吸引用户关注，开拓 O2O 的营销模式。

（4）开放平台。利用微信开放平台，开发者不仅可以通过微信开放接口接入第三方应用，还可以将应用的 Logo 放入微信附件栏中，让微信用户方便地在会话中调用第三方应用进行内容选择与分享。例如，一些企业利用过关问答形式的互动活动吸引关注，极大地活跃粉丝，使品牌得到传播。

（5）语音信息。使用微信来发送音频信息是一个省时、省力的信息传播方式。通过收听音频，让用户和发布者更加贴近，发布的信息也显得生动和真实。

（6）公众平台。每个使用微信的用户都可以打造一个自己的微信公众账号，并在微信平台上实现和特定群体的文字、图片、语音三个类别的内容的共享。

任务实施

1. 建立一个博客账户，以它为平台选择一个类型的产品展开营销活动。
2. 建立一个微博账户，以它为平台选择一个类型的产品展开营销活动。
3. 注册一个微信公众订阅好，以它为平台选择一个类型的产品展开营销活动。
4. 对比三种营销方法的优劣。

知识框架图

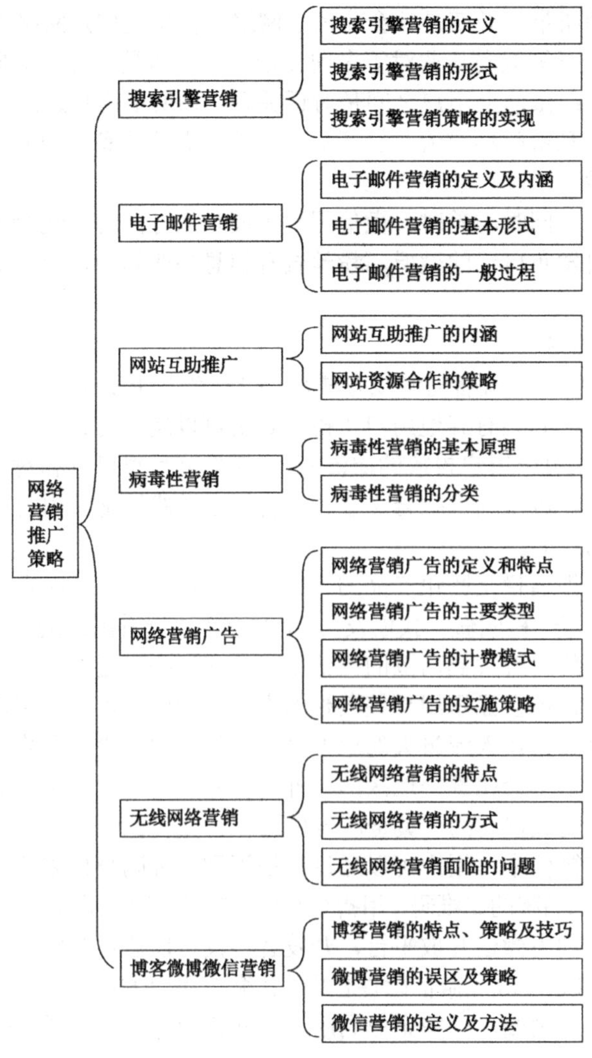

综合训练

基础训练

一、名词解释

1．搜索引擎营销

2．关键词竞价排名

3．富媒体

4．网站联盟

5．电子邮件营销

二、填空题

1．搜索引擎的营销形式包括：________、________、________、________、________。

2．根据许可 E-mail 营销所应用的用户电子邮件地址资源的所有形式，可以分为________、________。

3．企业实施交换网站链接的过程包括：________、________、________。

三、选择题

1．下面关于旗帜广告的发布论述不正确的是（　　）。

A．旗帜广告的发布要注意页面的选择，First View 是最受青睐的页面位置

B．即使是一个很好的旗帜广告，也要经常更换图片，不然会使单击率下降

C．具有一点知名度的站点，通常会与其他站点直接交换旗帜广告，以更扩大其站点的影响力

D．小型站点或个人主页通常通过广告联盟组织为中介，在广告联盟内的组织成员中进行旗帜广告交换

2．不属于旗帜广告已发展现有形式的是（　　）。

A．播放式旗帜广告　　B．互动式旗帜广告

C．浮动旗帜广告　　D．新闻

3．电子邮件礼仪不包括（　　）。

A．回复应附原文　　B．每天检查新邮件并及时回复

C．信件标题清晰明确　　D．简短书写，遵守格式要求

E．频繁给用户发送广告

4．如何利用关键词获取好的搜索引擎排名，不正确的方法有（　　）。

A．利用错误关键字　　B．关键词的添加地区信息

C．关键词组合和应该避免的关键词　　D．使用区别性强的关键词

5．CPM 是指（　　）。

A．每千次印象的收费　　B．网络营销系统

C．网络广告策略　　D．中国广告管理

6．以下（　　）网络广告形式具备主题分类整理、经济实惠、定向性好的特点。

A．横幅广告　　B．插页广告　　C．分类广告　　D．赞助式广告

7．某网站参加流量交换联盟，网站在其他网站上显示的广告次数与网站自身显示的其他网站的广告次数的比率被称为（　　）。

A．分配率　　B．交换率　　C．成功率　　D．利润率

8．交换链接对于网站推广的作用主要在于（　　）。

A．让对方网站购买自己的产品　　B．通过互相推广获得直接的访问量

C．增加网站在搜索引擎排名中的优势　　D．让对方网站购买自己的服务

四、简答题

1．微博营销和微信营销的异同点在哪？

2．如何做好SEO？

3．与传统媒体广告相比，网络广告有什么特点？

4．企业对网络站点进行推广时可以采用哪些方法？

5．试列举出一个所需要推广的产品，针对它的营销提出一个病毒式营销的策略。

技能训练

一、实训目的

通过使用本章介绍的网络营销手段，熟练掌握各个网络营销方式的使用，为企业网络营销策划提供依据。

二、实训要求

掌握搜索引擎营销、电子邮件营销、网站互助推广营销、病毒式营销、网络广告营销、无线网络营销、博客营销、微博营销和微信营销的方式方法。

三、实训内容

1．分小组制作一个营销的策划方案，运用“实训要求”中提到的营销方法。

2．统计各个营销方法收到的效果。

四、实训步骤

1．准备工作

确定需要推广的产品，制作营销策划方案。

2．营销策划实施

采用“实训要求”中提到的营销方法，在网上发布营销广告。

3．统计各个营销方法收到的效果

生成一个表格，列出采用各个营销方法后用户对产品的反馈。

五、实训考核

1．每个小组提供各个营销方法的发布页。

2．小组成员填写技能实训考核表（附表如下），自评和互评，并进行班级交流。

技能实训考核表

项目名称：网络营销推广策略

评估指标	评估标准	分项成绩	
		个　人	小　组
搜索引擎营销（10%）	关键词的设计是否合适		
电子邮件营销　（10%）	获取的电子邮件地址数目		
网站互助推广营销　（5%）	网址互相链接的个数		
病毒式营销　（20%）	阅读到营销内容的人数		
网络广告营销　（10%）	网络广告的样式和位置是否吸引人		
无线网络营销（5%）	用户通过手机访问推广的内容是否方便快捷		
博客微博微信营销（20%）	博客的阅读数量 微博的转发和评论数量 微信的关注数量		
班级交流（20%）	现场发言准备是否充分 方案阐述是否清晰流利 小组成员的合作质量		
自评总成绩			
小组评语	签名： 年　　月　　日		
教师评分	签名： 年　　月　　日		

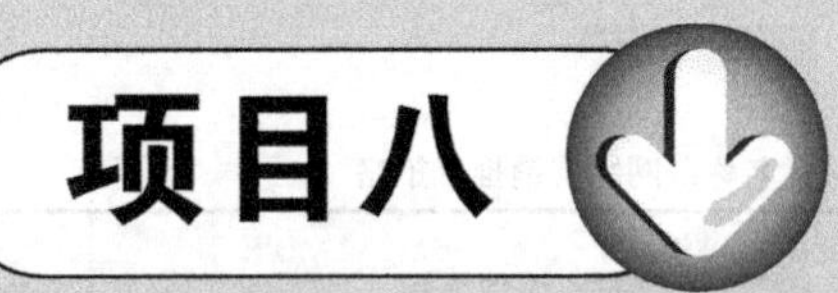

网络营销效果评价与控制

学习目标

知识目标

- 了解如何评价网络营销的效果
- 了解网络营销的控制

技能目标

- 掌握网络营销效果评价指标
- 掌握企业网络营销效果评价方法
- 掌握网络营销的成本管理指标体系
- 掌握网络营销风险控制措施

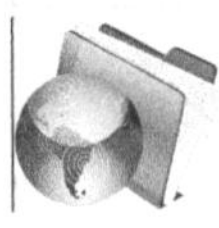

案例导读

快速消费品的网络营销

汇源作为一个有代表性的品牌，从 2006 年开始，在网络媒体的应用上进入一个全新的阶段。

一、顺应快速消费品网络营销应用趋势

早在 2001 年，各大饮料企业都已经建立了自己的网站，但是直到 2005 年，也只有一些大的饮料品牌使用饮料瓶标的形式做网络营销活动。从 2006 年开始，碳酸类、茶类、功能类饮料等不同细分领域的品牌，都在使用网络平台做营销，而且形式上也有很大的创新。汇源作为果汁类饮料的代表品牌，主动顺应这一发展趋势，对自身的营销策略做出了一些适应性的调整。2006 年，汇源全力推出“果鲜美”果汁饮料，在营销推广中，网络媒体的广告投放比例大大调高。“果鲜美”称得上是汇源第一个“全面试水网络营销”的产品。

二、网络用户与汇源目标消费群相一致

汇源在“果鲜美”饮料的上市推广中重点使用网络媒体，是一个必然的选择。网络媒体与汇源果汁的诉求对象，同样都是很讲究生活质感的青年群体。网络媒体，如网易，与“果鲜美”的品牌调性比较相似，甚至与汇源果汁的品牌定位、价值取向具有相同之处。因此，汇源产品的目标消费人群以城市白领女性阶层为主，汇源果鲜美的广告诉求是“我喝我先美”，选择与网易进行推广合作，并利用网易邮箱、内容频道进行广告投放，也是基于网易对于白领女性阶层的影响力。在此基础上，汇源推出了“果鲜美万人迷”评选大赛网络选秀活动，通过与网易的合作，取得了良好的效果，如图 8-1 所示。

图 8-1　汇源“果鲜美万人迷”评选大赛网络选秀活动页面

三、发挥网络媒体的整合效力

汇源果汁使用不同媒体打造自己的品牌也有一个完整的规划。首先，通过各方面的数据来分析目标消费群体。有数据显示，汇源的目标消费群在网络上的活动很活跃，因此，必然要增加网络广告投放。其次，在对于网络媒体倚重的同时，汇源并没有减弱对电视、杂志等传统媒体的应用。再次，注重运用网络媒体的资源整合作用。在“果鲜美”的推广中，网络已经不单单是一个媒体，汇源力求通过网络，把线下的、前端的、后端的、其他媒体的各种推广资源结合起来，发挥巨大的整合效力。

四、快速消费品应用网络营销的经验

汇源的经验表明，网络媒体具有极好的不间断传播的优势，能够使营销活动的连贯性和延续性得到极大提升；同时，网络的互动性也能够有效解决传统传播方式中互动沟通不足的问题，使品牌与消费者的互动得到增强。

快速消费品行业对于网络媒体的应用还处于摸索、实践的阶段，需要一些更为专业的引导和建议。而高效的网络营销，需要网络媒体和第三方代理公司更多的策略支持。像网易这样主流的网络媒体，应致力于为快速消费品生产企业在网络广告方面提供较为合理的媒体组合方案，帮助客户制定广告策略，为其选择具有很强的互补性的网络媒体，并为客户提供媒体组合投放建议，同时，为其提供更具创新性的网络广告形式，使广告投放不会受到消费者的反感。

（案例来源：罗宝呈.快速消费品更需要网络营销创新[EB/OL].）

案例思考：汇源公司选择实施网络营销时机的依据是什么？根据汇源公司实施网络营

销的经验总结，企业应如何利用传统媒体和网络媒体开展整合营销？

任务一 网络营销的效果评价

任务概要

网络营销是一个长期的过程，其中既有连续的、长期的推广活动，每一种网络营销方法有具体的评价方法，网络营销整体效果是通过各种方法综合作用所产生的，要通过学习了解各种具体评估方法并掌握对网络营销效果进行综合评价的能力。

任务知识

一、网络营销效果评价的含义

所谓网络营销评价，是指运用从定性到定量的综合集成方法和技术，对开展网络营销企业网站的各个方面（包括网站访问量、个人信息政策、顾客服务、产品广告和在线服务等）的数据进行加权处理和分析，以期评价网络营销的综合效果，改善企业的网络营销活动。网络营销效果综合评价是对一个时期网络营销活动的总结，也是制订下一阶段网络营销策略的依据，同时，通过对网站访问统计数据的分析，也可以提供很多有助于增强网络营销效果的信息。

二、网络营销效果评价的作用

（1）通过对网络营销系统的执行过程的评价，了解网络营销实施的效果，网络营销战略与公司目标战略是否匹配，形成对系统的各个执行部分的监督和检查，激励系统正常持续地发展。

（2）通过对网络营销系统运行状况的评价，检查网络营销系统运行状况与系统标准之间的差异，网络营销的目标是否达到，并且及时修正，以确保网络营销系统的正常运转，网络营销计划中制定的营销沟通目标的实现和网络营销企业的可持续发展。

（3）通过专门机构的评价，检查用于吸引访问者来网站的各种推广技术的运用效果，收集、分析、发布和得到网络营销实施结果，检查网站的普及程度和网站满足顾客需求的能力。

三、网络营销效果评价的步骤

网络营销效果评价大体可分为如下几个步骤。

1. 确立网络营销总体目标

为了评价公司网站的工作情况，必须确定网络营销具体要达到的总体目标，否则，网络营销经理无法确定什么意味着成功。例如，让世界知晓你的公司（提高品牌知名度）、服务顾客、在线销售商品等。这有赖于在网络营销策划书中清晰界定：建设商业站点的目的是什么？希望吸引的浏览者是什么人？利用网络想完成什么工作？一般的维护费用有多

少？。如果目标不明确，营销人员工作起来会感到不知所措。需要注意的是，不同的公司有不同的网络营销目标。

（1）销售型网络营销目标。销售型网络营销目标是指企业为拓宽网络销售，借助网上的交互性、直接性、实时性和全球性，为顾客提供方便快捷的网上销售点。目前许多传统的零售店都在网上设立销售点，如广州购书中心的网上销售站点。

（2）服务型网络营销目标。服务型网络营销目标主要为顾客提供网上联机服务，顾客通过网上服务人员，可以远距离进行咨询和接受售后服务。目前，大部分信息技术型公司都建立了此类站点。

（3）品牌型网络营销目标。品牌型网络营销目标主要是在网上建立自己的品牌形象，加强与顾客的直接联系和沟通，建立顾客的品牌忠诚度，为企业的后续发展打下基础，并配合企业现行营销目标的实现。目前大部分站点属于此类型。

（4）提升型网络营销目标。提升型网络营销目标主要通过网络营销替代传统营销手段，全面降低营销费用，改进营销效率，改善营销管理和提高企业竞争力。目前的 Dell、Amazon、Haier 等站点属于此类型。

（5）混合型网络营销目标。混合型网络营销目标主要是想同时达到上面几种目标，如 Amazon.com 公司通过设立网上书店，作为其主要销售业务站点，同时创立世界著名的网站品牌，并利用新型的营销方式提升企业竞争力，既是销售型，又是品牌型，同时还属于提升型。

2．确定评价标准

对于上一步已经确定的网络营销目标，怎样才算是执行成功呢？这就是要确定评价网络营销是否成功的标准，也就是用哪些指标来评价网络营销活动，才能说明它是否达到了预期的目标，是否成功。

在网络营销工具和传统营销媒体结合使用时，与传统营销相比，网络对建立顾客忠诚度、品牌意识、提高美誉度等已经起了巨大的作用。但是，因为存在致命的弱点（即没有人对网络销售、品牌意识或知名度进行追踪），这些作用却无人知晓，导致网络营销可以量化的评价指标不明确。例如，网络营销对于取得最后交易的贡献率、忠诚度的提高或对某商品的偏好如何等。

虽然针对不同的目标，评价标准也不同，但是还有一些评价标准是比较通用的。根据不同的评价对象，网络营销的评价指标可以分为以下几个方面。

（1）衡量网站和产品品牌形象的指标。网络消费者面对网络上更广阔、更丰富的选择空间，其选择结果在很大程度上取决于他们对品牌的认可。因此，品牌的树立对企业来说是极其重要的，这也是企业战胜竞争对手的有力武器。网络营销企业网站和产品品牌形象的评价指标应该包括以下方面：网站在媒介中的声誉、网站在媒介中出现的数量和频次、网站访问者滞留时间和频次、网站注册用户的数量、网站访问量及增长率、公众对企业/产品的信任度。

（2）衡量网站经营效果的指标。企业网络经营效果可以从以下方面来衡量：销售额、顾客数量、重复购买率、转化率、利润、市场的渗透水平等。这些指标都从不同的侧面反映了企业进行网络营销的成果。在运用过程中，企业可以根据自己的需要选择必要的指标进行测评。

（3）衡量网站技术水平的指标。网络营销一个重要的评价指标就是对网站本身技术水平和网上营销策略设计的评价。这些指标主要包括网站设计、网站推广、网站流量和反应率等。

① 网站设计水平指标。

作为优秀的商业站点，必须具有充分的商业意义和丰富的信息，真正能为商业活动提供帮助，还应该具备一定的搜索引擎查询能力和必要的安全性。在网站设计方面，有一些通用的指标，主要为有无死链接和拼写错误、不同浏览器的适应性、对搜索引擎的友好程度、网络安全性等。关于这些指标的评价，除了自己进行测试外，还可以参照第三方提供的测试结果。值得注意的是，获得上述测评指标数据后应对结果进行分析，避免由于测试指标本身存在的不适用性造成的评价失真。

② 网站推广水平指标。

网站推广的力度在一定程度上说明了网络营销人员为之付出劳动的多少，而且可以进行量化，这些指标主要有以下几项。

第一，登记搜索引擎注册与排名。虽然搜索引擎对网站流量的作用在日益减小，但仍不能否定搜索引擎注册与排名是最常用的网站推广手段，对于增加新的访问者仍有着不可替代的作用。一般来说，登记的搜索引擎越多，对增加访问量越有效果；搜索引擎排名越靠前，企业网站的暴露度越高。

第二，建立互惠链接的数量。在其他网站链接的数量越多，对搜索结果排名越有利。实践证明，交换链接的意义实际上已经超出了是否可以直接增加访问量这一具体效果，获得搜索引擎排名优势，获得合作伙伴的认知和认可，为用户提供延伸服务，同样是一个网站品牌价值的体现。

第三，注册用户数量。注册用户数量是网站价值的最重要指标之一，在一定程度上反映了网站内容对用户的价值，决定了网站通过注册用户最终获得的收益。

③ 网站流量指标。

网站流量可以从几个方面来测试和评定。这些指标有独立访问者的数量、页面浏览数、每个访问者的页面浏览数、用户在网站的停留时间、用户在每个页面上的停留时间。

④ 反映率指标。

反映率指标可以从三个方面来测定：网络广告单击率、网上问卷回复率及电子邮件回复率。

企业进行网络营销测评时应该根据营销目标的需要，确定测评的标准，并对测评结果进行认真分析，发现问题，提高网络营销的总体效果。应该避免只注意测试数据，而不顾实际经营效果的行为。

3．选择评价网络营销工作的基准点

评价网络营销计划执行的过程实际上是一个相对比较的过程，这就需要选择一个比较的基点。例如，网络营销管理人员告诉自己的上司一天有3000人进入企业的网站，其上司并不能从“3000”这个绝对数值上判断网络营销是否成功。只有在知道竞争对手同期的单击数或上个月或去年同期的单击数时，才能做出正确的判断。基准点的选择可有多种形式，如比较自己与竞争对手、比较现在与过去、比较网络与其他媒体等。

4．比较网络营销效果与目标

有了评价标准和基准点后，网络营销人员就可以将网络营销的执行结果和设定的网络

营销目标进行比较，以判断网络营销策划与实施是否成功，还有哪些目标与执行效果存在差距。

5. 提出评价报告

评价报告应该包括价目的、评价标准体系、运行实际效果数据及数据分析、综合评价及存在问题与对策。

企业决策者需要的最终结果是隐藏在数字后面的信息，而不是数字。网络营销管理人员要通过数字的量化分析，评价已做的网络营销工作是否成功，提出营销资源配置是否需要优化及怎样优化、哪些地方需要改进等可付诸行动的结论。这样，才能使营销工作更富有效率，更节约成本。

四、网络营销评价的途径

企业网络营销的目标不同、评价目的不同，所选择的评价途径也不同。一般来说可以分为利用自己网站进行自我评价和利用第三方机构进行评价两种途径。

1. 利用自己网站进行自我评价

网络技术给企业进行网络营销评价提供了方便、实用的工具。对于很多企业来说，可以在自己的网站上通过统计工具、程序包等获取相关的数据并进行分析。这些数据主要来源于服务器及操作系统的日志文件、用户注册数据库和交易系统数据库等。

2. 利用第三方机构进行评价

第三方评价机构是专业的网络营销评价组织，社会认可度比较高。企业可以以会员的形式参加第三方评价机构的常规评价，也可以申请第三方评价机构为自己企业提供专门的网络营销评价，对树立企业形象、宣传企业理念、赢得顾客信赖和忠诚度有着事半功倍的效果。

第三方评价机构提供的评价服务主要有以下几个方面。

（1）流量认证。

（2）用户网上行为评价。

（3）网站设计评价。

（4）网站推广情况评价。

（5）网站效果评价。

目前国内外都有一些专业的公司从事对商业网站的评价服务。中国互联网络信息中心（CNNIC）每半年对国内互联网的发展进行一次测评，同时包括对国内网站的排名和评价。

五、网络营销评价的类型

随着网络技术和企业网络营销活动的日益发展，网络营销效果评价工作也越来越成熟。我们可以根据不同的分类标准把网络营销评价划分为以下不同的类型。

（1）根据评价的主体不同，可以分为网站自我评价、消费者评价、同行评价和专家评价等。

（2）根据评价的方法不同，可以分为网站流量指标评价、网站技术水平评价和综合效果评价等。

（3）根据被评价企业所在的行业范围不同，可以分为专业性网站评价和综合性网站评价。

六、网络营销的综合效果评价

正确评价一个项目的前提是要有合理的评价指标体系，由于网络营销还处于初级阶段，理论和方法体系都在不断发展之中，建立一种完善的网络营销评价机制并非易事。网络营销可以量化的评价有时并不容易获得，即使对于一些可以量化的指标，也不一定能够直接反映经营业绩。例如，网络营销对于销售额的贡献率是多少？对于品牌形象的提升产生了多大效果？这些都是难以量化的，虽然我们可以检测到从某个搜索引擎每天的访问者数量，或者某个网络广告的单击数，但这些访问者或者单击数最终产生了多少效益，仍然很难评估。因此，我们提出了综合评价网络营销效果的思想。

网络营销效果综合评价是对一个时期网络营销活动的总结，也为制订下一阶段网络营销策略提供了依据，同时，通过对网站访问统计数据的分析，也可以提供很多有助于增强网络营销效果的信息。对网络营销效果的评价体系主要包含下列四个方面的内容。

1．网站设计评估指标

（1）网站的功能设计应当人性化。足够的人性化设计是对顾客尊重的标志，多从顾客的角度出发，使功能、布局等符合顾客的需求。

（2）网站设计的安全性和可扩展性。即必要的信息安全保障和足够的功能模块扩充能力。

（3）网站使用的适应性。例如，不同类型用户不同条件下访问的响应速度、有无死链接和拼写错误、不同浏览器的适应性、对搜索引擎的友好程度（Meta 标签是否合理）等。

2．网站推广评估指标

（1）网站知名度。即网站在网络营销目标人群中知晓的比例。

（2）网站在搜索引擎中的地位。包括登录搜索引擎数量及排名位置，这对网站增加新的访问量有着重要作用。

（3）与相关重要网站的链接。主要对象是潜在目标用户集中的有关网站。

3．网站使用评估指标

网站访问量指标可根据网站流量统计报告获得，其中最有价值的指标包括独立访问者数量、页面浏览数量、注册用户数量、用户访问量的变化情况和访问网站的时间分布、访问者来自哪些网站、访问者来自哪些搜索引擎、用户使用哪些关键词检索等。一份有价值的网站流量分析报告不仅仅是网站访问日志的汇总，还应该包括详细的数据分析和预测。通过网站流量分析获得的顾客行为资料，可以用以调整网站设计和运营，改善网络营销活动效果，更好地为顾客服务，提高收益。所有这些原始资料都存在于网站日志中，但如果不借助网站流量分析工具，将很难组织这些资料。

使用流量分析工具有两种方法：一种是通过在自己的网站服务器端安装统计分析软件来进行网站流量监测；另一种是采用第三方提供的网站流量分析服务。两种方法各有利弊，采用第一种方法可以方便地获得详细的网站统计信息，并且除了访问统计软件的费用之外无须其他的直接费用，但由于这些资料在自己的服务器上，因此在向第三方提供有关数据时缺乏说服力；第二种方法则正好具有这种优势，但通常要为这种服务付费。具体采取哪种形式，或者哪些形式的组合，可根据网站网络营销的实际需要决定。在网站发布初期，可以每天查看一次网站访问统计数据，并且每周进行一次汇总和分析；此后至少应保持每周查看一次（最近 7 天的访问数据），每月对当月网站访问统计数据进行汇总，并对最近 3 个月的访问统计信息进行对比分析。

4．网站品牌价值评估指标

网站品牌是否能取得顾客的认可，是决胜竞争对手的关键。网站品牌的主要衡量标准有品牌价值、域名价值、品牌延伸机会及客户评价。网站品牌必须具有可认知的、在网上存在的表现形式，如域名、网站（网站名称和网站内容）、电子邮箱、网络实名和通用网址等。网站品牌通过一定的手段和方式向用户传递信息并获得忠诚顾客，这种价值的转化过程是网站品牌建设中最重要的环节之一。任何顾客评价是品牌发展过程中的重要参考意见。

通过从以上四个方面对网络营销效果评估，可以针对性地对网络营销策略进行调整和改善，持续改进顾客服务质量。

七、网站流量分析

网站的访问量问题，一直是网络营销最热门的话题之一，同样也是最难掌握的。如果企业网站完成了，做得无论多完美，不提高访问量，网站就毫无价值可言。

1．网站流量的定义

通常说的网站流量（Traffic）是指网站的访问量，是用来描述访问一个网站的用户数量以及用户所浏览的网页数量等指标，常用的统计指标包括网站的独立用户数量、总用户数量（含重复访问者）、网页浏览数量、每个用户的页面浏览数量、用户在网站的平均停留时间等。此外，网站流量还有一层意思，就是一个网站服务器所传送的数据量的大小（数据流量常用字节数/千字节数等指标来描述），在网络营销中所说的网站流量一般与网站的实际数据流量没有一一对应关系。网站流量统计分析的基础是获取网站流量的基本数据，这些数据大致可以分为三类，每类包含若干数量的统计指标。

（1）网站流量指标。网站流量统计指标常用来对网站效果进行评价，主要指标包括独立访问者数量、重复访问者数量、页面浏览数、每个访问者的页面浏览数、某些具体文件/页面的统计指标，如页面显示次数、文件下载次数等。

（2）用户行为指标。用户行为指标主要反映用户是如何来到网站的、在网站上停留了多长时间、访问了哪些页面等，主要的统计指标包括：用户在网站的停留时间、用户来源网站（也叫“引导网站”）、用户所使用的搜索引擎及其关键词、在不同时段的用户访问量情况等。

（3）用户浏览网站的方式相关统计指标。用户浏览网站方式的相关统计指标主要包括用户上网设备类型、用户浏览器的名称和版本、访问者计算机分辨率显示模式、用户所使用的操作系统名称和版本、用户所在地理区域分布状况等。

此外，除了要分析自己网站的访问情况之外，专业的网站访问分析还应该包括对竞争者网站的对比、分析、评价等内容。

2．网站流量常用指标及含义

（1）页面浏览量 PV（Page Views）。它是指在一定统计周期内所有访问者浏览的页面数量。页面浏览量也就是通常所说的网站流量，或者说网站访问量，它通常作为网站流量统计的主要指标。如果一个访问者访问同一个页面 10 次，那么页面浏览量就计算为 10 次。

（2）用户平均访问量（Page Views Per User）。这个值是通过页面浏览量除以访问者数量求得的平均数，即平均每个用户浏览的网页数量。它说明了访问者对网站内容或者产品的感兴趣程度，常被称为网站的“”。

（3）独立访客数量 UV（Unique Visitors）。有时被称为独立用户数量（Unique Users）或者独立 IP 数量，是网站访问统计的另一个主要的数据。独立访客数量描述了网站访问者的总体状况。它是指在一定统计周期内访问网站的用户的数量。每一个固定的访问者只代表唯一的用户，不论他在这个统计周期内访问网站多少次，都只能被计算为一个用户。独立访客数量越多，说明网站的推广越有效，吸引的用户数量越多。

（4）访问者平均停留时间。它是指在特定时间段内所有访问者的访问时间长度之和与访问者数量的比值。例如，某一天共有 100 个访问者合计在网站上逗留了 30 小时，则每个访问者在网站的平均停留时间为 18 分钟。

（5）平均浏览停留时间。它是指在特定时间段内每个访问者的访问时间长度之和与总的浏览量的比值，也就是访问者在每个页面上的停留时间。

（6）访问者平均访问深度。它是指在特定时间段内总的浏览量与总的访问者的比值，通俗地说，也就是平均每个访问者会浏览网站的多少个页面。

（7）站点引擎指数。它是指一个统计周期内，用户来源类别为“搜索引擎”的访问量占网站总访问量的百分比。这个指数反映了搜索引擎推广对站点访问量的贡献率，或者说网站对搜索引擎的依赖程度。站点引擎指数=引擎流量÷站点访问量×100%。

（8）跳出率。它是指访问站点的用户在一个统计周期内，浏览量为 1 页的访问者占总访问者的比率。如一天内共有 100 个访问者，其中 20 个用户只打开一个页面后就离开了，则跳出率为 20%。如果这个比例过高，则说明网站内容设计不佳，对用户的吸引力不大。

（9）站点推广指数。在一个统计周期内，非直接输入 URL 地址的流量与站点的总访问量的比值。该指数放映了网站推广对网站访问量的贡献，或者说网站对推广工作的依赖程度。

3．网站流量统计分析对网络营销的作用

在网络营销评价方法中，网站访问统计分析是重要的方法之一，通过网站访问统计报告，不仅可以了解网络营销所取得的效果，而且可以从统计数字中发现许多有说服力的问题。网站访问量统计分析无论对于单项网络营销活动还是总体效果都有参考价值，都是网络营销评价体系中最具说服力的量化指标。归纳起来，网站访问统计分析的作用主要表现在以下几个方面。

（1）及时掌握网站推广的效果，减少盲目性。

（2）分析各种网络营销手段的效果，为制订和修正网络营销策略提供依据。

（3）通过网站访问数据分析进行网络营销诊断，包括对各项网站推广活动的效果分析、网站优化状况诊断等。

（4）了解用户访问网站的行为，为更好地满足用户需求提供支持。

（5）作为网络营销效果评价的参考指标。

4．网站统计分析工具

通过对不同工具的学习和使用，可以了解不同工具之间的差异，选择合适的网站访问统计系统。国内外比较有影响的几种网站访问统计工具如下。

（1）国外的网站访问统计工具。

① WebTrends（http://www.webtrends.com）。

WebTrends 是全世界最著名也最具权威性的网站统计工具之一。相对于互联网上大量存在的免费统计工具而言，这个软件相当昂贵（约 15 万美元）。但是，它可以提供无与伦比的跟踪功能和报告选项。

由于 WebTrends 功能卓著，统计信息全面，并且有多种分析结构，因此得到广泛应用，许多大型网站采用 WebTrends 的访问统计软件，如中国移动、招商银行、腾讯、路透社等。不过，虽然网站流量统计信息很全面，也有各种查询和统计报表显示方式，但这个软件需要比较专业的人士才能对大量的信息进行统计分析，仅仅从统计报告的摘要信息中所反映出的，主要是网站方面的流量信息。真正要将网站流量统计资料与网络营销策略和网络营销活动的效果等方面结合起来分析，并不是件简单的事情。

② Wysistat（http://www.wysistat.net/）。

Wysistat 是一款综合性网站流量统计软件，它支持多种语言，同时已经在国内外很多网站上部署，足以证明它强大的功能和适用性。它拥有与 WebTrends 相同的跟踪功能和报告选项，与之不同的是 Wysistat 不仅在基本的流量统计方面提供了准确的数据，而且弥补了 WebTrends 没有分析的缺憾，使一个不具备专业知识的人可以看得懂流量统计，并得出分析结果，可以真正做到将网站流量统计资料与网络营销策略和网络营销活动的效果等方面结合起来分析。

③ Google Analytics（http://www.google.com/analytics/）。

Google Analytics 是 Google 为网站提供的数据统计服务，它是一款功能全面而强大的分析软件包。Google Analytics 可以对目标网站进行访问数据统计和分析，并提供多种参数供网站拥有者使用。Google Analytics 功能非常强大，只要在网站的页面上加入一段代码，就可以提供的丰富详尽的图表式报告。用户通过注册后，即可免费获得 Google Analytics 账户，内有 80 多个报告，可对整个网站的访问者进行跟踪，并能持续跟踪网络广告的效果，包括 AdWords 广告、电子邮件广告，或者任何其他的网络广告等。利用这些信息，网站管理者能了解哪些关键字真正起作用、哪些广告词最有效，访问者在转换过程中从何处退出。

（2）国内的网站访问统计工具。国内的网站流量统计分析工具选择较多，而且大多数目前还能够提供免费的版本。下面对国内的两个统计工具——百度统计、“我要啦”分别进行简单的介绍。

① 百度统计分析工具（http://tongji.baidu.com）。

百度统计是百度推出的一款免费的专业网站流量分析工具，能够告诉用户访客是如何找到并浏览用户的网站，在网站上做了些什么。有了这些信息，可以帮助用户改善方可在用户的网站上的使用体验，不断提升网站的投资回报率。百度统计提供了几十种图形化报告，全程跟踪访客的行为路径。同时，百度统计集成百度推广数据，帮助用户及时了解百度推广效果并优化推广方案。

目前百度统计提供的功能包括流量分析、来源分析、网站分析等多种统计分析服务。

流量分析：用户可以通过百度统计查看一段时间内用户网站的流量变化趋势，及时了解一段时间内网民对用户网站的关注情况及各种推广活动的效果。百度统计可以针对不同的地域对用户网站的流量进行细分。

来源分析：用户可以通过百度统计了解各种来源类型给用户网站带来的流量情况，包括搜索引擎（精确到具体搜索引擎、具体关键词）、推介网站、直达等。通过来源分析，用户可以及时了解到哪种类型的来源给用户带来更多访客。

转化分析：用户可以通过百度统计设置用户网站的转化目标页面，如留言成功页面等，然后用户就可以及时了解到一段时间内的各种推广是否达到了用户预期的业务目标，从而帮助用户有效地评估与提升网络营销投资回报率。

② 51.la 统计工具（http://www.51.la）。

51.la 是免费流量统计技术服务提供商，为互联网各类站点提供第三方数据统计分析，让用户了解网站现状，把握网站脉搏。它是一款面向网站站长提供免费的、功能完善的、人性化的网站流量统计分析服务。主要功能包括客户端分析、流量源、关键词、被访页、排名、时段分析、访问明细等。它操作方便、容易上手，不足之处在于广告较多。

任务实施

1. 借助 Alexa.com 的统计数据，查询、对比各大网站的世界排名和网站流量评价。

2. 浏览易趣网和淘宝网两个网站，找出两者对网络消费者的信用评价与管理的主要做法，并从评价原则、评价指标体系、评价有效期、相同点、不同点五个方面进行比较。

任务二　网络营销的控制

任务概要

控制与组织和计划是密不可分的。实施网络营销后，要达到网络营销的目标，企业必须加强协调和控制。网络营销控制主要包括网络营销管理分析、成本管理和风险管理等方面的内容。

任务知识

一、网络营销管理

网络营销行业普遍存在一个“漏斗现象”：企业花大把钱筹建网站和推广营销，但引来的网站访客 80% 来一次就流走了，有 15% 的访客访问多次但不留下任何信息，有 4% 的访客留下信息却不主动联系，只有不到 1% 的访客最终与企业完成交易。这种现象是值得进行网络推广的企业重视的。多数企业不懂得如何分析网站访问统计数据，且无法做出相应调整改进策略，这实际上也是中小企业所普遍存在的网络营销瓶颈。绝大多数网站经营者寄希望于搜索营销带来访客流量，却不知如何把自己网站的访客流量转化为企业产品的销量。

网络营销管理贯穿于整个网络营销活动中，网络营销管理的内容也相当繁多，每一项网络营销职能均包含多种具体的网络营销管理内容，在不同的阶段，网络营销管理的任务和实现手段也会有一定的差别，有些属于阶段性网络营销管理，有些则属于长期性、连续性的管理内容。相对于一般层面上的网络营销方法，网络营销管理的实现显得更有深度，因而需要更深层次的网络营销思想作为指导。

1. 网络营销管理分类

根据研究和应用的不同角度，可以用多种方法对网络营销管理内容体系进行分类。

（1）按照网络营销管理的形式，参照管理学的研究方法，可以将网络营销管理分为网络营销计划管理、网络营销人事管理、网络营销组织管理、网络营销策略实施管理、网络营销效果评价和控制等。每一项网络营销管理职能都可以细化为若干具体的工作，并且与网络营销具体策略的实施建立对应关系。

（2）按照开展网络营销的阶段划分，可以将网络营销管理分为网络营销总体策划阶段的管理、网络营销准备阶段的管理、网络营销实施过程的管理、网络营销效果控制与评价管理等。

（3）按照网络营销工作的性质，可划分为单项网络营销策略管理、阶段性网络营销管理和连续性网络营销管理。单项网络营销策略管理是针对于某一项具体的网络营销活动或者某一项网络营销策略；阶段性管理主要针对某个时期，或者网络营销发展的某个阶段进行的临时性管理措施，如在网站建成之后进行的专业性诊断、网站推广不同阶段的推广计划和效果评价。连续性网络营销管理则具有长期性、重复性的特征，如网站内容管理、在线顾客关系管理、定期顾客调查等。

（4）按照网络营销工作的内容，可将网络营销管理分为网络营销基础环境管理、网络营销产品和服务管理、网络营销的内容管理、网络营销用户资源管理、用户行为研究与管理、网站流量统计管理等。

（5）按照网络营销的基本职能，可以将网络营销管理分为网络品牌管理、网站推广管理、信息发布管理、在线顾客关系管理、在线顾客服务管理、网上促销管理、网上销售管理、网上市场调研管理等。

通过网络营销管理的分类，至少可以说明一个基本的问题：在网络营销的哪个阶段应该做哪些网络营销管理工作。

2. 网络营销管理的一般内容

网络营销管理内容主要包括以下八个方面。

（1）网络品牌管理。网络品牌管理是指通过合理利用各种网络营销途径创建和提升品牌，主要内容包括网络品牌策略制订、网络品牌计划实施、网络品牌评价等。

（2）网站推广管理。网站推广的直接效果表现在网站访问量的增加、品牌形象提升、用户数量增长等多个方面，网站推广管理是网络营销管理的基础内容之一，也是最基本的网络营销管理活动，主要包括网站专业性诊断、网站搜索引擎优化状况诊断、网站推广阶段计划的制订、各种网站推广手段管理、网站推广效果分析评价（如网络广告、E-mail 营销、搜索引擎营销等）、网站流量统计分析、网站访问量与效果转化分析等。

（3）信息发布管理。信息发布包括网站的内容策略及内容管理、外部信息发布渠道管理、信息发布的效果管理等。

（4）在线顾客关系管理。包括用户行为研究、用户资料管理和有效利用、顾客关系营销策略的效果评价等。

（5）在线顾客服务管理。在线顾客服务的基础是有效利用在线服务手段，对各种在线服务手段的特点进行研究并制订适合用户要求的顾客服务策略，构成了在线顾客服务管理的基本内容。

（6）网上促销管理。针对不同产品/服务，制订不同阶段的促销目标和策略，并对在线促销的效果进行跟踪控制。

（7）网上销售管理。主要内容包括在线销售渠道建设，在线销售业绩分析评价，网上销售与网站推广、网上促销等工作的协调管理.

（8）网上市场调研管理。包括在线市场调研的目标、计划、调研周期管理，以及调查结果的合理利用和发布管理等。

二、网络营销成本管理

1．网络营销成本的基本构成

了解网络营销的成本构成是成本管理的关键。从网络营销的系统整体来看，网络营销成本主要包括以下两部分。

（1）供应者成本。企业中的信息技术部门和服务部门，管理企业所有的信息资料和网络设施，为网络营销的实施提供系统开发、信息管理和服务，对网络系统进行维护和管理，保证网络营销系统的安全、可靠和正常运行。因此，这些部门的运作成本应属网络营销成本。

（2）使用者成本。使用者成本是网络营销业务部门发生的费用。由信息技术部门支出，用于网络营销系统建设的网络硬件设备和软件购置，也应纳入业务部门的费用核算中，作为使用者成本。

在营销系统建立后，网站建设、网页设计和更新、网站宣传和推广等业务费用，不论在哪个部门支出，都应纳入营销部门的网络使用费用，计入使用者成本。

此外，网络营销部门和技术服务部门为提高员工工作能力和素质所产生的培训教育费用，尽管没有直接对网络营销业绩产生影响，但作为间接费用，也应考虑记入网络营销成本。

2．成本管理

成本管理的核心是编制成本预算，进行成本控制。

网络营销的基础是计算机和网络信息技术，技术进步和产品更新换代越来越快。在编制预算时，必须考虑技术进步的速度和设备的技术寿命期；随着网络的使用，网站的维护费用也在不断提高，维护费用预算也应相应调整；互联网的发展和网站内容多样性的要求，使得企业网站租用的空间不断扩大，租用费也要相应增加。因此，网络营销成本预算的编制应有一定的弹性。

成本控制以预算为基础，根据市场的变化进行适当的调整。对供应者成本应采用项目控制，并结合使用者使用情况加以考核；对使用者成本，在项目控制的基础上进行总额弹性控制；对技术部门与业务部门之间因业务拓展而产生的成本增加，应比照市场价格进行成本控制。

三、网络投资风险控制

1．网络营销的风险来源

网络投资的风险来源有两大类：一类是经营性风险，包括网络营销实施的时机风险、市场风险、技术风险、管理风险等，这些风险一般可以通过加强企业经营管理，提高企业决策能力来规避和应对；另一类是非经营性风险，又称人为风险，是指由于人为破坏等因素给企业的经营造成损失的可能性，这类风险主要来源于计算机病毒、网络“黑客”的干扰和网络知识产权三个方面。在此主要分析非经营性风险。

（1）计算机病毒。计算机病毒是指隐藏在计算机中、具有破坏性和自我复制传播能力的程序。一些病毒通过网络传播，一旦营销网络感染病毒，就会给企业造成一定的经济损失。

（2）网络犯罪。除了一些别有用心的人通过编制病毒对企业的网络进行破坏以外，还有一些犯罪分子通过网络盗窃企业机密，以直接获取非法经济利益或者破坏企业的网络营销系统，俗称为网络黑客。网络黑客对社会和企业造成的危害是极为严重的，并成为影响企业网络安全的重要因素。

（3）网络知识产权。网络营销环境的形成始于信息交流和传输方式的改变，而知识产权从本质上讲是一种“信息产权”，是对符合某些法定条件的“信息”的法律保护权。因此，网络营销环境对法律的挑战，首先产生于对知识产权法律制度的冲击。立法的滞后导致网络知识产权得不到有效保护，这成为网络营销中的另一人为风险。

2．网络营销的风险控制

网络营销风险控制的核心和关键是交易的安全性，也是电子商务技术的难点。为了降低交易风险，企业必须从以下四个方面进行风险控制：一是信息保密性，交易中的商务信息均要求严格保密；二是交易者身份确定的有效性，为交易双方确认身份是保证交易安全顺利完成的重要手段；三是不可否认性，市场千变万化，交易一旦达成是不能被否认的，否则就会损害一方的利益；四是不可修改性，交易协议一旦达成，交易文件就不能擅自修改，以保障交易合约的严肃性和公正性。

为有效实施网络营销风险控制，构建完整的网络交易安全体系，企业应采取以下三类措施：一是技术方面的措施，包括防火墙技术、防杀病毒技术、信息加密存储通信、身份认证、授权等；二是管理措施，包括交易的安全制度、交易安全的实时监控、提供实时改变安全策略的能力、对现有的安全系统漏洞的检查以及安全教育等；三是社会的法律政策保障，包括出台保护网上交易的各种法律法规。

具体措施包括以下几个方面。

（1）身份确认。由于网络营销的各交易方都可以虚拟身份登录，身份的不真实性是网络营销信用安全最大的隐患。因此，确认交易双方的真实、合法身份是保证交易安全的必要前提。身份确认的方法主要有以下几个。

① 客户认证。

客户认证（Client Authentication，CA）是指基于用户的客户端主机 IP 地址的一种认证机制，允许系统管理员为具有某一特定 IP 地址的授权用户分配访问权限。这是保证电子商务交易安全的一项重要技术。

CA 数字证书是由第三方权威授权中心发放的经过严格资格审查的身份确认证书，主要包括身份认证和信息认证。身份认证用于鉴别用户身份，防止假冒；信息认证用于保证通信双方的不可抵赖性、信息的完整性和可靠性。CA 与 IP 地址相关，对访问的协议不作直接限制。服务器和客户端无须增加、修改任何软件。系统管理员可以决定对每个用户的授权、允许访问的服务器资源、应用程序、访问时间以及允许建立的会话次数等。客户认证可以确保网络交易各过程的信息除发送方和接收方外不被其他人窃取，信息在传输过程中不被篡改，发送方能够通过数字证书来确认接收方的身份，发送方对于自己的信息不能抵赖，具有法律公信力，如图 8-2 所示。

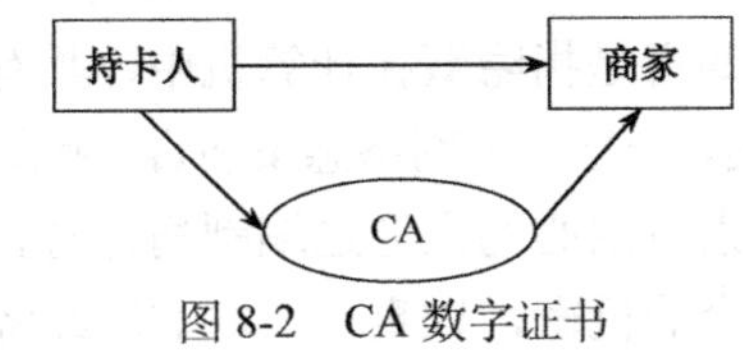

图 8-2　CA 数字证书

② 同行咨询。

网络骗子一般注册虚假的公司，许之以非常优惠的条款，行骗对象基本上是行业“菜鸟”，而业内资深人士对本行业的市场情况都比较了解，容易识破骗子的虚假信息。

③ 工商查询。

一个真实合法的企业，在当地工商部门都有备案，只要在网上登录相关工商部门的网站或利用电话传真等方式，就可以查询到该企业的“庐山真面目”。

④ 网上搜索。

直接登录对方网站或利用搜索引擎查看该企业的实际情况，了解其他网站对其评价。

（2）防止黑客入侵。黑客有两类，一类是只想证明自己的能力、引起他人关注的“骇客”，即传统意义上的黑客；另一类是窃客，他们的行为带有强烈的目的性和经济犯罪性质。目前，黑客的行为正在不断地走向系统化和组织化。

根据所选用的产品的不同，防范黑客的技术措施可以分为网络安全检测设备、访问设备、浏览器服务器软件、证书、商业软件、防火墙和安全工具包 / 软件等。

（3）建立网络交易系统的安全管理制度。网络交易系统安全管理制度是用文字形式对各项安全要求所做的规定，是网络营销人员安全工作的规范和准则，是网络营销正常开展的保证。

企业实施网络营销时，必须建立一套完整的网络安全管理制度，这个制度应当包括人员管理制度、保密制度、跟踪审计制度、网络系统日常维护制度等。

① 人员管理制度。

从事网络营销的人员，一方面，必须具有传统市场营销的知识和经验；另一方面，又必须具有相应的计算机网络知识和操作技能。为保证网络营销系统安全运作，可以遵循以下一些基本原则。

双人负责原则。规定重要业务不要安排一个人单独管理，要实行两人或多人相互制约的机制。

任期有限原则。要求任何人不得长期担任与交易安全有关的职务。

最小权限原则。明确规定只有网络管理员才可进行物理访问，只有网络人员才可进行软件安装工作。

② 保密制度。

网络营销涉及企业的市场、生产、财务、供应等多方面的机密，需要很好地划分信息的安全级别，确定安全防范重点，提出相应的保密措施。信息的安全级别一般可分为绝密级、机密级、秘密级三级，根据不同级别确定可以访问的人员并授予权限。保密工作的另一个重要问题是对密钥的管理。大量的交易必然使用大量的密钥，密钥管理必须贯穿于密钥的产生、传递和销毁的全过程。密钥需要定期更换，否则“黑客”可能通过积累密文增加破译机会。

③ 跟踪、审计、稽核制度。

跟踪制度要求企业建立网络交易系统日志机制，用来记录系统运行的全过程。系统日志文件是自动生成的，它对系统的运行监督、维护分析、故障恢复，对于防止案件的发生或在发生案件后为侦破提供监督数据，都可以起到非常重要的作用。审计制度包括经常对系统日志的检查、审核，及时查看对系统故意入侵行为的记录和对系统安全功能违反的记录，监控和处理各种安全事件，保存、维护和管理系统日志。稽核制度是指工商管理、银行、税务人员利用计算机及网络系统，借助于稽核业务应用软件调阅、查询、审核、判断辖区内各电子商务参与单位业务经营活动的合理性、安全性，堵塞漏洞，保证电子商务交易安全，发出相应的警示或作出处理的一系列步骤及措施。

④ 网络系统的日常维护制度。

网络系统的日常维护制度包括硬件设备维护、软件的日常管理和维护、数据备份制度、病毒防范制度、控制权限、高度警惕网络陷阱和其他应急措施等。

（4）网络营销交易安全的法律保障。网上交易中合同的执行、赔偿责任、个人隐私、资金安全、知识产权保护、税收等问题直接影响网络营销的发展。国家应加快相应的法制建设，为促进网络营销发展提供重要的法律保障。

网络的安全性问题是风险管理的重点。要加强安全，就必须加强管制，但管制的加强又会降低网络交易的便利性，与网络建立的目的相矛盾；同时，追求最大化的安全性需要企业投入大量资金，付出巨大代价，而犯罪分子的入侵往往又是偶然性的，这又加大了企业的营销成本，影响企业的经营业绩。因此，安全性与便利性、安全性与经济性是两对矛盾，网络营销企业必须妥善处理。

3. 网络营销风险的消费者保护

企业在开展网络营销活动过程中，一个突出问题是保护消费者的利益。网络营销作为电子商务的重要组成部分，如果缺乏对消费者保护，同样也难以顺利发展。对于企业来说，在开展网络营销过程中保护消费者，也是保护企业自身利益，促进市场的发展。目前，企业在网络营销过程中对消费者的保护主要从四个方面进行考虑。

（1）消费者交易安全的保障。

① 隐私权的保护。

网络用户在申请上网开户、开设个人主页以及进行购物、医疗、交友等服务时，服务商往往要求用户登录自己的姓名、住址、身份证号码、电话、邮箱等真实的基本资料，而这往往被提供网络服务经营者所收集，交给第三人非法使用，致使消费者收到大量的广告邮件、垃圾邮件，甚至使用户的正常使用受到干扰或受到“黑客”攻击而不能使用，消费者因此受到损害。只有对此加以监管，消费者的隐私权利才会得到保障。

② 保障财产安全。

网络银行支付货款给消费者带来方便，但也给个人财产安全带来一定威胁。消费者的卡号、密码等信息在系统中上传，很容易成为众多网络“黑客”的攻击目标，被他人非法修改、删除或窃听。服务商应以合法手段获得用户这些“不与他人言”的个人隐私，更有义务和责任采取必要的保密措施，未经授权不得泄露。

③ 虚假信息问题。

网络营销是在虚拟空间进行的交易，消费者在接触不到经营者和商品的条件下，只能通过网页的宣传信息来了解商品或者服务，这就为经营者诱使消费者做出购买行为而发布夸大其词的、虚假的广告提供了可能，严重损害了消费者的知情权。

④ 消费者退货及保修问题。

在传统交易中，当消费者发现该商品不符合自己意愿或与商家的介绍有出入时，可申请退货，而网络交易中并没有明确的条文或规定给出对所有商家都使用的退货原则。一些商家对于退货的规定是：消费者收到商品后三日内，可以正当、合理的理由要求退货。三日内以签收邮件日期为起算时间，邮费自理，但是什么是"正当"、"合理"的理由呢？网络交易又不是当面交易，三日内不可能有充分的时间对商品鉴定，这些规定本身就使得消费者的权益受到损害。

在互联网上肆意浏览、登录、消费，伴随而来的就是在用户毫无防备下网络隐私的泄露。IP地址被跟踪，隐私信息被非法出售，账号密码泄露，邮件炸弹肆虐，令消费者不厌其烦，但其所能做到的也只是尽量减少隐私暴露的机会而已。企业应采取具体措施及时发现交易系统隐患，防范"黑客"侵入，采用一定的加密技术和措施，确认交易用户的身份和授权，保证数据传输的真实性和保密性，确保信息传输的完整性和交易的不可否认性。法律、法规应对电子货币、电子交易服务商确保交易的准确无误、安全和及时以及违反这些要求应负的赔偿责任作出明确的规定，以切实保护消费者的合法权益。

（2）禁止消费欺诈和虚假广告。互联网技术使某些商家可通过匿名的方式躲避调查，利用网络广告监管难度大、隐蔽性强、传播快、易发布等特点大行虚假广告和欺诈之道，侵犯消费者的权益。有的发布虚假广告推销产品，拒不履行自己的承诺，不能按时交付商品或者不能交付质价相符的商品，甚至交付的是伪劣商品；花样百出的促销活动、欺诈性的服务信息以及欺诈犯罪行为层出不穷，令消费者防不胜防。

有针对性地对网上经营活动常见的假冒、欺诈、虚假宣传等行为作出明确的界定和禁止，并要求经营者明示其详细的真实主体身份、经营的商品和服务内容，并对易产生推诿、扯皮的参与交易各方（消费者、网站、金融机构等）各自的权利、义务和操作规程作出具体的规定，保证一个公平、诚实信用的电子交易环境同样是对消费者权益的有力保障。

（3）保护消费者的批评与评论权。消费者作为公民享有言论自由权，作为消费者享有对商品和服务进行监督的权利，对产品质量或服务质量有权进行评论。如何保障消费者在网络上的评论权，同时又保护商家的合法权益不受侵犯，我们的立法就应在这两者之间找到一个平衡点，界定合法与非法之间的区别，使消费者有法可依、有章可循，大胆地行使自己的权力。

（4）提供完善的售后服务。企业利用网络营销渠道销售产品时，要特别注意产品质量和提供完善的售后服务。消费者在网上购买产品，最担心的问题是无法现场检验产品的质量和感受产品的品质。因此，消费者在网上购物时，比较关心网站的信誉和售后服务。如果企业不能保证产品质量，同时又没有完善的售后服务，势必妨碍消费者利用网络营销渠道进行购物。

任务实施

1. 以51yes为例，学会使用网站流量统计工具。
2. 注册申请"百度统计"账号，并了解使用百度统计的功能。
3. 根据51yes和百度统计两个工具得到的检测数据，对比两者的结果并进行分析，做一份关于自己的某个网站的流量统计分析报告。

4. 选择其他的网站检测与网站流量统计工具的网站，如“站长工具”(tool.chinaz.com)、51la（www.51.la)、ITSUN（www.itsun.com)，了解它们的功能并试用，分析这些统计工具获取数据的含义和作用。

知识框架图

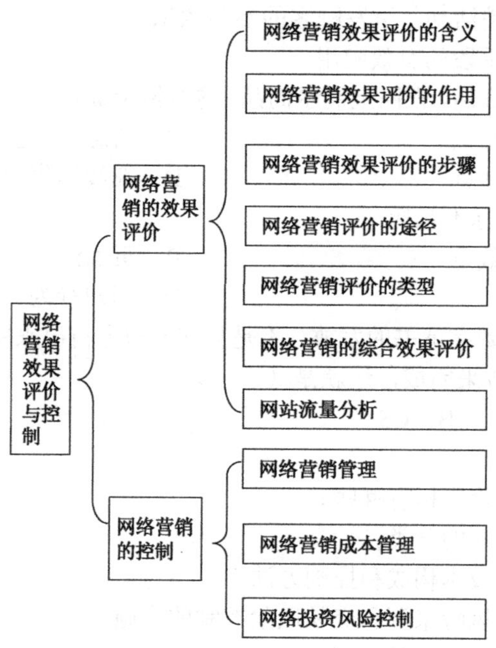

综合训练

基础训练

一、名词解释

1. 网络营销效果评价
2. 网站推广管理
3. 网站流量

二、填空题

1. 网络营销总体目标可分为销售型、________、________、________、混合型。
2. 网站流量中 PV 是指________。
3. 网络营销评价的途径一般来说可以分为________和________两种途径。

三、选择题

1. 以下（　　）不是网络营销效果评价考虑的范围。

A．经济因素　　B．市场影响因素
C．网站设计与推广　　D．政治因素

2．营销工作基准点的选择方式不包括（　　）。

A．自己与竞争对手的比较　　B．现在与过去的比较
C．一天流量的统计　　D．网络与电视的比较

3．提高网络站点访问率的途径不包括（　　）方面。

A．加强经营管理，提高工作效率
B．学会使用旗帜广告交换服务网络
C．举办网络促销活动，引发顾客的参与意识
D．免费与折扣手段的有效应用

4．建立一个虚拟的商店，在网上展示商品，进行网上促销活动。该类网站称为（　　）。

A．销售服务型站点　　B．信息手册型站点
C．娱乐驱动型站点　　D．在线销售型站点

5．网站流量统计指标不包括（　　）。

A．独立访问者数量　　B．页面浏览数
C．跳出率　　D．用户行为

6．在网络交易中，数字证书的发放，不是靠交易双方自己来完成的，它需要一个具有权威性和公正性的第三方来完成，这就是（　　）。

A．CT　　B．CS　　C．CA　　D．RA

四、简答题

1．网络营销效果评价指标有哪些？
2．简述网络营销管理的分类。
3．简述网络营销的成本构成和控制方法。
4．简述网络营销的风险来源和交易风险控制的措施。
5．用于统计网站流量的工具有哪些？

技能训练

一、实训目的

灵活运用经济指标、市场业绩指标、技术评价指标、综合效果评价指标来分析网络营销的效果。掌握如何分析和控制供应者成本和使用者成本。

二、实训要求

1．掌握运用经济指标、市场业绩指标、技术评价指标和综合评价指标来分析网络营销的效果。

2．掌握控制营销成本的方法。

三、实训内容

1．分小组设计一个营销的推广产品。
2．分小组展开一次营销活动，推广产品。
3．评价营销的效果，分析营销的成本。

四、实训步骤

1．准备工作。

小组讨论后确定网络营销所推广的产品，确定营销方式。

2．制作一个评价表格，列出本次营销活动所需要达成的经济指标，市场业绩指标，技术评价指标和综合效果评价指标。

3．制作一个成本表格，列出本次营销活动所需要花费的成本。

4．展开营销活动。

5．评价营销的效果，将营销活动达成的经济指标、市场业绩指标、技术评价指标和综合效果评价指标填入评价表格。比较营销预期和实际效果的差异。

6．将营销实际产生的成本填入成本表格，比较营销预算和实际成本的差异。

五、实训考核

1．每个小组提交一个评价表格和成本表格。

2．小组成员填写技能实训考核表（附表如下），自评和互评，并进行班级交流。

技能实训考核表

项目名称：网络营销效果评价与控制

评估指标	评估标准	分项成绩	
		个　人	小　组
网络营销效果评价（40%）	1）网络营销效果评价的指标 2）对企业网络营销效果进行简单评价		
网络营销控制（40%）	1）网络营销的成本管理效果评价指标体系 2）网络营销风险控制措施		
班级交流（20%）	1）现场发言准备是否充分 2）方案阐述是否清晰流利 3）小组成员的合作质量		
自评总成绩			
小组评语	签名： 年　　月　　日		
教师评分	签名： 年　　月　　日		

参 考 文 献

[1]冯英键．网络营销基础与实践（第 4 版）[M]．北京：清华大学出版社，2013．
[2]符莎莉．网络营销（第 2 版）[M]．北京：电子工业出版社，2010．
[3]叶小荣．微博营销实战技巧[M]．北京：清华大学出版社，2013．
[4]邱道勇．微信改变世界[M]．北京：中国财富出版社，2013．
[5]彭纯宪．网络营销（第 2 版）[M] ．北京：高等教育出版社，2010．
[6]陈志浩．网络营销[M]．武汉：华中科技大学出版社，2013．
[7]周莉．网络营销实务[M]．北京：北京师范大学出版社，2011．
[8]陈峥嵘．网络营销项目化教程．北京：机械工业出版社，2012．
[9]肖伟民．网络营销[M]．北京：电子工业出版社，2010．
[10]韩彩霞．网络营销[M]．北京：对外经济贸易大学出版社，2010．
[11]黄敏学．电子商务[M]．北京：高等教育出版社，2007．
[12]梁健航．电子商务：传统企业向左还是向右[J]．新营销，2013（5）：16-17．
[13]百度百科，BBS 词条，新闻组词条．
[14]中国互联网络信息中心．第 32 次中国互联网络发展状况调查统计报告．2013（7）．
[15]网络营销教学网。http://www.wm23.com．
[16]中国互联网络信息中心。http://www.cnnic.cn．
[17]中华品牌管理网。http://www.cnbm.net.cn/wenda/791824792.html．